Danila Piotti · Giulia de Savorgnani

UniversItalia
Corso di italiano

Hueber Verlag

Beratende Mitarbeit:

Elena Carrara, Autorin des Arbeitsbuchs, Lektorin und Sprachkoordinatorin für Italienisch am Sprachenzentrum der Humboldt Universität, Berlin
Gabriella Dondolini, Dozentin und Leiterin der Sektion Italienisch am Sprachenzentrum der Friedrich-Alexander-Universität Erlangen-Nürnberg
Stefano Lucchi, Lektor am Institut für Romanistik der Universität Wien
Prof. Dr. Cristina Mattedi, Professorin an der Fachhochschule München für Italienische Sprache und Kultur
Ivana Nolli-Meyer, Lehrkraft für besondere Aufgaben am Zentralen Sprachlabor, Sprachlehrzentrum der Universität Heidelberg
Daniela Pecchioli, Lektorin am Institut für Romanistik der Universität Regensburg

Wir danken allen Freunden und Kollegen für die Beratung, die sprachliche Durchsicht und die Erprobung im Unterricht.

5. 4. 3. | Die letzten Ziffern
2012 11 10 09 08 | bezeichnen Zahl und Jahr des Druckes.
Alle Drucke dieser Auflage können, da unverändert, nebeneinander benutzt werden.
1. Auflage

Verlagsredaktion: Giovanna Rizzo, Hueber Verlag, Ismaning
Redaktionsassistenz: Stephanie Pfeiffer, Hueber Verlag, Ismaning
Umschlaggestaltung: Büro Sieveking, München
Zeichnungen: Jens Rassmus, Hamburg
Satz und Gestaltung: Büro Sieveking, München
Reproarbeiten: Lorenz & Zeller, Inning a. A.
Herstellung: Hueber Verlag, Kerstin Ramsteiner und Büro Sieveking
Druck und Bindung: Firmengruppe APPL, aprinta druck, Wemding
Printed in Germany
ISBN 978-3-19-005378-0

Vorwort

UniversItalia ist ein Italienischkurs für Anfänger bzw. Lernende mit geringen Vorkenntnissen, der speziell für StudentInnen konzipiert wurde. Das Werk geht gezielt auf die Interessen und Bedürfnisse von Studierenden an Universitäten, Fachhochschulen, Dolmetscherinstituten sowie Musikhochschulen ein, und wendet sich sowohl an Romanisten, die eine Grundausbildung in der italienischen Sprache für ihr Studium benötigen, als auch an Hörer aller Fakultäten, die ein UNIcert®-Zertifikat erwerben möchten.
In seinen 18 Lektionen setzt das einbändige Lehrwerk die Richtlinien des Gemeinsamen Europäischen Referenzrahmens konsequent um (GER Kompetenzstufen A1, A2, B1 und B2.1). Somit kann es zur Vorbereitung auf die Prüfung UNIcert® I und – gegebenenfalls mit fachspezifischen Materialien integriert – UNIcert® II dienen.

Mit *UniversItalia* lernen Sie, mit Italienern zu kommunizieren und sich in Alltagssituationen zu verständigen; darüber hinaus können Sie sich auf Ihre Klausuren in Ihrem Land sowie auf einen Studienaufenthalt oder auf ein Praktikum in Italien vorbereiten, denn jede Lektion ist einem für diese Ziele relevanten Thema gewidmet.

Das vorliegende Werk entwickelt systematisch und in steiler Progression die vier Fertigkeiten. Jede *Unità* enthält immer wiederkehrende Teile:

- Authentische Hör- und Lesetexte, die sowohl zur Schulung des Hör- und Leseverstehens als auch zur Einführung der Strukturen und des Wortschatzes dienen, die der Lernende zur Bewältigung der jeweiligen kommunikativen Aufgaben benötigt.
- Es folgen analytische Teile (*Ritorno al testo* und *Occhio alla lingua!*), in denen der Lernende die Sprache eigenständig erschließen soll.
- Die neuen Strukturen werden anschließend in gelenkten und freien Übungen erprobt und gefestigt.
- Ein besonderer Schwerpunkt liegt in der Förderung der freien mündlichen und schriftlichen Sprachproduktion, die durch verschiedene prüfungsrelevante Übungsformen erfolgt.
- Als weiterer Schwerpunkt ist die Reflexion über Lernstrategien anzusehen – diese wird kontinuierlich gefördert.
- Auf die Entwicklung eines interkulturellen Bewusstseins wurde in diesem Werk besonders Wert gelegt. Texte und Übungen fördern konsequent diese Kompetenz.
- Eine Seite mit Übungen zur Phonetik schließt jede der ersten 9 Lektionen ab.

UniversItalia enthält vier Tests zur Selbsteinschätzung (einen für jede Kompetenzstufe), die – ähnlich wie die Checklisten im Europäischen Sprachenportfolio – den Studierenden dabei helfen sollen, »in eigener Regie« ihre Lernfortschritte regelmäßig zu überprüfen, über ihren Lernstil nachzudenken, sich über ihre Stärken und Schwächen bewusst zu werden, Verbesserungsstrategien zu entwickeln – kurz: Ihr Studium eigenverantwortlich zu steuern.
Im Anhang des Buches finden Sie außerdem einen Lektionswortschatz mit deutscher Übersetzung sowie einen alphabetischen Wortschatz, der jeweils das erste Erscheinen einer neuen Vokabel angibt.

Zu **UniversItalia** gehört neben dem Lehrbuch ein Arbeitsbuch (*Eserciziario*) mit integrierter Audio-CD, das vor allem für das autonome Lernen zuhause konzipiert wurde.

Das *Eserciziario* bietet Ihnen:

- Zahlreiche und abwechlungsreiche Übungen zu Grammatik und Wortschatz einer jeden Lektion.
- Ausführliche Grammatikerklärungen und Übersichtstabellen in deutscher Sprache zu den Lektionen.
- Nach jeder Lektion einen *Bilancio* – d. h. eine Seite zur Bewertung des bisherigen Lernerfolges mit genauen Verweisen auf die Lehrbuchteile, in denen die jeweiligen Themen behandelt werden.
- Zusätzliche Lese- und Hörtexte, mit deren Hilfe Sie die Fertigkeiten Hören und Lesen weiter festigen können.
- Informationen zur Landeskunde (*Lo sapevate che ...?*).
- Einen Lösungsschlüssel am Ende des Buches.

Zu diesem Lehrwerk gehören außerdem zwei Audio-CDs, die für die Arbeit im Unterricht notwendig sind.

Und nun wünschen wir Ihnen viel Erfolg und Freude bei der Arbeit mit **UniversItalia**.
Autorinnen und Verlag

Das Symbol ▶II verweist auf die Stopppunkte auf den Audio-CDs.
Das Symbol ≡✓ verweist auf die Übungen im Arbeitsbuch.

Inhalt

Vorwort 3

Unità 1 **Ciao!** 12

Hörtexte: Alla festa di Chiara; Intervista a un'insegnante d'italiano
Lesetext: L'indagine «Italiano 2000» (aus einer Untersuchung des Außenministeriums)
Kommunikative Ziele: sich begrüßen; sich vorstellen; Auskünfte über sich geben; Auskünfte über den Gesprächspartner erfragen; eine Wahl begründen; SCHRIFTLICH: ein Formular mit persönlichen Daten ausfüllen; IM UNTERRICHT: nach der Bedeutung, der Übersetzung und der Schreibweise unbekannter Wörter fragen
Grammatik: das **Alphabet; Subjektpronomen** im Singular; der **Indikativ Präsens** der **regelmäßigen Verben** (Singularformen); die **Verben** *essere, avere, chiamarsi* (Singular); der **bestimmte Artikel** (Singular); der **unbestimmte Artikel; Substantive** und **Adjektive** im Singular; die **Grundzahlen** bis 100; die **Verneinung**; einige **Präpositionen** *(di, a, da, in, per)*; **Fragepronomen** (I)
Phonetik: das Alphabet; die Laute /k/, /ʧ/, /kw/

Unità 2 **All'università** 24

Hörtexte: Ciao, Stefano!; Informazioni
Lesetexte: Alla salute (Artikel aus dem Internet); Annuncio ricerca collaboratori
Kommunikative Ziele: sich nach dem Befinden erkundigen; jmdn. vorstellen; Speisen und Getränke in einer Bar auswählen und bestellen; die Aufmerksamkeit einer Person auf sich lenken; persönliche Informationen erfragen und diese geben; allgemeine Informationen erfragen und Auskünfte erteilen; SCHRIFTLICH: eine kurze E-Mail mit persönlichen Daten verfassen; IM UNTERRICHT: jmdn. bitten etwas zu wiederholen
Grammatik: der **Indikativ Präsens** der **regelmäßigen** und einiger **unregelmäßiger Verben** *(essere, avere, fare, stare, bere); esserci;* **Pluralformen** von Substantiven, Adjektiven und bestimmten Artikeln; **Übereinstimmung** des **Adjektivs** mit dem **Substantiv; Präpositionen** (*a, da* + Artikel); **Fragepronomen** (II)
Phonetik: die Laute /g/, /ʤ/ und /gw/

Unità 3 **E tu che cosa fai?** 38

Hörtexte: E tu che cosa fai?; Ciao, Mirko! Ciao, Stefi!
Lesetexte: C'è post@ per te (E-Mail); Questa sera in Piazza Euclide (Zeitungsartikel)
Kommunikative Ziele: über Freizeit, Tagesablauf und Gewohnheiten sprechen; Gefallen und Nichtgefallen ausdrücken; Vorlieben nennen; angeben, wie oft man etwas macht; Besitz ausdrücken; jmdm. viel Glück wünschen; SCHRIFTLICH: in einer kurzen E-Mail an einen Freund über das eigene Studentenleben berichten
Grammatik: **Unregelmäßige Verben** im **Präsens** (*andare, sapere, uscire*); das **Verb** *piacere*; unbetonte indirekte **Objektpronomen**; die **Modalverben** (*dovere, potere, volere*); **zusammengesetzte Präpositionen**; **reflexive Verben**; *ogni/tutti i...*; die **doppelte Verneinung**; die **Possessivbegleiter** (I)
Phonetik: der Akzent; die Wortbetonung; Intonation: Aussage- und Fragesätze

Unità 4 **In città** 52

Hörtexte: A spasso per...; Un modo romantico per raggiungere il Carso
Lesetexte: Città vecchia (aus dem Internet); Nel cassetto dei sogni (Zeitungsartikel)
Kommunikative Ziele: einen Ort beschreiben; auf der Straße um Auskunft bitten und darauf reagieren; einen Weg beschreiben; sich bedanken; SCHRIFTLICH: eine kurze Tour schriftlich beschreiben; einen kurzen Text über die eigene Stadt verfassen
Grammatik: die Bildung des **Adverbs**; der **Gebrauch** von **Adverb** und **Adjektiv**; die unpersönliche **si**-Form; das **Verb** *venire*; **Ortsangaben**; das Pronominaladverb *ci*; unbetonte direkte Objektpronomen; Ordnungszahlen
Phonetik: die Laute /ʎ/ und /ɲ/

Unità 5 **Ma che ci fai ancora qui?** 64

Hörtexte: Anno sabbatico; Una telefonata
Lesetexte: Info Point Europa. Chi ha provato testimonia che...; Imparare una lingua all'estero (aus dem Internet)
Kommunikative Ziele: über vergangene Ereignisse berichten; über Erfahrungen im Ausland Fragen stellen und darüber erzählen; sich telefonisch nach einem Sprachkurs im Ausland erkundigen; SCHRIFTLICH: anhand von Bildern eine Geschichte erzählen; in einer kurzen E-Mail an einen Freund von einer Erfahrung im Ausland berichten
Grammatik: das **passato prossimo**; der Gebrauch des **Hilfsverbs**; die **Adverbien** *già / non ancora*; Zeitausdrücke; das **passato prossimo** der **reflexiven Verben**; transitiver und intransitiver Gebrauch von *cominciare* und *finire*
Phonetik: die Laute /ʃ/ und /sk/; die Doppelkonsonanten

Unità 6 **Facciamo spese!** 77

Hörtexte: Acquisti; Che le regaliamo?
Lesetext: La forza del made in Italy (Artikel aus dem Internet)
Kommunikative Ziele: Kleidung beschreiben und kaufen; Vorlieben nennen; sich nach dem Preis erkundigen; jmdm. für etwas ein Kompliment machen; über Einkäufe und Einkaufsgewohnheiten sprechen; erzählen, was gerade geschieht; SCHRIFTLICH: einen kurzen Text über die letzten Geburtstagsgeschenke schreiben
Grammatik: **Farbadjektive**; *questo / quello*; direkte **Objektpronomen** in **Verbindung** mit dem **passato prossimo**; das Adjektiv *bello*; betonte und unbetonte **Objektpronomen**; die **Verlaufsform** (*stare* + gerundio); der **Teilungsartikel** (im Plural); die **Präpositionen** *di* und *da*
Phonetik: die Satzbetonung: zusammengezogene Wörter

Unità 7 **Noi andavamo sempre ...** 88

Hörtext: Parlami della tua famiglia!
Lesetext: Auszug aus «Il paese delle meraviglie» von G. Culicchia
Kommunikative Ziele: über Kindheitserinnerungen sprechen; Gewohnheiten in der Vergangenheit schildern; über den Charakter einer Person sprechen; über Verwandschaftsbeziehungen sprechen; SCHRIFTLICH: über Kindheitserinnerungen schreiben; Zustände schriftlich beschreiben und berichten, was sich auf einmal verändert hat
Grammatik: **imperfetto; imperfetto** in **Verbindung** mit *mentre*; der **Gebrauch** von **passato prossimo** und **imperfetto** (I); *sapere* und *conoscere* im imperfetto und im passato prossimo; der **absolute Superlativ**; die **Possessivbegleiter** mit **Verwandschaftsbezeichnungen**; die Konjunktionen *quando*, *quindi* und *perché*
Phonetik: die Aussprache von *v* und *f*, *p* und *b*, *t* und *d*, *k* und *g*

Unità 8 **Da noi è festa!** 99

Hörtexte: Tradizioni; Ti va di venire?
Lesetexte: Auszug aus «La testa degli italiani» von B. Severgnini; Un' e-mail; Che tempo fa? (aus einer Zeitschrift)
Kommunikative Ziele: über Feste und Traditionen erzählen; etwas vorschlagen; eine Einladung annehmen / ablehnen und dies begründen; einen Gegenvorschlag machen; sich verabreden; eine Absicht in der Vergangenheit ausdrücken; über das Wetter sprechen; SCHRIFTLICH: eine kurze E-Mail schreiben, um sich zu entschuldigen und sich zu rechtfertigen; eine Einladung für eine Party verfassen
Grammatik: der **Gebrauch** von **passato prossimo** und **imperfetto** (II); **Modalverben** im **passato prossimo** und **imperfetto; imperfetto** und **passato prossimo** in **Verbindung** mit *mentre*; die **Relativpronomen** *che* und *cui*; die Hervorhebung des **Objektpronomens**; der **Teilungsartikel** (Sing.); das Pronominaladverb *ne*
Phonetik: die Aussprache von *s*

Unità 9 — **Cercasi, offresi, affittasi** — 112

Hörtexte: Giorgio cerca casa; L'esperienza di una studentessa
Lesetexte: Annunci immobiliari; Minimalismo per un single (Leserbrief); Gli italiani e la casa (Zeitungsartikel)
Kommunikative Ziele: Vorlieben nennen; eine Wohnung beschreiben; eine höfliche Aufforderung, einen Wunsch, eine Annahme und eine Vermutung ausdrücken; einen Termin für eine Wohnungsbesichtigung vereinbaren; Vorteile und Nachteile des Zusammenlebens mit anderen Studenten auflisten; SCHRIFTLICH: eine Wohnungsannonce schreiben; einen Antwortbrief mit Ratschlägen und Vorschlägen zur Wohnungseinrichtung schreiben
Grammatik: die **Verkleinerungsform**; der **Konditional Präsens**; das **Verb** *sapere* (können); *stare per*; die Konjunktionen *siccome* und *perché*; der **relative Superlativ; Ortspräpositionen**
Phonetik: die Aussprache von *r*

Unità 10 — **Avrei bisogno di un consiglio** — 124

Hörtext: Avrei bisogno di un consiglio
Lesetexte: Gli italiani a tavola; Alimentazione e salute (Zeitungsartikel); Auszug aus «La linea del traguardo» von P. Zannoner
Kommunikative Ziele: über Essgewohnheiten sprechen; seine Meinung äußern; vergleichen; über Gesundheitsprobleme berichten; jmdn. um Rat bitten; Ratschläge bzw. Anweisungen geben; SCHRIFTLICH: einen kurzen Text über sportliche Aktivitäten und Vorlieben verfassen
Grammatik: der **Komparativ**; einige **unregelmäßige Komparativformen**; der **Imperativ**; die **Stellung** des **Pronomens** in Verbindung mit dem **Imperativ**; das **gerundio presente** in Modal- und Kausalsätzen

Unità 11 — **Pianeta giovani** — 135

Hörtext: Un'intervista (Radiosendung)
Lesetexte: Europei; Auszug aus «Nessuno lo saprà» von E. Brizzi
Kommunikative Ziele: über Lebensbedingungen sprechen; Meinungen formulieren und widersprechen; für und gegen etwas argumentieren; eine Notwendigkeit zum Ausdruck bringen; etwas versprechen; SCHRIFTLICH: einen kurzen Text über die eigenen Studien- und Arbeitserfahrungen sowie über die Wünsche und Absichten für die Zukunft verfassen; den Anfang und das Ende einer Geschichte schreiben
Grammatik: der **congiuntivo presente** nach Verben und Ausdrücken der Hoffnung, der persönlichen Meinung und nach unpersönlichen Ausdrücken; das **Futur I**; *andarsene*; Nebensätze mit *che* + congiuntivo und *di* + Infinitiv; der **reale Bedingungssatz**; die **indirekte Frage**

Unità 12 | **Il piacere di leggere** | **145**

Hörtext: Un libro per ogni lettore

Lesetexte: Qual è il libro che ti ha cambiato la vita? (aus dem Internet); Auszüge aus «L'uomo scarlatto» von P. Maurensig und aus «Mai due volte nella stessa città» von G. Romagnoli

Kommunikative Ziele: über Lesegewohnheiten sprechen und einige Fragen dazu beantworten; Vermutungen äußern; SCHRIFTLICH: in einer kurzen E-Mail an eine Zeitung über das Lieblingsbuch berichten und die Gründe dafür mitteilen; das Ende einer Geschichte schriftlich erzählen; eine kurze Zusammenfassung eines Buchinhaltes verfassen

Grammatik: das **trapassato prossimo**; das **passato remoto**; die **Kollektivzahlen**; die **Relativpronomen** (*il quale, la quale, i quali, le quali*); die **Stellung** der **Objekt-** und **Reflexivpronomen**

Unità 13 | **Indimenticabile!** | **154**

Hörtext: Parliamo di cinema!

Lesetexte: Andiamo al cinema!; Auszug aus: «Da Rossini ai Rolling Stones» von M. Vichi

Kommunikative Ziele: das Äußere einer Person beschreiben; eine Voraussetzung und deren Konsequenzen ausdrücken; über Filmvorlieben und Musikgeschmack sprechen; über unerfüllte Wünsche sprechen; eine unvergessliche Erfahrung erzählen; Vermutungen äußern; SCHRIFTLICH: den Inhalt eines Films schriftlich zusammenfassen

Grammatik: die Bildung des **congiuntivo imperfetto**; der **potentielle Bedingungssatz** und der **irreale Bedingungssatz** im Präsens; das **Futur I** zum Ausdruck einer Vermutung; der **Konditional II**; Adjektive auf *-bile*; die negative Vorsilbe *in-*

Unità 14 | **Italiano del terzo millennio** | **163**

Hörtext: L'italiano del terzo millennio (Radiosendung)

Lesetexte: Sì, no, forse... (Zeitungstartikel); Auszug aus «Smarrita» von M. Paulucci

Kommunikative Ziele: Meinungen formulieren und begründen; eine kurze Zusammenfassung einer Diskussion vorbereiten und darüber referieren; über die eigenen Erfahrungen mit neuen Kommunikationsmitteln berichten; SCHRIFTLICH: eine Geschichte aus der Perspektive eines anderen Ich-Erzählers schreiben

Grammatik: **Wortbildung**; die **Passivform** mit *essere*; *prima di / prima che*; **kombinierte Pronomen**; einige **Bindewörter**

Unità 15 **Studiare in Italia** 173

Hörtext: L'università italiana

Lesetexte: Ultima pratica sexy: usare il congiuntivo von B. Severgnini (aus dem Internet); Auszug aus «Tutti giù per terra» von G. Culicchia

Kommunikative Ziele: eine Wahl begründen; Hoffnung, Zweifel, Befürchtung zum Ausdruck bringen; Universitätssysteme vergleichen; über die eigene Studienerfahrung berichten; eine Liste von Vorhaben erstellen; SCHRIFTLICH: vor einem Aufenthalt als Erasmus Student in Italien eine E-Mail an einen italienischen Freund schreiben, Absichten und Wünsche formulieren und wichtige Informationen erfragen

Grammatik: der **congiuntivo passato** und **trapassato**; der **irreale Bedingungssatz**; einige **Bindewörter**; das **gerundio presente** in Temporalsätzen

Unità 16 **AAA collaboratore cercasi** 183

Hörtext: Intervista a un amministratore delegato

Lesetexte: Il mestiere dei miei sogni; AAA collaboratore cercasi (Zeitungsannoncen); Una lettera di candidatura; Curriculum Vitae; Auszug aus «Chi ha ucciso Silvio Berlusconi» von G. Caruso

Kommunikative Ziele: berufliche Wünsche und Absichten ausdrücken; für und gegen etwas argumentieren; verschiedene Meinungen zusammenfassen und anderen davon berichten; SCHRIFTLICH: eine Bewerbung für ein Praktikum schreiben, einen Lebenslauf verfassen

Grammatik: die Bildung der weiblichen Form und des Plurals bei **Berufsbezeichnungen** (Zusammenfassung); die **Passivform** mit *venire*; die **Zeitenfolge** in Sätzen mit Indikativ und mit congiuntivo (Hauptsatz mit einem Verb der Präsensgruppe); *non so se* + cong.; *peccato che* + cong.

Unità 17 **Finalmente vacanza!** 194

Hörtext: E tu, come viaggi?

Lesetexte: La tua vacanza ti dà benessere? (Zeitschriftenartikel); In viaggio: organizzazione o avventura? (Zeitungsartikel); Auszug aus «Notturno indiano» von A. Tabucchi; A spasso per l'Italia

Kommunikative Ziele: über Urlaub reden: Vorlieben ausdrücken und Erlebnisse erzählen; über eine kulturelle Initiative sprechen; SCHRIFTLICH: Urlaubserlebnisse schriftlich niederlegen; die eigene Meinung über eine Aussage schriftlich darlegen

Grammatik: die **Wortbildung** (II); *bisogna, ci vuole*; die unpersönliche **si**-Form in Verbindung mit Substantiven; einige **Indefinita** *(ogni, ognuno, qualche, alcuni, nessuno)*; die **Zeitenfolge** in Sätzen mit Indikativ und mit congiuntivo (Hauptsatz mit einem Verb der Vergangenheit)

Unità 18 — **Mille e una Italia** — **204**

Hörtexte: I come Italia, Ma non è tutto (intervista a Beppe Severgnini)

Lesetexte: Auszüge aus «Il talento e la passione» von A. Carboni und aus «Mosca più balena» von V. Parrella

Kommunikative Ziele: eine Notwendigkeit ausdrücken; Gehörtes und Gelesenes wiedergeben; über interkulturelle Erfahrungen berichten; Ratschläge geben; SCHRIFTLICH: den Inhalt eines Interviews zusammenfassen; einen kurzen Text (informellen Brief) über das eigene Land verfassen

Grammatik: *come se* + congiuntivo; das **Passiv** zum Ausdruck einer Notwendigkeit (*andare* + **Partizip Perfekt**); *da* + Infinitiv; die **indirekte Rede**; die **indirekte Frage**

Anhang — **214**

Übungen 214
Tests zur Selbsteinschätzung 216
Lektionswortschatz 220
Alphabetischer Wortschatz 254
Quellenverzeichnis 271

1. L'Italia per me è ...

a. Scrivete almeno tre parole.
Chiedete all'insegnante le parole che non conoscete.

Esempio:
□ Come si dice *Meer* in italiano?
■ ‹Mare›.
□ Come si scrive?
■ emme-a-erre-e

▶II 1 *b. L'alfabeto: ascoltate e poi ripetete.*

a *(a)*	e	i	o	s *(esse)*	j *(i lunga)*
b *(bi)*	f *(effe)*	l *(elle)*	p *(pi)*	t *(ti)*	k *(kappa)*
c *(ci)*	g *(gi)*	m *(emme)*	q *(cu)*	u	w *(doppia vu)*
d *(di)*	h *(acca)*	n *(enne)*	r *(erre)*	v *(vu/vi)*	x *(ics)*
				z *(zeta)*	y *(ipsilon)*

c. Dettate all'insegnante le vostre parole.
Chiedete il significato delle parole nuove proposte dai compagni.

Esempio:
□ Cosa significa ‹casa›?
≡ 1 ■ *Haus.*

▶II 2 **2. Alla festa di Chiara**

a. Siamo a una festa di studenti. Un ragazzo si avvicina a una ragazza.
Ascoltate alcune volte il dialogo e poi completate.

nome	______	______
città	______	Casinalbo
facoltà	______	______

b. Insieme a un compagno mettete in ordine le frasi di Stefi.

■ Stefi.

■ Ah… Ma abiti qua a Firenze?

■ Economia.

~~■ Ciao~~

■ No, non proprio di Firenze, sono di Prato. E tu, di dove sei?

■ Sì. Anche tu?

□ Ciao, io mi chiamo Claudio. ■ Ciao

□ Sei un'amica di Chiara? ■ ____________

□ Beh, sì. Studio matematica come lei. E tu, che cosa studi? ■ ____________

□ E sei di Firenze? ■ ____________

□ Io sono di Casinalbo, in provincia di Modena. ■ ____________

□ Sì, sì, sì, ho … ho un appartamento con un altro ragazzo, uno studente di medicina.

2, 3 E… tu… come ti chiami? ■ ____________

▶II 2 *c. Ascoltate un'altra volta e controllate.*

3. Ciao! Conoscete altre forme di saluto in italiano?

4. Ritorno al testo

a. Leggete ancora una volta il dialogo e sottolineate le parole che secondo voi sono verbi.

b. Adesso completate la tabella.

infinito	io	tu
chiamarsi	____________	____________
essere	____________	____________
studiare	____________	____________
abitare	abito	____________
avere	____________	hai

Quale desinenza hanno i verbi alla prima persona (io)? ____________

Quale desinenza hanno i verbi alla seconda persona (tu)? ____________

4 desinenza = Endung

5. Occhio alla lingua!

Sono **di** Casinalbo, ma abito **a** Firenze.

Quando usate la preposizione di? ______________________

Quando usate la preposizione a? ______________________

6. Presentazioni

Sono di Roma, ma abito a Monaco.
Sono di Verona e abito a Verona.

Maria: Roma/Monaco

Luigi: Napoli/Napoli

Chiara: Torino/Firenze

Carla: Venezia/Civitavecchia

Riccardo: Milano/Londra

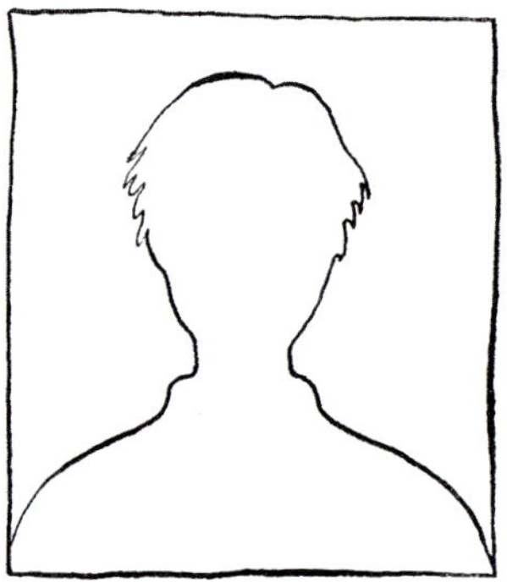

E tu? ________________

7. Milano, Milan, Mailand

Leggete i nomi di queste città. Come sono nella vostra lingua?

Francoforte	Lisbona	Ratisbona	Augusta	Zurigo
Parigi	Vienna	Colonia	Salisburgo	Londra
Monaco	Praga	Berlino	Mosca	Zagabria

8. Che cosa studi?

Cercate il vostro corso di laurea o la vostra facoltà. Se non li trovate, chiedete all'insegnante.

Scienze e tecnologie agrarie
Architettura
Economia e commercio
Farmacia
Ingegneria civile
Ingegneria gestionale
Lettere
Storia dell'arte
Matematica
Fisica
Scienze della comunicazione
5 Scienze della formazione

Scienze politiche
Economia aziendale
Chimica e tecnologie farmaceutiche
Giurisprudenza
Sociologia
Ingegneria meccanica
Filosofia
Lingue e letterature straniere
Medicina e Chirurgia
Biologia
Informatica
Tecnologie Web e multimediali

9. Mi chiamo

Presentatevi al vostro vicino! Usate i verbi della tabella al punto 4.

Mi chiamo ...

10. Ritorno al testo

a. Leggete il dialogo al punto 2b un'altra volta e sottolineate le domande.

b. Scegliete le domande che secondo voi si usano per fare conoscenza e confrontate con un compagno.

1. Che cosa studi?
2. ____________
3. ____________
4. ____________

11. E tu?

6, 7 *Adesso fate le domande a un compagno diverso.*

12. Ritorno al testo

a. Cercate nel dialogo al punto 2b gli articoli indeterminativi e scriveteli con i nomi.

un' amica ____________

____________ ____________

Quali parole sono maschili (m.) e quali femminili (f.)?

b. Lavorate in coppia e completate la tabella.

	m.	f.
davanti a consonante	un	una
davanti a s + consonante	_____	una
davanti a vocale	_____	_____

13. Esercizio

Completate con gli articoli indeterminativi. Chiedete all'insegnante le parole che non conoscete.

_____ aeroporto
_____ scuola
_____ scandalo
_____ momento
_____ aula
_____ libro
_____ professore
_____ casa
_____ ragazza
_____ studentessa
_____ amico
_____ lavoro

8

3
14. Intervista

a. Ascoltate più volte cosa racconta Giuliana: dopo ogni ascolto consultatevi con un compagno diverso e confrontate con lui le informazioni capite.

b. Ascoltate un'altra volta e segnate la risposta esatta.

a. Giuliana è
- ☐ segretaria.
- ☐ insegnante.
- ☐ studentessa.

b. Lavora a
- ☐ Milano.
- ☐ Firenze.
- ☐ Roma.

c. L'età media degli studenti è
- ☐ 15 – 20 anni (*quindici-venti*).
- ☐ 18 – 22 anni (*diciotto-ventidue*).
- ☐ 20 – 25 anni (*venti-venticinque*).

c. Confrontate le vostre risposte con quelle di un compagno e poi controllate con un ultimo ascolto.

15. Strategie di ascolto

Pensate all'intervista di Giuliana. Che cosa vi aiuta a capire il significato generale di un ascolto? Per fare l'esercizio 14b è necessario capire tutto? Parlatene in piccoli gruppi.

16. Ritorno al testo

3 *a. Ascoltate l'intervista ancora una volta: quali aggettivi di nazionalità sentite nel dialogo?*

- ☐ spagnolo
- ☐ tedesco
- ☐ francese
- ☐ portoghese
- ☐ turco
- ☐ olandese
- ☐ russo
- ☐ inglese
- ☐ americano
- ☐ polacco
- ☐ italiano
- ☐ austriaco

b. Scrivete gli aggettivi del punto 16a accanto ai nomi dei Paesi.

Francia	________	Italia	________
Germania	________	Turchia	________
Spagna	________	Portogallo	________
America	________	Polonia	________
Inghilterra	________	Russia	________
Olanda	________	Austria	________

▶II 4 *c. Ascoltate e completate.*

Nella classe che ho in questo momento, una bella classe di livello intermedio alto, ho una ragazza ________ che studia giurisprudenza, una ragazza ________ che fa matematica, una ragazza ________ che vive qui a Roma da cinque mesi e studia lettere antiche, poi ho un ragazzo ________ che studia architettura.

9 **fa matematica = studia matematica**

d. Riflettete sulle desinenze e completate lo schema!

m.	f.
un ragazzo polacco	________
un ragazzo olandese	________
________	________

e. Adesso completate la lista.

m.	f.
spagnolo	________
________	russa
inglese	________
________	francese
americano	________
________	turca
italiano	________
________	portoghese

17. Esercizio

Janine, una studentessa di Giuliana, descrive la sua classe.

Hanna/Polonia/Varsavia	Hanna è polacca, di Varsavia.
Paul/Francia/Tolone	Maria/Spagna/Salamanca
Amalia/Portogallo/Lisbona	Peter/Germania/Colonia
Jan/Olanda/Amsterdam	Jasmin/Turchia/Ankara
10, 11 Iwan/Russia/Mosca	Marianne/Austria/Linz
12, 13 Joao/Portogallo/Coimbra	

essere	
io	______
tu	______
lui/lei	è

18. I numeri da 1 a 30

a. Abbinate i numeri alle parole. Lavorate in coppia.

1 ____	6 ____	11 ________	16 ________	sei	due	quattordici	nove
2 ____	7 ____	12 ________	17 ________	otto	cinque	undici	venti
3 ____	8 ____	13 ________	18 ________	diciotto	diciassette	sette	dieci
4 ____	9 ____	14 ________	19 ________	tre	sedici	diciannove	tredici
5 ____	10 ____	15 ________	20 ________	quattro	dodici	uno	quindici

▶II 5 *b. Ascoltate e controllate.*

▶II 6 *c. Ascoltate e completate.*

21 ventuno (!)	22 ____________	23 ventitré	24 ____________
25 venticinque	26 ____________	27 ventisette	28 ____________ (!)
29 ventinove	30 ____________		

19. Occhio alla lingua!

Fate la domanda a un compagno.

avere	
io	______
tu	______
lui/lei	ha

14

20. Ritorno al testo

a. Cercate nel testo al punto 16c le forme della 3ª persona singolare (lui/lei) dei verbi.

studiare lui/lei ______________ 1ª coniugazione
vivere lui/lei ______________ 2ª coniugazione

b. In italiano esiste una 3ª coniugazione in **-ire**, *p.es.* **partire**: *le prime tre forme sono uguali alla 2ª coniugazione. Completate la tabella.*

	studiare	vivere	partire
io	______________	______________	______________
tu	______________	______________	______________
lui/lei	______________	______________	______________

21. Un'intervista

a. Completate l'intervista con i verbi al presente indicativo.

□ Come (tu-chiamarsi) _____________?

■ Joao.

□ (Essere) _____________ portoghese?

■ No, (essere) _____________ brasiliano, ma (vivere) _____________ in Italia da cinque anni.

□ Cosa (studiare) _____________?

■ Fisica.

□ Dove (abitare) _____________?

■ (abitare) _____________ in centro, vicino all'università.

□ Quanti anni (avere) _____________?

■ Ventitré.

b. Presentate Joao.

Si chiama Joao, ____

____

____

15, 16 *c. Intervistate una persona della classe e poi presentatela a un altro compagno.*

22. Perché studi l'italiano?

a. Secondo voi perché uno straniero studia l'italiano?
Ecco quattro motivi: abbinateli alla percentuale che vi sembra più probabile.

tempo libero	studio	19,0 %	25,8 %
lavoro	motivi personali	32,8 %	22,4 %

b. Adesso leggete e verificate.

L'indagine «Italiano 2000»

Perché uno straniero studia l'italiano?
Ecco il risultato dell'indagine «Italiano 2000» del Ministero degli Affari Esteri sullo studio della lingua italiana nel mondo.
Il questionario del Ministero, distribuito in tutto il mondo, chiede di indicare, in ordine di importanza, quattro motivi: tempo libero, studio, lavoro, motivi personali.
Il risultato finale vede al primo posto la categoria «tempo libero» : il 32,8 % studia l'italiano per turismo, per interesse verso la cultura e la società italiana. Segue la categoria «motivi personali»: il 25,8 % studia l'italiano perché il partner è italiano o la famiglia è di origine italiana. Il 22,4 % studia l'italiano per lavoro: per diventare traduttore e interprete o insegnante, per lavorare con ditte italiane o per trovare lavoro in Italia. All'ultimo posto lo studio: il 19 % frequenta un corso d'italiano per partecipare a programmi come Socrates o Erasmus o per continuare gli studi in Italia; in certi casi l'italiano è obbligatorio nel curriculum scolastico.

(adattato da *Italiano 2000*)

il 32,8 % = il trentadue virgola otto per cento

c. Scrivete per ogni categoria i diversi motivi che trovate nel testo.

tempo libero ______________________

motivi personali ______________________

lavoro ______________________

studio ______________________

d. Conoscete altri motivi? Chiedete all'insegnante le parole che non conoscete.

e. Perché studi l'italiano? Fate un'indagine in classe.

nome	motivazione
________	______________________
________	______________________
________	______________________

f. Adesso confrontate con i compagni. In piccoli gruppi fate una statistica: analizzate 10 casi.

Il 20 % (il venti per cento) studia l'italiano perché/per ...

31 trentuno	32 trentadue	33 trentatré	34 trentaquattro	35 trentacinque
36 trentasei	37 trentasette	38 trentotto	39 trentanove	40 quaranta
50 cinquanta	60 sessanta	70 settanta	80 ottanta	90 novanta
100 cento				

23. Strategie di lettura

Pensate alla lettura 22b: è il vostro primo testo autentico in italiano.
Che cosa vi aiuta a capire il significato generale di questo testo?
Per fare l'esercizio 22c è necessario capire tutto? Parlatene in piccoli gruppi.

24. Occhio alla lingua!

a. Osservate le seguenti parole: Sono maschili (m.) o femminili (f.)?

italiano, indagine, mondo, cultura, studio

m.	f.
______________	______________
______________	______________
______________	

- Una parola con la desinenza **-o** è normalmente ....
- Una parola con la desinenza **-a** è normalmente ....
- Una parola con la desinenza **-e** può essere maschile o femminile:
  indagine è femminile **interesse** è maschile

b. Cercate adesso nel testo gli articoli determinativi dei sostantivi al punto 24a e scriveteli accanto alle parole.

Esempio: il questionario

c. Provate in coppia a scrivere la regola:

	m.	f.
davanti a vocale	________	________
davanti a consonante	________	________
davanti a **s** + consonante	________	

25. Esercizio

A questo punto conoscete diverse parole italiane: scrivete su un foglio quelle che vi
≝ 17, 18, 19 *ricordate, avete 3 minuti di tempo. Scambiate il foglio con il vostro vicino e mettete*
20, 21, 22 *gli articoli determinativi. Controllate poi con un compagno diverso.*

26. Imparare l'italiano in Italia

Volete maggiori informazioni? Leggete e compilate il modulo di richiesta.

Impara una lingua...

Impara una lingua all'estero!
Impara le lingue e viaggia all'estero oggi!

MODULO DI RICHIESTA

Vorrei ricevere maggiori informazioni sul programma «Impara una lingua all'estero»

□ via mail in
□ via e-mail in
□ italiano □ inglese □ tedesco □ spagnolo

Sono interessato/a ad imparare la seguente lingua:

□ Italiano in Italia □ Spagnolo in Spagna
□ Tedesco in Austria □ Francese in Francia

Dati Personali
Cognome ______________________
Nome ______________________
Via ______________________
Codice postale ________ Città ______________
Stato ______________________
E-Mail ______________________

□ maschio □ femmina

≝ 23, 24

FONETICA

1. /k/ o /ʧ/ ?

▶II 7 *a. Ascoltate di nuovo il dialogo del punto 2. Fate attenzione alla pronuncia delle parole in rosso.*

■ Ciao, io mi chiamo Claudio.
□ Ciao.
■ Sei un'amica di Chiara?
□ Sì. Anche tu?
■ Beh, sì. Studio matematica come lei. E tu, che cosa studi?
□ Economia.
■ E sei di Firenze?
□ No, non proprio di Firenze, sono di Prato. E tu, di dove sei?
■ Io sono di Casinalbo, in provincia di Modena.
□ Ah... Ma abiti qua a Firenze?
■ Sì, sì, sì, ho... ho un appartamento con un altro ragazzo, uno studente di medicina. E... tu... come ti chiami?
□ Stefi.

b. Riflettiamo!

ci / ce si pronunciano _____ chi / che si pronunciano _____ ca / co / cu si pronunciano _____

▶II 8 *c. Questa regola vale anche quando la ‹c› è doppia. Ascoltate e poi ripetete.*

prosecco accento accanto occhio polacca

d. Come si pronuncia? Ordinate le parole secondo la pronuncia.

casa, Chianti, società, perché, ecco, chiedere, città, curriculum, continuare, partecipare, percentuale, cultura, categoria, certo

/k/	/ʧ/
______________________	______________________
______________________	______________________
______________________	______________________

2. Il suono /kw/

▶II 9 *a. Ascoltate le seguenti parole.*

qua questo quando questionario frequentare quello qui quota

b. Sapete pronunciare il suono /kw/? Ripetete le parole!

1. Bevande e spuntini

a. Scrivete le seguenti parole nella colonna giusta.

~~panino~~, acqua minerale, tramezzino, birra, aperitivo, toast, prosecco, tè, pizzetta, vino, caffè, brioche, aranciata, liquore, cornetto

spuntini		bevande		
panino				

Chiedete all'insegnante le parole che non conoscete.
Se non capite la risposta, chiedete: Come, scusi? *oppure:* Può ripetere per favore?

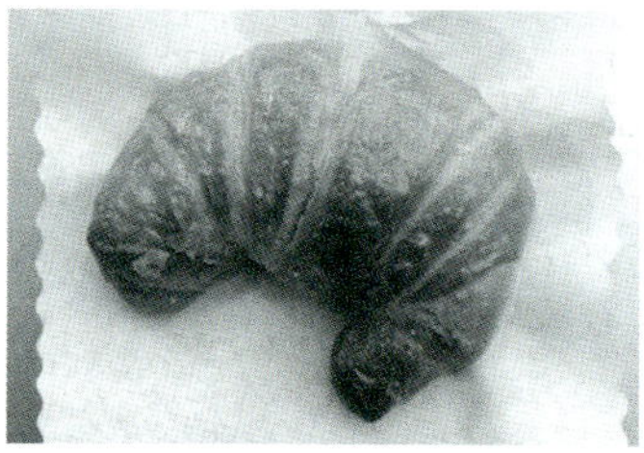

b. Conoscete altri spuntini e altre bevande? Scriveteli e poi confrontate con un compagno.

▶II 10

2. Ciao, Stefano!

a. Ascoltate una volta il dialogo e provate a immaginare la situazione in generale. Poi confrontate le vostre impressioni con quelle di un compagno.

b. Ascoltate un'altra volta: quante persone parlano? Chi sono? Dove sono? Cosa fanno? Parlatene con un compagno.

c. Ascoltate un'altra volta e concentratevi su alcuni particolari. Trovate l'informazione corretta.

I ragazzi sono
- □ in mensa.
- □ al bar.
- □ al ristorante.

Lucia prende ____________________
Marco prende ____________________
Stefano prende ____________________

È possibile avere panini caldi?
- □ Sì.
- □ No.

Lucia e Stefano prendono un'acqua minerale
- □ naturale.
- □ gassata.

C'è un tavolo libero?
- □ Sì.
- □ No.

▶II 11 3. Questa è...

a. Ascoltate più volte il dialogo e completate.

Marco: _______, Stefano!

Stefano: _______, ___________ _______?

Marco: Bene. E tu, ___________ ___________?

Stefano: Eh, non c'è male, dai; senti... ___________ ______ Lucia.

Marco: Ciao, ________ Marco.

Lucia: ___________!

b. Leggete il dialogo del punto 3a un'altra volta e scrivete le domande. Poi cercate nel dialogo le risposte che mancano.

__________, __________ __________?	Benissimo.
	_______________
__________ __________?	Abbastanza bene.
	_______________
	Così, così.
	Male.

stare
(io) sto
(tu) stai
(lui/lei) sta

c. Che cosa dice Stefano per presentare Lucia? Completate lo schema.

♀	♂
________ _____ Lucia.	Questo è Giovanni.

d. Come va?
A gruppi di tre fate un dialogo simile (3a) e poi scambiatevi i ruoli.

▶II 12 4. Tu cosa prendi?

Ascoltate più volte il dialogo e a coppie mettete in ordine le frasi.

□ Allora, faccio io lo scontrino?
■ ____
□ ____
▶ ____
□ ____
▶ ____
□ ____
▶ ____
■ ____
□ ____
▶ ____
■ ____
□ ____
1 ▷ Sono 8 Euro e 30.

◇ Che cosa c'è da mangiare? Hanno le pizzette?

◇ Io prendo un tramezzino.

◇ Per me un bicchiere di acqua minerale.

◇ Per me una Coca.

◇ Allora... un panino, due tramezzini, due bicchieri d'acqua minerale e una Coca.

◇ E i panini sono caldi?

◇ Ah, sì, grazie. Allora... io prendo un panino, se c'è con pomodoro e mozzarella, caldo se possibile.

◇ Tu che cosa prendi?

◇ E da bere?

◇ Mah, non lo so, però posso chiedere.

◇ Sì, e poi dividiamo.

◇ Le pizzette... credo di no, però ci sono panini, tramezzini, anche toast credo...

5. Ritorno al testo

Cercate nel testo le forme plurali dei seguenti sostantivi.

panino ____
pizzetta ____
bicchiere ____

un toast	due toast
un caffè	due caffè

Come sono le desinenze? Come cambiano al plurale? Scrivete la regola.

	sing.	pl.
m.	____	____
f.	____	____
m./f.	____	i

6. Esercizio

Scrivete le ordinazioni di queste persone.

Anna e Rita

Mario, Luca e Daniela

7. Ritorno al testo

a. Completate con il singolare degli articoli determinativi e cercate le forme mancanti del plurale nel testo del punto 4.

_____ panino	_____ panini
_____ scontrino	gli scontrini
_____ aperitivo	gli aperitivi
_____ pizzetta	_____ pizzette
_____ aranciata	le aranciate

Adesso scrivete la regola.

m.	sing.	pl.
davanti a consonante	_____	_____
davanti a **s** + consonante	_____	_____
davanti a vocale	_____	_____

f.	sing.	pl.
davanti a consonante	_____	_____
davanti a vocale	_____	_____

2

b. Gli aggettivi al plurale.

I panini sono caldi?	Le pizzette sono calde?
I liquori sono cari?	Le luci sono belle?

c. Completate.

una birr___	piccola media grande	due birr___	piccol___ medi___ grand___
un panin___	caldo	due panin___	cald___
3, 4 un'aranciat___	dolce amara	due aranciat___	dolc___ amar___

8. Al bar

Siete al bar. In piccoli gruppi: uno prende le ordinazioni e fa lo scontrino. Scambiatevi poi i ruoli.

9. Essere o avere?

Vi ricordate i verbi ‹essere› e ‹avere› al singolare?
Cercate le forme mancanti del plurale nel testo del punto 4 e completate la tabella.

	essere	avere		essere	avere
(io)	______	______	(noi)	siamo	abbiamo
(tu)	______	______	(voi)	siete	avete
(lui/lei)	______	______	(loro)	______	______

13 10. Le ore

Ascoltate e completate.

□ Senti, noi andiamo al bar, vieni anche tu?

■ Eh… ______ ______ ______?

□ ______ 2 e 10…

■ Eh, la mensa chiude alle 2 e mezzo…

Qual è l'espressione per chiedere l'ora?: ______________________

oppure: Che ora è?

11. Che ora è?

a. Abbinate le espressioni agli orologi.

___ è l'una	___ sono le otto meno venti
___ è l'una e mezzo/a	___ sono le undici meno dieci
___ sono le due e dieci	___ è mezzogiorno/mezzanotte
___ sono le quattro e un quarto	___ è mezzogiorno/mezzanotte meno un quarto
___ sono le sei e trentacinque	

b. In contesti ufficiali si dice così. Completate.

sono le quattordici e trenta

____

____

5 ______________________________

____

12. Ritorno al testo

Leggete un'altra volta il testo del punto 4 e completate.

Che cosa ___________ da mangiare?

___________ panini, tramezzini, toast...

Prendo un panino, se ___________ con pomodoro e mozzarella.

- Si usa **c'è** ____.
- Si usa **ci sono** ____.

13. C'è o ci sono?

Formate dei gruppi: leggete il listino, avete 30 secondi di tempo.
Poi chiudete il libro e nel gruppo fate una lista delle cose che vi ricordate.
Leggete la lista agli altri: vince il gruppo con la lista più lunga.

Esempio: Da mangiare / da bere c'è / ci sono …

Listino Prezzi al Tavolo

CAFFETTERIA		BIBITE		APERITIVI/BIRRE/VINO		LIQUORI	
Caffè Espresso	€ 2,00	*Minerale Bicchiere*	€ 0,80	*Aperitivi Analcolici*	€ 4,00	*Liquori Nazionali*	€ 4,00
Caffè Decaffeinato	€ 2,00	*½ Minerale*	€ 2,00	*Aperitivi Alcolici*	€ 4,00	*Liquori esteri*	€ 5,00
Caffè Americano	€ 2,50	*Bibite*	€ 3,50	*Vino Bicchiere*	€ 2,50		
Caffè Freddo	€ 2,50	*Tè Freddo*	€ 3,50	*Spumante Coppa*	€ 4,00	SNACK	
Cappuccino	€ 2,50	*Succhi di Frutta*	€ 3,50	*Birra Piccola*	€ 3,00	*Pizzette*	€ 3,00
Latte Macchiato	€ 2,50	*Spremute*	€ 4,00	*Birra Media*	€ 4,50	*Toast*	€ 3,50
Cioccolata	€ 3,50					*Tramezzini*	€ 3,50
Tè e Infusi	€ 3,00						

14. Occhio alla lingua!

a. Leggete le seguenti frasi.

Ci sono panini, tramezzini, toast, credo…
I panini **sono** caldi?

Ci sono viene da **esserci**, **sono** viene da **essere**: conoscete la differenza?

b. Esercizio. Completate con: ‹è, sono, c'è, ci sono›.

1. Sul listino del bar _________ molte bevande, alcune _________ abbastanza care.
2. Capri _________ un'isola italiana dove _________ sempre molti turisti.
3. Nella classe di Giuliana _________ una ragazza tedesca.
   Si chiama Isabel e _________ di Berlino.
4. Le feste di Chiara _________ sempre molto belle:

6,7 _________ buona musica, _________ molte cose da mangiare e da bere.

15. Alla salute!

a. Scorrete rapidamente il seguente testo: qual è il tema principale? Parlatene con un compagno.

b. Che cosa vi ha aiutato a capire il tema principale? Parlatene con due compagni senza rileggere il testo.

I bar italiani sono luoghi aperti sulle strade e le piazze di ogni città o paese, sono frequentati in ogni momento della giornata e in estate spesso mettono fuori dei tavolini [...]. I bar che hanno tavolini e camerieri che servono «al tavolo» si chiamano propriamente «caffè» e sono più eleganti dei semplici bar. L'ordinazione al tavolo è più costosa che al banco. Molti bar e caffè aprono per la prima colazione alle sei del mattino e chiudono dopo la mezzanotte. Al bar molti italiani fanno colazione, prendono il caffè a metà mattina, a volte mangiano un panino durante l'intervallo per il pranzo e dopo pranzo bevono un caffè. Prima di cena nei bar e nei caffè è tradizione prendere l'aperitivo e dopo cena, soprattutto d'estate, un gelato. [...]

I pub italiani sono la versione italiana dei pub irlandesi [...], sono locali molto frequentati dai giovani, generalmente aperti fino alle 2 o alle 3 del mattino, dove è possibile sedersi, ordinare da bere e da mangiare (birra, panini, patatine e a volte primi piatti), ascoltare la musica. [...]

Le birrerie sono locali specializzati nel consumo di birra delle più rinomate marche di tutto il mondo. La birra è di elevata qualità e può essere servita in bottiglia e alla spina. I principali produttori di birra italiana sono Peroni, Moretti e Dreher. Molto richieste sono le birre tedesche, inglesi e la Guinness.

Le enoteche sono locali specializzati nella vendita di vino delle migliori qualità.

(da *www.comune.torino.it*)

c. Cosa è possibile mangiare, bere o comprare in questi locali: bar, pub, birreria, enoteca?

16. Ritorno al testo

a. Rileggete il testo del punto 15 e sottolineate le forme dei verbi al plurale.

b. Completate adesso la tabella.

	mangiare	prendere	aprire	fare	bere
(io)	________	________	________	faccio	bevo
(tu)	mangi	________	________	fai	bevi
(lui/lei)	________	________	________	fa	beve
(noi)	mangiamo	prendiamo	apriamo	facciamo	beviamo
(voi)	mangiate	prendete	aprite	fate	bevete
(loro)	________	________	________	________	________

c. Quali persone hanno le desinenze uguali nelle tre coniugazioni?

persona	________	________	________
desinenza	________	________	________

8 *d. Perché ‹io›, ‹tu› ecc. sono fra parentesi?*

17. Esercizio

Mettete in ordine le seguenti forme verbali.

prendete, hanno, ti chiami, partiamo, è, fanno, metti, abbiamo, aprono, fa, chiudo, mangia, servono, studiate, abitiamo, mi chiamo, ha, faccio, viviamo, abiti, partite, vivi, mangio, fate

io	tu	lui/lei	noi	voi	loro
________	________	________	________	________	________
________	________	________	________	________	________
________	________	________	________	________	________
________	________	________	________	________	________

9

18. Esercizio

Coniugate i verbi tra parentesi.

(Essere) __________ le 2 e 10: Marco (essere) __________ all'università. Nel corridoio (incontrare) _____________ Stefano e Lucia: insieme (decidere) _____________ di andare al bar. Lucia (prendere) _____________ un panino, Marco e Stefano (prendere) _____________ un tramezzino. Da bere i ragazzi (ordinare) _____________ una Coca-Cola e due bicchieri di acqua minerale.

19. Occhio alla lingua!

Lucia prende un panino, Marco **preferisce** un tramezzino.

Molti verbi della 3ª coniugazione hanno una particolarità, per esempio **preferire**:

(io)	preferisco	(noi)	preferiamo
(tu)	preferisci	(voi)	preferite
(lui/lei)	preferisce	(loro)	preferiscono

Come **preferire** sono **finire** e **capire**. *Coniugate:*

finire: (io) finisco, (tu) ____

10 capire: (io) ____

20. E nella vostra città?

Che tipo di locali ci sono nella vostra città e quali preferite?
Che cosa è possibile bere o mangiare in questi locali? Che cosa prendete di solito?
11, 12 *Parlatene a coppie.*

▶II 14 21. Informazioni

a. Dove si svolge il seguente dialogo? Ascoltate alcune volte e parlatene con un compagno.

b. Secondo voi chi sono le persone che parlano? Che cosa dicono le persone in una situazione simile? Parlatene con due compagni.

c. Ora ascoltate di nuovo e completate.

Nome:	Katrin Müller	Nazionalità:	___________
Facoltà:	___________	Indirizzo:	___________

▶II 14 22. Ritorno al testo

a. Ascoltate diverse volte il dialogo e scrivete le domande della segretaria.

■ ______________________________ ?

□ Sì.

■ ______________________________ ?

□ Ingegneria.

■ ______________________________ ?

□ Sì, ...

■ Qual è ______________________________ ?

□ Via Della Pura 13.

b. La segretaria non dice ‹tu› ma ‹Lei›, usa la forma di cortesia.

Quale persona del verbo usa? ___________________

c. Scrivete le domande.

	tu	**Lei** (forma di cortesia)
Nome:		Come si chiama?
Facoltà		
Età:		
Nazionalità:		
Indirizzo:	il tuo	
Numero di telefono:	il tuo numero di telefono?	

≝ 13

23. Hai il cellulare?

Chiedete l'indirizzo e il numero di telefono al vostro vicino.

il cellulare / il telefonino

24. Cambiate identità!

Immaginate di essere una persona importante: trovatevi una nuova identità e scrivete il vostro biglietto da visita. Poi con le domande del punto 22c scoprite la nuova identità del vicino. Usate la forma di cortesia.

▶II 15 25. A che ora?

Ascoltate e completate con le preposizioni.

La mensa chiude ______ due e mezzo.

La biblioteca è aperta ______ 8.00 ______ 20.00.

	+ le	+ l'
a	______	all'
da	______	dall'

Vi ricordate l'uso dell'articolo con le ore (punti 10 e 11)?

A che ora? a______ mezzogiorno

______ una

______ due

Quando? da______ mezzogiorno all'______ una

______ una ______ due

______ due ______ tre

26. Orari

a. Leggete i cartelli e completate.

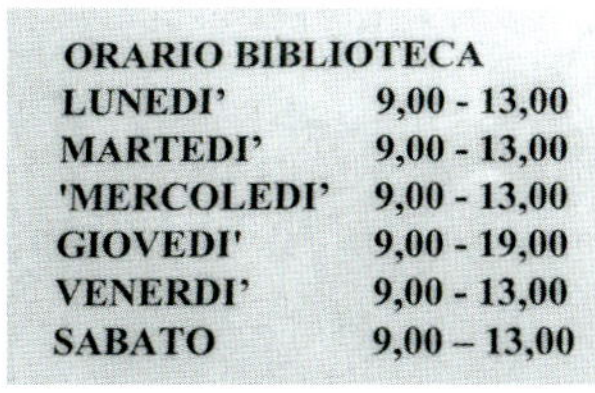

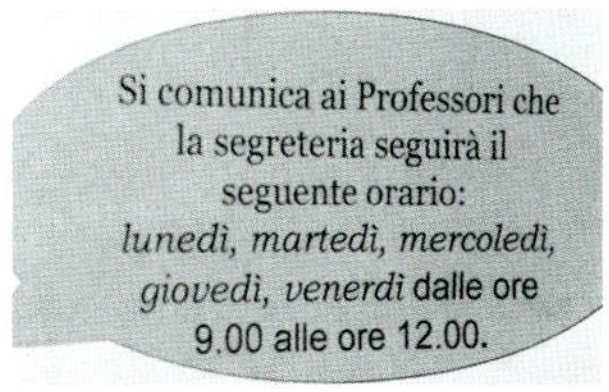

1. La biblioteca apre ________ 9.00 e chiude ________ 13.00, il giovedì chiude ________ 19.00.

2. Il bar chiude ________ 20.00.

3. La segreteria è aperta ________ 9.00 ________ 12.00.

4. L'ufficio di Orientamento e Tutorato è aperto ________ 9.30 ________ 12.30,
   il mercoledì ________ 14.30 ________ 17.00, il lunedì è chiuso.

14 *b. Riscrivete le frasi con gli orari della vostra università.*

27. Occhio alla lingua!

Leggete le seguenti frasi:

Senta, io **vorrei iscrivermi** a questa università.
Senta, io **vorrei** anche **alcune informazioni** su questa università.

▸ Si usa **vorrei** per esprimere una richiesta cortese. Da che cosa è seguito?

vorrei + ______________________
+ ______________________

	tu	Lei (forma di cortesia)
per richiamare l'attenzione o per cominciare una frase:	Senti!	Senta!

15

28. Le professioni

Claudio

Laura

Paolo

Maria

insegnante, segretaria/o, avvocato, operaio/a, medico, giornalista, impiegato/a, architetto

a. Secondo voi, qual è la professione delle persone fotografate? Scrivetela.
Chiedete all'insegnante le parole che non conoscete.

b. A coppie, scoprite se il vicino la pensa come voi.

Esempio:
■ Che cosa fa Maria?
□ Secondo me è architetto / fa l'architetto.
≡ 16 ■ Secondo me è insegnante.

per chiedere la professione

Che cosa fa?

Che lavoro fa?

29. Cerchiamo …

a. Leggete il seguente annuncio. Chiedete all'insegnante le parole che non conoscete.

Note Nr.: 232 from 2005-04-18 06:15:10

Cerchiamo per villaggi in Grecia animatori, coreografe, ballerine, hostess, piano bar, cantanti, bariste, camerieri (anche prima esperienza)

giogiu2006@yahoo.it o Centori Maria Via Umbria 29
65016 Montesilvano (Pe)

by Regina Mar Hotel
giogiu2006@yahoo.it
www.reginamar.gr

INFOLINE
+39 333/31 38 249
+39 085/44 25 445

b. Vorrei fare il/la …
Completate l'e-mail: scegliete una professione e presentatevi (nome, cognome, età, nazionalità, lingue …).

Gentili signori,

sono interessato/a al Vostro annuncio ...

...

≡ 17, 18, 19, 20 In attesa di una Vostra risposta, Vi mando cordiali saluti

FONETICA

▶II 16 **1. /g/ o /dʒ/?**

Vi ricordate le regole di pronuncia di /k/ e di /tʃ/?
Le stesse regole valgono per la pronuncia di /g/ e /dʒ/.
Ascoltate le parole seguenti e completate la regola.

Germania	portoghese	categoria	indagine
Inghilterra	origine	prego	ingegneria
luoghi	gelato	obbligatorio	gusto

ga
go si pronunciano_____
gu

ghi
ghe si pronunciano_____

gi
ge si pronunciano_____

2. Il suono /gw/

▶II 17 *a. Ascoltate.*

guardare, Guido, guadagnare, seguire, guidare

b. Sapete pronunciare il suono /gw/? Ripetete le parole!

▶II 18 **3. /tʃ/ o /dʒ/?**

Ascoltate le parole seguenti e segnate la pronuncia corretta come nell'esempio.

	1	2	3	4	5	6	7	8	9	10	11	12	13	14
/tʃ/	☒	☐	☐	☐	☐	☐	☐	☐	☐	☐	☐	☐	☐	☐
/dʒ/	☐	☐	☐	☐	☐	☐	☐	☐	☐	☐	☐	☐	☐	☐

4. ‹gi+vocale› e ‹ci+vocale›

▶II 19 *a. Ascoltate e sottolineate le parole dove si pronuncia la ‹i›.*

buongiorno, mangiare, biologia, faccio, facciamo, farmacia, Gianni, giurisprudenza, Lucia

b. Adesso ripetete le parole!

1. Tempo libero

Abbinate le espressioni alle immagini.

leggere – giocare a calcio – andare in discoteca – andare in montagna – uscire con gli amici – fare un giro in bici – navigare in Internet – andare a un concerto – suonare uno strumento – andare a una festa ≝ 1

▸II 20

2. E tu che cosa fai?

a. *Ascoltate più volte la conversazione fra Marina e Paolo. Dopo ogni ascolto consultatevi con un compagno diverso e confrontate con lui le informazioni capite.*

b. *Quali attività del punto 1 praticano Marina e Paolo? Segnatele con una M o una P accanto all'immagine.*

andare	uscire
vado	esco
vai	esci
va	esce
andiamo	usciamo
andate	uscite
vanno	escono

c. *Trovate la soluzione corretta.*

Marina studia ____________ e lavora in una pizzeria, ☐ in una libreria, ☐ in un bar. ☐

Paolo studia ____________ e lavora in un ristorante, ☐ in un bar, ☐ in una gelateria. ☐

≝ 2, 3 d. *Confrontate le vostre risposte con quelle di un compagno e poi controllate con un ultimo ascolto.*

3. Ritorno al testo

▶II 20 *a. Chi dice queste frasi? Ascoltate di nuovo il dialogo e scegliete la risposta giusta.*

	Paolo	Marina
È una cosa seria… e ti piace?	☐	☐
È un lavoretto come un altro, però sì, mi piace.	☐	☐
Mi piace leggere, parlare di libri.	☐	☐
Mi piacciono i libri in generale.	☐	☐
Mi piacciono le scienze esatte.	☐	☐
Mi piace molto la musica.	☐	☐
Mi piace anche fare qualcosa all'aperto.	☐	☐

b. In coppia. Confrontate le vostre risposte e poi riflettete: secondo voi, quali forme del verbo ‹piacere› si usano normalmente? Quando si dice ‹mi piace› e quando si dice ‹mi piacciono›?

- ▶ Si usano la __________ persona singolare e la __________ persona plurale.
- ▶ Si dice **mi piace** + ____________________, + ____________________
- ▶ Si dice **mi piacciono** + ____________________

Fate attenzione alla posizione dei pronomi!

(io)	*mi*		(noi)	*ci*	
(tu)	*ti*	piace / piacciono	(voi)	*vi*	piace / piacciono
(lui)	*gli*		(loro)	*gli*	
(lei)	*le*				

4. Tutti i gusti sono gusti

Che cosa piace al vostro vicino? Provate a indovinare! Aggiungete due cose alla lista, poi mettete le crocette e infine verificate con delle domande come nell'esempio. Ogni preferenza indovinata vale un punto, vince chi indovina di più.

	moltissimo	molto	abbastanza	non molto	per niente
andare al cinema	☐	☐	☐	☐	☐
leggere a letto	☐	☐	☐	☐	☐
i film dell'orrore	☐	☐	☐	☐	☐
le feste di carnevale	☐	☐	☐	☐	☐
la musica classica	☐	☐	☐	☐	☐
____________	☐	☐	☐	☐	☐
____________	☐	☐	☐	☐	☐

Esempio:
Ti piace / piacciono …? Sì, moltissimo./ Sì, molto./ Sì, abbastanza.
4 No, non mi piace (piacciono)./ No, non molto./ No, per niente.

	a teatro
andare	a mangiare fuori
	da un amico

5. In classe

Che cosa vi piace fare durante un corso di lingua? Perché?
Parlatene con alcuni compagni e con l'insegnante.

lavorare da soli / in coppia / in piccoli gruppi / con tutta la classe,
parlare, ascoltare, leggere, scrivere, analizzare testi, fare gli esercizi,
5, 6 le canzoni, i giochi, la grammatica

6. Ho un lavoretto in un bar

a. *Paolo lavora in un bar, Marina in una libreria. Che lavoretti può fare ancora uno studente? In coppia fate una lista. Chiedete all'insegnante le parole che non conoscete.*

b. *E voi lavorate? Avete 5 minuti di tempo, intervistate i vostri compagni, come nell'esempio, poi riunitevi in gruppi di quattro e fate una statistica: quanti lavorano? Dove? Quando? Quanti non lavorano?*

Esempio:

■ Marina, tu lavori? □ Sì.
■ Dove? □ **In** una libreria.
■ Quando? □ **Di** pomeriggio, due volte **alla** settimana.
7 ■ E ti piace? □ Sì, mi piace. / No, non mi piace.

II 21 7. Tempo libero? Magari!

a. *Ascoltate alcune volte la conversazione e completate le frasi sottostanti con i verbi che mancano, come nell'esempio.*

1. Eh, beh, che vuoi... ________ ________!
2. Eh, ormai ________ lavorare un po' tutti, mi sa, più o meno...
3. Poi, sai, magari... ________ anche essere utile per il futuro, chissà...
4. Ma... ________ lavorare in questo campo?
5. Mah, veramente io non so ancora bene che lavoro ________ fare, però questa è un'idea che mi piace, sì.

sapere
so
sai
sa
sappiamo
sapete
sanno

mi sa = credo

b. Scrivete i verbi del punto 7a nella seguente tabella, come nell'esempio.

	dovere	**volere**	**potere**
(io)	______	______	______
(tu)	______	vuoi	______
(lui/lei/Lei)	______	______	______
(noi)	______	______	______
(voi)	______	______	______
(loro)	______	______	______

c. In coppia. Confrontate e poi, insieme, completate la coniugazione con le seguenti forme:

puoi potete possiamo deve vuole vogliamo volete possono devi vogliono dovete devono posso

d. Leggete le frasi del punto 7a.
8 *Da che cosa sono seguiti i verbi ‹dovere›, ‹volere›, ‹potere›? Parlatene insieme.*

8. Messaggi

Annalisa, Marco, Sergio e Manuela sono quattro studenti che condividono un appartamento. Hanno orari molto diversi e quindi si lasciano spesso dei messaggi.
Completate i seguenti messaggi con la forma corretta di ‹volere›, ‹dovere›, ‹potere› (in alcuni casi è possibile più di una soluzione).

a teatro
al teatro studentesco

Manu, per favore, ________ fare la spesa anche per me, oggi? Io non ________ proprio perché ________ restare all'università. Qui c'è la lista.
Grazie mille
☺ Anna Lisa

Ragazze, noi ________ andare al teatro studentesco. ________ comprare i biglietti anche per voi?
rco e Sergio

Manu, c'è una ragazza del liceo che ________ prendere lezioni d'inglese. T'interessa?
Sergio

Ragazzi, ________ un megagelato stasera? Offro io: ________ festeggiare l'esame!!!
Manuela

9

9. Oggi…

Scrivete quattro cose che dovete/volete/potete fare e quattro cose che non dovete/volete/potete fare oggi. Poi intervistate un compagno: fategli delle domande come nell'esempio e rispondete alle sue domande.

Esempio: Che cosa devi fare oggi?

10. Occhio alla lingua!

a. *Osservate queste frasi, tratte dal dialogo del punto 2:*

E tu che fai **nel** tempo libero?
Ah, lettere, allora sei **del** ramo.

▸ Le parole evidenziate sono formate da *in* + _____ e *di* + _____ .

Scrivetele nella tabella qui sotto.

	femminile			maschile				
	singolare		plurale	singolare			plurale	
	+ l'	+ la	+ le	+ l'	+ il	+ lo	+ i	+ gli
in	____	____	____	____	____	____	____	____
di	____	____	____	____	____	____	____	____
a	____	____	____	____	____	____	____	____
da	____	____	____	____	____	____	____	____

b. *Tornate ora all'unità 2, leggete di nuovo il testo «Alla salute!» (punto 15) e cercate altri esempi di ‹in› + articolo e ‹di› + articolo. Sottolineateli e poi scriveteli nella tabella qui sopra.*

10 c. *Provate a completare la tabella: costruite voi le forme che mancano.*

11. Italiano 2000

Scegliete la forma corretta.

Ecco il risultato del / dell' / della indagine «Italiano 2000» del / dello / dell' Ministero dei / delle / degli Affari Esteri sullo studio del / della / delle lingua italiana nell' / nel / nello mondo. Il questionario del Ministero, distribuito in tutto il mondo e curato dal / dallo / dalla linguista Tullio De Mauro e dalla / dall' / dal Università dei / degli / dello studi «La Sapienza», chiede di indicare in ordine di importanza quattro motivi: tempo libero, studio, lavoro, motivi personali. Il risultato finale vede al / ai / all' primo posto la categoria «tempo libero» […]. All' / al / allo ultimo posto lo studio: il 19% frequenta un corso d'italiano per partecipare a programmi come Socrates o Erasmus
11 o per continuare gli studi all' / alla / al università in Italia.

12. C'è post@ per te

a. Osservate bene il seguente testo. Considerate la grafica, leggete le prime tre e le ultime quattro righe e poi dite:

Questo testo è	una lettera. ☐	un articolo di giornale. ☐
Questo testo è	formale. ☐	informale. ☐

b. Ora scorrete rapidamente tutto il testo: qual è l'argomento principale? Parlatene con un compagno.

Da: Patrizia Bruni <patriziabruni@libero.it>
Inviato: 15 maggio 2007 23.35.22
A: Carla Rossi <carlarossi@libero.it>
Oggetto: Come va?

Ciao Carla!

È un po' che non ci sentiamo! Come va la vita lì a Messina? Io qui a Parma mi trovo bene, è una bella città. Vivo in un bilocale con una ragazza che studia Economia. Abitare lontano dalla famiglia non è tanto facile, no? Tu come ti organizzi? Io ormai ho un mio ritmo: mi alzo alle 7.40 e per le 8.30 sono pronta alla fermata dell'autobus. Il mio appartamento è un po' lontano dal centro: non so lì da voi, ma qui a Parma affittare una camera singola vicino alla facoltà costa un sacco. Quasi tutti i giorni la mia prima lezione inizia alle 9 e l'ultima finisce alle 17. A metà mattinata c'è una pausa e io prendo sempre un caffè al distributore automatico. Da mezzogiorno all'una pranzo in mensa o prendo un panino con i miei compagni di corso. La facoltà di Lingue ha un bel giardino e in primavera mi metto sempre a mangiare fuori.
Dopo le lezioni a volte resto a studiare in biblioteca, ma se sono troppo stanca vado con un'amica a fare una passeggiata al parco o a fare compere. Due volte alla settimana, il lunedì e il giovedì, vado in palestra dalle 18.30 alle 19.30.
Purtroppo non torno mai a Crotone, perché il viaggio è lungo e il tempo poco (da venerdì pomeriggio a domenica: figurati!). Così aspetto le vacanze e devo ammettere che ho un po' di nostalgia. Però passare qui tutta la settimana ha anche un vantaggio: ho già molti amici. La sera mi ritrovo spesso con la mia compagnia, per una cena o per andare al cinema o a un concerto (soprattutto il sabato).
Il martedì andiamo in discoteca per la «serata studentesca»: ogni settimana festeggiamo una facoltà diversa. Il mercoledì invece è la «serata Erasmus»: in un pub del centro si ritrovano gli studenti stranieri. Ci divertiamo sempre molto ed è anche un'occasione per fare amicizia!
E tu come ti trovi nella tua nuova città? Come passi la giornata? E l'università com'è? Scrivimi ogni tanto, dai!

Salutoni e a presto! Patrizia

c. Rispondete alle seguenti domande. Poi confrontate le vostre risposte con quelle di un compagno.

Dove studia Carla? ________________________

Dove studia Patrizia? ________________________

A Patrizia piace vivere in questa città? ________________________

Conosce gente in questa città? ________________________

Che cosa studia? ________________________

d. Abbinate le espressioni ai significati.

un sacco (r. 7)	gruppo di amici
figurati! (r. 17)	molto
compagnia (r. 19)	ti prego!
12 dai! (r. 26)	pensa!

13. Una giornata di Patrizia

Trovate e sottolineate nell'e-mail di Patrizia le frasi che corrispondono ai seguenti disegni. Mettete poi i disegni in ordine cronologico. Alla fine confrontate con un compagno.

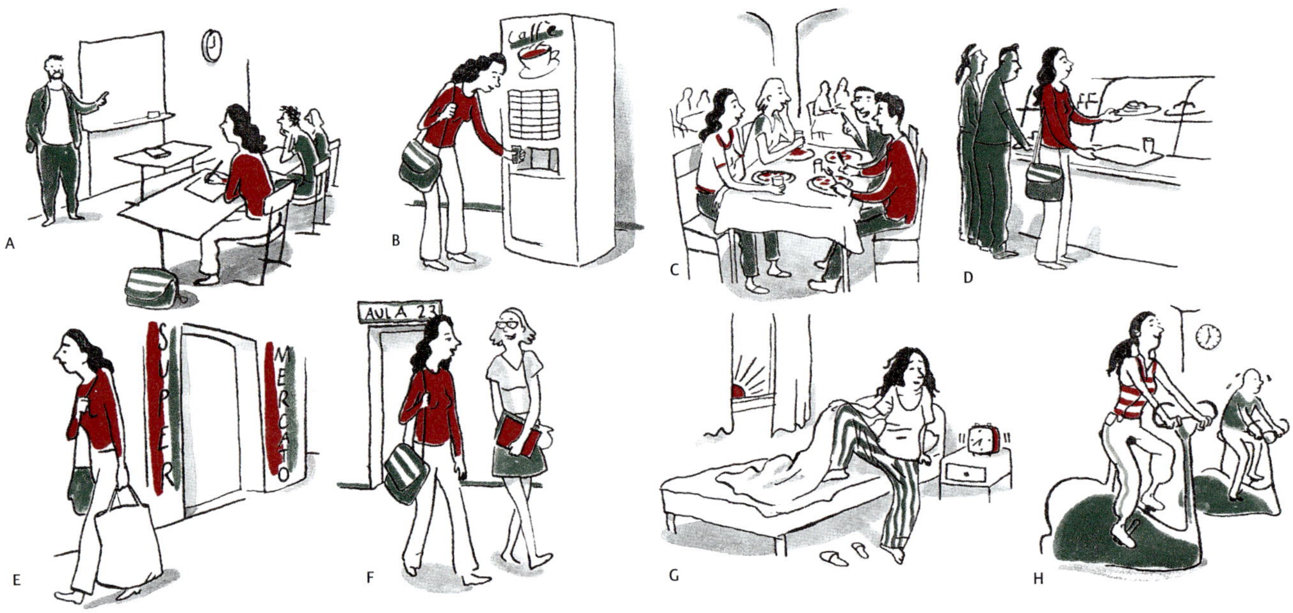

13, 14 14. Ritorno al testo

a. Nell'e-mail di Patrizia compare ‹mi trovo› (riga 2), che è un verbo riflessivo. Nel testo ci sono altri verbi come questo: cercateli e sottolineateli.

b. Come si formano i verbi riflessivi? Parlatene con un compagno. Fate attenzione alla posizione dei pronomi!

c. *Completate ora la coniugazione dei seguenti verbi con i pronomi che trovate nel testo del punto 12 e con le forme verbali corrette, come nell'esempio.*

		trovarsi	mettersi	divertirsi
io	mi	trovo	___	___
tu	___	___	___	___
lui/lei/Lei	si	___	mette	___
noi	___	___	___	___
voi	vi	___	___	___
loro	___	___	___	divertono

15, 16

15. Di solito...

Segnate con una crocetta le vostre risposte. Cercate poi fra i compagni quello che vi assomiglia di più.

1. Quando suona la sveglia io ...
   - □ mi sveglio e mi alzo subito.
   - □ mi giro dall'altra parte e dormo ancora.

2. Per prima cosa ...
   - □ mi faccio la doccia.
   - □ mi faccio il caffè.
   - □ mi lavo i denti.

3. La mattina ...
   - □ mi muovo con calma.
   - □ mi preparo rapidamente.

4. A pranzo ...
   - □ mi fermo all'università.
   - □ torno a casa.

5. La sera ...
   - □ mi trovo con gli amici.
   - □ mi riposo a casa.
   - □ guardo la TV.

6. Quando vado a dormire ...
   - □ mi addormento subito.
   - □ mi rigiro nel letto e conto le pecore.

7. Mi rilasso quando ...
   - □ leggo un libro.
   - □ ascolto musica.
   - □ faccio una passeggiata.

8. Quando sono stanco, mi rimetto ‹in moto› ...
   - □ con un caffè.
   - □ con un po' di ginnastica.
   - □ con un pisolino.

16. Con che frequenza?

a. Inserite nello schema le seguenti espressioni, tratte dall'e-mail di Patrizia.

____________	+ + + + + + +	mai
____________	+ + + +	a volte / ogni tanto
____________	+ +	spesso
raramente	+	
____________	-	tutti i giorni / sempre

b. Ora completate il seguente schema:

tutti i giorni = ogni giorno

tutti gli anni = ____________

____________ = ogni settimana

tutte le mattine = ____________

____________ = ogni sera

c. Aggiungete alle seguenti frasi le espressioni fra parentesi. Fate attenzione alla posizione. A volte sono possibili diverse soluzioni. Confrontate poi con un compagno.

Patrizia...

la mattina si alza presto. (sempre) ____________

prende l'autobus alle 8.30. (ogni giorno) ____________

dopo le lezioni resta a studiare ____________

in biblioteca. (ogni tanto) ____________

la sera, va al pub con gli amici. (spesso) ____________

17 Scrive a Carla. (raramente) ____________

17. Mai e poi mai!

a. Completate la seguente frase con le parole che trovate nell'e-mail di Patrizia. Poi riflettete: che cosa notate nell'uso della negazione?

____________ torno ____________ a Crotone.

b. *Formulate delle frasi con ‹non… mai›, come nell'esempio.*

alzarsi tardi (io) → Non mi alzo mai tardi.

andare in discoteca (noi) → ______________________________.

ascoltare musica (tu) → ______________________________?

svegliarsi presto (Mario) → ______________________________.

navigare in Internet (voi) → ______________________________.

18, 19 vedersi la sera (loro) → ______________________________.

18. Abitudini

a. *Cercate nell'e-mail di Patrizia i nomi dei giorni della settimana, sottolineateli e poi scriveteli su un foglio in ordine cronologico.*

b. *Intervistate ora un compagno. Chiedetegli come passa la settimana e prendete appunti sul foglio con i giorni. Scrivete poi «La settimana di…».*

il lunedì = ogni lunedì

Esempi:

- ▢ Io vado in palestra 2 volte alla settimana e tu? ■ Anch'io. / Io invece no.
- ▢ Io non vado mai in palestra, e tu? ■ Neanch'io. / Io invece sì.
- 20 ▢ Io il lunedì vado sempre in palestra, e tu? ■ Io invece mi trovo con gli amici.

19. Strategie per memorizzare

Questa unità presenta numerosi verbi che si riferiscono alle attività della vita quotidiana. Come li memorizzate? Li organizzate in base al momento della giornata?

Li raggruppate intorno a una parola?

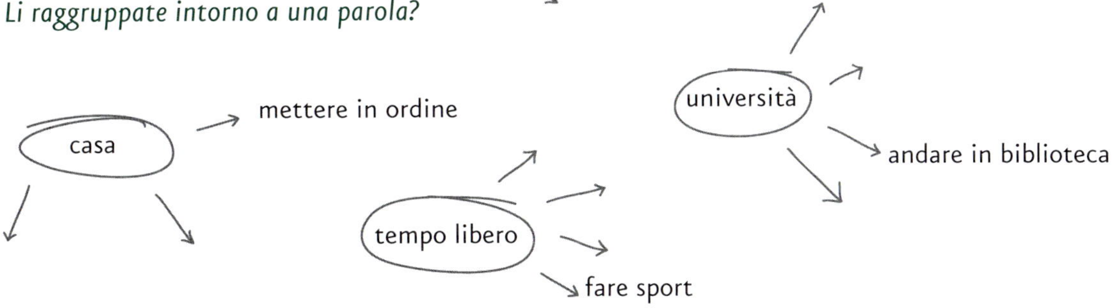

Avete altre strategie? Parlatene con un compagno.

20. Ritorno al testo

a. Completate le seguenti frasi con le parole che trovate nell'e-mail di Patrizia.

Io ormai ho ______ __________ ritmo.

______ ______ appartamento è un po' lontano dal centro.

Prendo un panino con ______ __________ compagni di corso.

Mi ritrovo con ______ __________ compagnia.

E tu come ti trovi ______ __________ nuova città?

b. In coppia. Le parole che avete trovato sono aggettivi possessivi: a che cosa si riferiscono? Che cosa c'è davanti a ogni possessivo? Parlatene insieme.

c. Inserite i possessivi del punto 20a nella seguente tabella.

(io)	il	______	compagno	i	______	compagni
(tu)	il	______	compagno	i	tuoi	compagni
(lui/lei/Lei)	il	suo	compagno	i	suoi	compagni
(noi)	il	nostro	compagno	i	______	compagni
(voi)	il	______	compagno	i	______	compagni
(loro)	il	loro	compagno	i	loro	compagni

(io)	la	______	compagna	le	mie	compagne
(tu)	la	______	compagna	le	______	compagne
(lui/lei/Lei)	la	sua	compagna	le	sue	compagne
(noi)	la	______	compagna	le	______	compagne
(voi)	la	______	compagna	le	______	compagne
(loro)	la	loro	compagna	le	loro	compagne

d. Trovate i possessivi che compaiono nelle istruzioni dell'attività 2d e 4, sottolineateli e inseriteli nella tabella qui sopra. Poi provate a completare la tabella.

21. Mio, tuo, suo...

a. Scrivete su un foglio 10 sostantivi (5 maschili e 5 femminili; alcuni singolari e alcuni plurali).

b. Giocate ora in coppia. A turno, un giocatore dice un sostantivo e un pronome personale, l'altro deve abbinare il sostantivo all'aggettivo possessivo corrispondente. Ogni abbinamento corretto vale un punto. Vince chi totalizza più punti.

Esempio

21, 22 A: compagni / io B: i miei compagni

▶II 22 22. Ciao Mirko! Ciao Stefi!

a. Ascoltate più volte la conversazione fra Stefi e Mirko. Dopo ogni ascolto consultatevi con un compagno diverso e confrontate con lui le informazioni capite.

b. Chi fa che cosa? Trovate la soluzione corretta.

	Stefi	Mirko
studia a Perugia	☐	☐
studia a Firenze	☐	☐
studia Veterinaria	☐	☐
studia Scienze Politiche	☐	☐
si trova bene all'università	☐	☐
studia in una facoltà con il numero chiuso	☐	☐
abita nella città dove studia	☐	☐
è pendolare	☐	☐
esce con gli amici la sera	☐	☐

c. Che cosa augura Mirko a Stefi per gli esami? Che cosa risponde Stefi?

Mirko: ______________________ per gli esami.

Stefi: ______________________ .

d. Confrontate le vostre risposte con quelle di un compagno e poi controllate con un ultimo ascolto.

23. Come passi il fine settimana?

Ditevi qual è la vostra situazione: abitate nella città dove studiate o siete pendolari? E come passate il fine settimana? Parlate in piccoli gruppi.

24. Dove andiamo? Questa sera in piazza Euclide

a. Leggete rapidamente le descrizioni di questi locali che si trovano a Roma, in Piazza Euclide.

Carrot's Cafè
Il punto più giovane della piazza è il Carrot's Cafè. Brunch a pranzo e, dalle 19, aperitivi con buffet (a cinque euro l'uno) e cocktail. Chiuso il lunedì.

Il tempio di Alex
A pochi passi da piazza Euclide in via Tuccimei 15 c'è il Tempio di Alex, 20 mq. Sedici tipi di pizza ogni sera e fritti su richiesta. Il tempo di attesa è minimo. La specialità? Pizza con mozzarella, pachino e melanzane, e dolci ripieni alla nutella.

Cinema Roxy
Cinema «multisala». Le sale sono quattro. All'interno c'è anche un bar.

L'Angelico
Ristorante cocktail bar. Propone una cucina mediterranea con influenze siciliane. Anche pizzeria a legna. Chiuso il lunedì.

Pastarito Pizzarito
Offre una varietà di 25 tipi di pasta. Il prezzo medio è di 9 euro. Curioso il «Giro d'Italia» in sedici pizze che spazia dalla tirolese alla umbra, dalla laziale alla molisana e così via. È aperto a pranzo e a cena tutti i giorni.

Archimede 80
Atmosfera familiare che invita alla cena a prezzo fisso (17 euro) o a una serata di jazz (tutti i giovedì). Anche mostre, feste private e un'agenzia di attori all'interno.

(da *Questa sera in piazza Euclide, la Repubblica*, 18/09/2004)

b. Quali locali vanno bene per queste persone?

Angela vuole fare una festa speciale per i suoi amici.
Roberto prende ogni sera un aperitivo con gli amici.
Claudia vuole mangiare qualcosa, ma ha poco tempo.
A Giorgio piace molto la pasta.

23 *c. E voi quale di questi locali preferite per un sabato sera? Perché? Parlatene con un compagno.*

25. Caro amico, ti scrivo...

a. Tornate alla mail di Patrizia (punto 12): come si comincia e come si conclude una lettera a un amico?

Per cominciare: ______________________ *Per finire:* ______________________

Conoscete altre espressioni utili? Parlatene con un compagno.

b. Scrivete un'e-mail a un amico italiano e raccontategli come vi trovate nella città dove studiate, come passate la giornata, che cosa fate nel tempo libero e durante il fine settimana.

FONETICA

▶II 23 1. L'accentazione delle parole – Accento tonico e grafico

a. Ascoltate queste parole e sottolineate la vocale accentata (vocale tonica).

università	ordinano	lavoretto	praticano	telefono	libreria
mattina	austriaco	però	telefonano	lunedì	sabato

b. Avete notato che la vocale tonica non ha una posizione fissa? Ascoltate di nuovo e ripetete.
c. Osservate di nuovo gli esempi: secondo voi, quando si scrive l'accento?
d. In quali casi sappiamo con certezza come si accenta una parola?

2. L'accentazione dei verbi al presente

a. Leggete i seguenti verbi e sottolineate la sillaba che, secondo voi, è accentata.

abitare:	abito, abiti, abita, abitiamo, abitate, abitano
prendere	prendo, prendi, prende, prendiamo, prendete, prendono
dormire:	dormo, dormi, dorme, dormiamo, dormite, dormono

▶II 24 *b. Adesso ascoltate, controllate e poi formulate le regole.*
▶II 24 *c. Ascoltate e poi ripetete.*

3. Intonazione

▶II 25 *a. Osservate queste coppie di frasi: come vedete, la struttura è uguale.*
Ora ascoltatele e fate attenzione all'intonazione.

I panini sono caldi? – I panini sono caldi.
Tutto bene? – Tutto bene.
Non hanno le pizzette? – Non hanno le pizzette.
Faccio io lo scontrino? – Faccio io lo scontrino.

▶II 25 *b. In quali frasi la voce sale verso la fine (↗) e in quali frasi scende (↘)? Ascoltate di nuovo e segnate con una freccetta. Poi ripetete le frasi.*

▶II 26 *c. Ascoltate le seguenti coppie di frasi e mettete il punto di domanda (?) o il punto fermo (.).*

1. Lei è tedesca
2. Lei è tedesca
3. Mario non è italiano
4. Mario non è italiano
5. Patrizia si alza presto
6. Patrizia si alza presto
7. Alberto è a Napoli
8. Alberto è a Napoli
9. Lei parla lo spagnolo
10. Lei parla lo spagnolo
11. Fabio studia a Perugia
12. Fabio studia a Perugia
13. Paolo non ha tempo
14. Paolo non ha tempo
15. Claudia lavora
16. Claudia lavora
17. Marina non va mai in discoteca
18. Marina non va mai in discoteca

d. Adesso ripetete le frasi con l'intonazione giusta.

1. A spasso per l'Italia

a. Che città sono? Parlatene con un compagno: chi indovina di più?

b. Dove sono le città del punto a? Cercatele sulla cartina d'Italia all'inizio del libro.

1 *c. Conoscete altre città italiane? Se sì, dite ad almeno due compagni quali sono e dove si trovano.*

▶II 27 2. A spasso per...

a. Ascoltate più volte il dialogo: dopo ogni ascolto consultatevi con un compagno diverso e confrontate con lui le informazioni capite.

b. Ascoltate un'altra volta e rispondete alle domande.

a. Di che città parlano Alessandra e Francesca?
b. Da quanto tempo Alessandra abita in questa città?
c. Quale è, secondo Alessandra, l'aspetto particolare della città?
d. Che cosa succede il primo dell'anno?
e. Alessandra nomina anche un'altra città: quale?
f. Che differenza c'è fra le due città?
g. Quante confessioni religiose ci sono nella città di Alessandra?

c. Confrontate le vostre risposte con quelle di un compagno e poi controllate con un ultimo ascolto.

▶II 27 3. Ritorno al testo

Ascoltate il dialogo ancora una volta: quali aggettivi usa Alessandra per descrivere la città dove abita?

bella ☐	affascinante ☐	rumorosa ☐	malinconica ☐
fredda ☐	grande ☐	vivace ☐	mediterranea ☐

4. Trovate il significato!

a. Ecco altri aggettivi utili per descrivere una città. In piccoli gruppi cercate di indovinare il significato (senza consultare il vocabolario!), avete 5 minuti di tempo. Quale gruppo indovina di più?

accogliente, antica, attiva, brutta, calda, industriale, laboriosa, moderna, multiculturale, orribile, pittoresca, popolosa, povera, pulita, ricca, splendida, sporca, trafficata, tranquilla

2, 3 *b. Ne conoscete altri? Se sì, aggiungeteli e poi cercate di formare, con gli aggettivi dei punti 3 e 4a, alcune coppie di contrari.*

5. Strategie per imparare

Pensate all'attività 4a: che cosa vi aiuta a scoprire il significato di parole nuove? Parlatene con i compagni e con l'insegnante.

▶II 28 6. La mia città

Ascoltate il dialogo e completate.

■ Se ti abitui a convivere con il mare ______________________, fai molta fatica a lasciarlo e questo è l'aspetto più ________________ della città. È una città molto ________________ e ... ________________...

□ ________________ nel senso fisico o ________________ nel senso ...

■ No, ______________________.

□ ______________________.

■ Sì, è ________________ __________. In realtà è molto _____________, i triestini sono molto vivaci. È una città che devi scoprire, non è un impatto violento o _______________ vivace... e poi ti dà un _____________ senso di libertà questo mare che si affaccia sulla piazza ________________ della città ...

7. Ritorno al testo

a. Completate le seguenti frasi con le parole che trovate nel dialogo al punto 6 e poi riflettete: a quali espressioni si riferiscono queste parole?

Se ti abitui alla convivenza **quotidiana** con il mare ...

Se ti abitui a convivere con il mare ______________________________ ...

È una città fredda, nel senso ______________________ .

È una città ________________________ fredda.

b. Le parole del punto a sono aggettivi e avverbi: secondo voi, quali sono aggettivi e quali avverbi? Sottolineateli in due colori diversi. Poi confrontate con un compagno e insieme formulate la regola.

- L'aggettivo accompagna ______________________________
- L'avverbio accompagna ______________________________

c. Ora trovate tutti gli aggettivi e gli avverbi del dialogo al punto 6 e fate due liste.

d. Osservate gli avverbi della vostra lista: come si formano?

4, 5 *e. Lavorate con le liste del punto c: per ogni aggettivo formate l'avverbio corrispondente.*

8. Occhio alla lingua!

Non tutti gli avverbi si formano come quelli del punto 7. Ai punti a e b trovate altri due esempi.

a. Osservate le parole evidenziate: perché la desinenza non è sempre uguale?

Fai **molta** fatica. È una città **molto** malinconica.

b. Completate ora con le desinenze.

Alessandra abita a Trieste da molt___ tempo e trova questa città molt___ affascinante, anche perché qui si incontrano molt___ culture e religioni e perché c'è molt___ tolleranza. Grazie all'università, adesso a Trieste ci sono molt___ giovani. Tutti i triestini, giovani e vecchi, amano molt___ andare a Barcola a prendere il sole.

c. Osservate le parole evidenziate: che cosa notate? Parlatene con un compagno e poi completate le frasi.

Da Pepi mangio sempre **bene**. La cucina di Pepi è **buona**.

1. John parla __________ l'italiano.
2. I tramezzini sono __________.
3. Questo caffè è veramente ____________!
4. Conosci __________ Roma?
5. Questa pizza non è ____________!
6. Le pizzette sono ____________.

6

9. Una catena di aggettivi

Lavorate in gruppo. Uno studente dice il nome di una città famosa e la descrive con un aggettivo, il vicino ripete la frase e aggiunge un aggettivo, e così via.

Esempio:

7 A: Trieste è malinconica. B: Trieste è malinconica e fredda.

10. Città vecchia

a. Leggete il testo, poi guardate la cartina e trovate Piazza Unità, il Canal Grande, il Teatro Romano, il Castello di San Giusto.

La parte di Trieste tra la stazione ferroviaria ed il colle di San Giusto è normalmente considerata il centro della città. Nella zona circostante Piazza Unità si possono trovare infatti i negozi più lussuosi, svariati bar e locali molto frequentati, grandi palazzi e le sedi degli organi istituzionali più importanti. Se si parte dalla stazione ferroviaria, dove si può parcheggiare l'automobile in un comodo parcheggio coperto, e si prosegue a piedi verso Est lungo il mare per 5 minuti, si arriva direttamente in Piazza Unità, cuore della zona pedonale; da lì ci si può dirigere verso la zona del Canal Grande a sinistra del Municipio oppure verso i suggestivi vicoli della Città vecchia a destra. Se si attraversa la galleria che passa sotto il Municipio e si prosegue per una cinquantina di metri, si giunge in vista del Teatro Romano, poggiato sul colle di San Giusto.

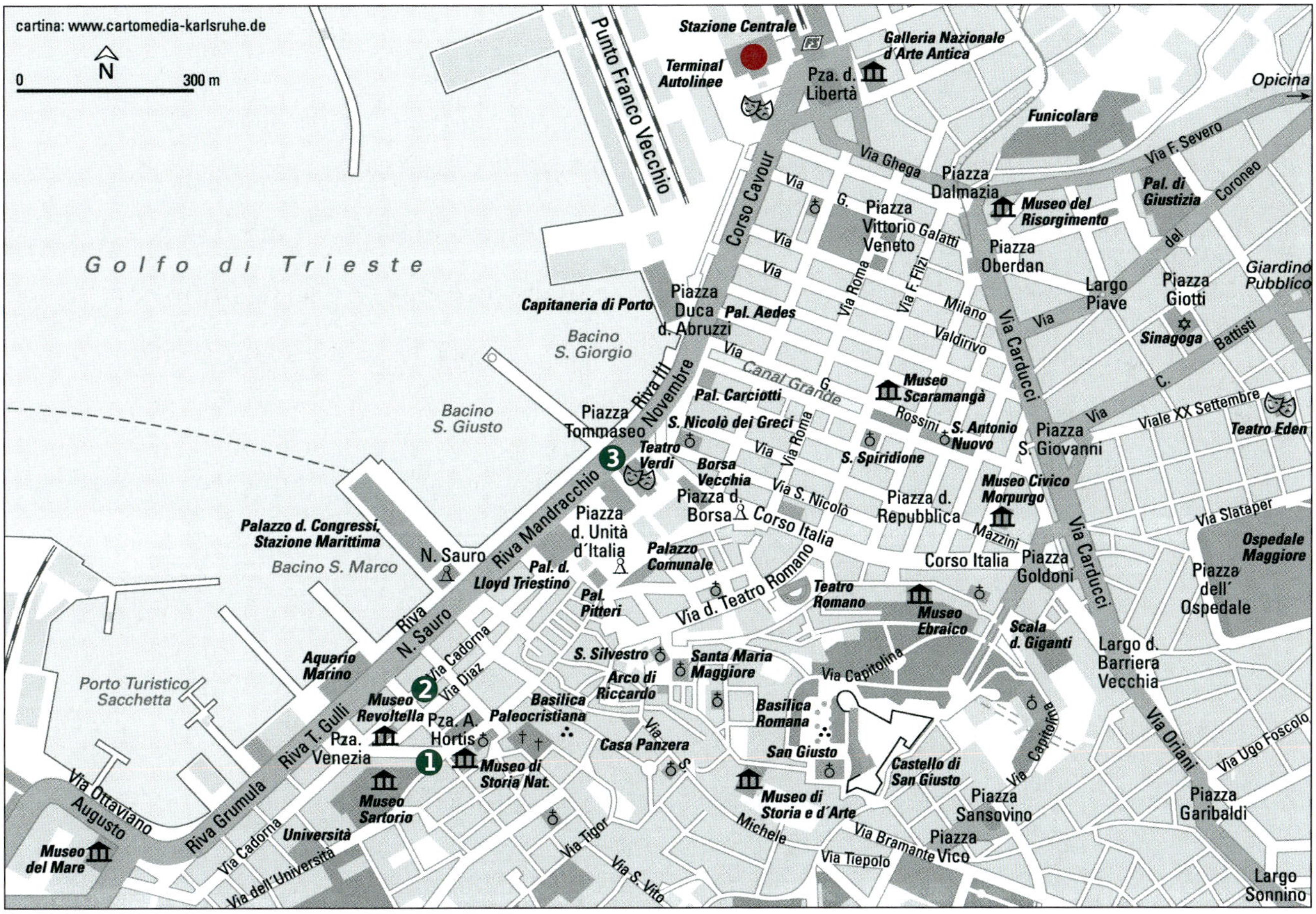

La Biblioteca Civica è in Piazza Hortis (n° 1), il Museo Revoltella è in Via Diaz 27 (n° 2), la chiesa di San Nicolò è in Piazza Tommaseo (n° 3).

b. Con l'aiuto del testo e della cartina spiegate il significato delle seguenti espressioni: tra, partire da, proseguire/dirigersi verso…, lungo il mare, a sinistra/a destra di…, giungere in vista di…

c. Che cosa c'è nel centro di Trieste? Insieme a un compagno cercate nel testo almeno cinque cose. Poi confrontate con un'altra coppia.

d. Che cosa c'è ancora in una città? Lavorate in piccoli gruppi: fate una lista di cose che secondo voi ci sono in una città. Poi provate ad inserire le parole della vostra lista nella seguente mappa.

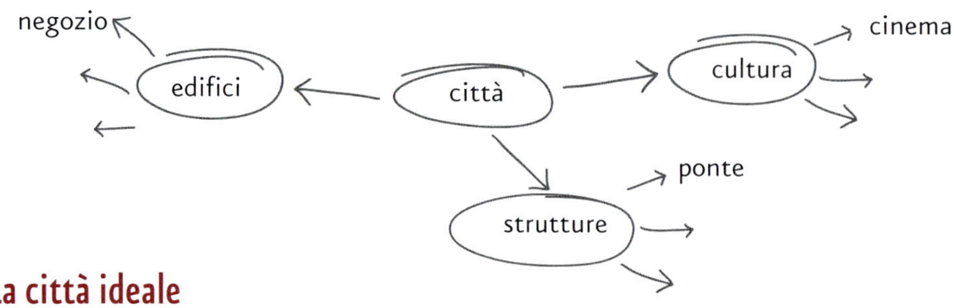

8, 9

11. La città ideale

Lavorate in piccoli gruppi. Scrivete sul quaderno almeno 5 cose che ci sono nella vostra città ideale. Poi, a turno, fate una domanda, come nell'esempio, e cercate di indovinare che cosa c'è nella città ideale di ognuno. Ogni cosa indovinata vale un punto, vince chi indovina di più.

Esempio: ■ Nella tua città ci sono negozi eleganti? □ Sì, ci sono. / No, non ci sono.

12. Ritorno al testo

a. Nel testo al punto 10 compare ‹si può›, un esempio di verbo con il ‹si indefinito›. Cercate e sottolineate tutti i verbi con il ‹si indefinito› e l'espressione che li segue.

Esempio: Si può parcheggiare l'automobile.

b. Confrontate con un compagno e insieme riflettete: come funzionano i verbi con il ‹si indefinito›?

- si + *verbo alla 3ª persona singolare* + sostantivo al singolare
- si + ______________________ + sostantivo al plurale
- si + ______________________ + espressioni con preposizione
- se il verbo è riflessivo: ______ + si + ____________________

13. La Trieste di Joyce

Completate il testo con i seguenti verbi (sono in ordine). Usate il ‹si indefinito›.

partire, visitare, attraversare, salire, scendere, prendere, avviarsi

_______________ da Piazza Hortis, dove _______________ il Museo Sveviano dedicato a Italo Svevo, importante scrittore triestino amico di James Joyce.

Poi ____________________ i vicoli dell'antico quartiere di Cavana e _______________ sul colle di San Giusto. Quindi _______________ e _______________ la Scala dei Giganti e __________________ verso Largo Barriera Vecchia per fare una breve pausa al «Caffè Pirona», particolarmente amato da Joyce.

10, 11

14. Itinerario turistico

Un amico italiano desidera visitare la vostra città. In un'e-mail descrivete un breve percorso in centro.

15. I mezzi di trasporto

Come venite all'università? Avete 5 minuti di tempo, intervistate i vostri compagni e poi fate una statistica: quanti vengono in bicicletta, quanti in autobus...?

in/	macchina	bicicletta
con { la	tram	motocicletta
con { il	autobus	treno
con { l'	corriera	aereo
	metropolitana	nave
a	piedi!	

12

venire
vengo
vieni
viene
veniamo
venite
vengono

▶II 29 16. Un modo romantico per raggiungere il Carso

a. Ascoltate più volte il dialogo: dopo ogni ascolto consultatevi con un compagno diverso e confrontate con lui le informazioni capite.

b. Ascoltate ancora una volta e segnate con una crocetta le espressioni che sentite.

attraversare la piazza

proseguire dritto

tornare indietro

incrocio

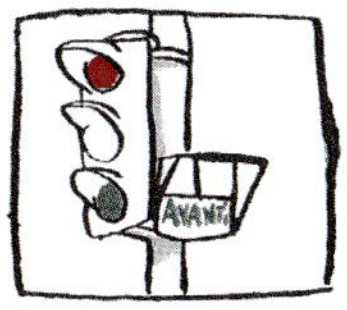
semaforo

attraversamento pedonale

girare a destra

girare a sinistra

fermata del tram

capolinea

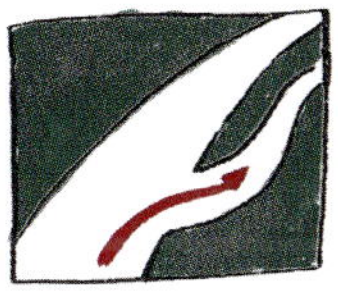
traversa

all'angolo

c. Ascoltate un'altra volta: che strada deve fare la turista? Segnate la strada sulla cartina a p. 55 e poi confrontate con un compagno; alla fine verificate con un ultimo ascolto.

d. Adesso cercate di completare questa informazione turistica.

Un modo romantico e piacevole per raggiungere il Carso da Trieste è il vecchio ______________, unico in Europa, in servizio dal 1902.

e. C'è qualcosa di simile nella vostra città o in un'altra città che conoscete?
13 *O c'è un percorso che vi piace particolarmente? Parlate con alcuni compagni.*

▶II 30 ## 17. Per la strada

a. Lavorate in coppia: ricostruite il dialogo, poi ascoltate il testo originale e controllate.

■ ______________________	Die Touristin spricht eine Passantin an.
□ Sì, mi dica.	
■ ______________________ ______________________	Sie sucht die Trambahn Richtung Opicina und erkundigt sich, wo diese abfährt.
□ Sì. Da Piazza Oberdan.	
■ Ah.	
□ Sa dov'è?	
■ ______________________ ______________________	Sie verneint die Frage; erkundigt sich, ob Piazza Oberdan weit weg ist, ob sie mit dem Bus hinfahren muss.
□ No, no, no. **Ci** può andare a piedi, saranno circa 10 minuti.	

saranno = sono circa

in Via Mazzini
in Piazza Oberdan

b. Che cosa dice la turista per …

richiamare l'attenzione della passante: ______________________

dire che cosa cerca: ______________________

chiedere dove passa un mezzo pubblico: ______________________

chiedere se deve prendere un mezzo pubblico: ______________________

Che cosa dice la passante per …

rivolgere alla turista la sua attenzione: ______________________

14 chiedere alla turista se sa dove si trova un posto: ______________________

18. Occhio alla lingua!

a. Osservate la parola evidenziata nel dialogo al punto 17: a quale espressione si riferisce? A che cosa serve? Parlatene con un compagno.

b. Sottolineate ora, nelle domande, le parole che si possono sostituire con ‹ci›, poi completate le risposte senza usare le parole sottolineate.

Esempio: ■ Quando andate in Italia? □ Ci andiamo in agosto.

■ Da quanto tempo abiti in questa città? □ _____ ________ da un anno.

■ Chi viene al cinema con me stasera? □ _____ ________ io!

■ Quanto tempo resta a Roma Carlo? □ _____ ________ una settimana.

15 ■ Non tornate a casa? □ No, _____ ________ più tardi.

19. Progettiamo Piazza Unità

Lavorate in coppia. Con l'aiuto delle seguenti indicazioni ‹progettate› la piazza (per la forma della piazza guardate la piantina a p. 55) e poi confrontatela con il disegno a p. 214: è tutto al suo posto?

Il Municipio è sul lato opposto al mare.
Il Caffè degli Specchi è fra il Palazzo del Governo e Palazzo Modello.
Palazzo Modello è a destra del Municipio (se guardiamo il mare).
Il Palazzo del Lloyd è di fronte al Palazzo del Governo.
L'Hotel Duchi d'Aosta è accanto al Palazzo del Lloyd.
Palazzo Pitteri è a sinistra del Municipio (se guardiamo il mare).
La fontana è davanti al Palazzo Pitteri.
16 La statua di Carlo VI è dietro la fontana.

fra
di fronte a
accanto a
davanti a
dietro

20. Vorrei un'informazione

Lavorate in coppia: a turno, chiedete la strada per arrivare al posto che cercate.
*Per rispondere **A** consulta la cartina di Trieste a p. 55.*
***B** la cartina a p. 215.*

A Sei davanti alla stazione e cerchi la Libreria Antiquaria Saba, il Caffè San Marco, l'autobus per l'università.

B Sei davanti alla stazione e cerchi la Biblioteca Civica, il Museo Revoltella, la chiesa di San Nicolò.

21. Occhio alla lingua!

Attenzione!
là ≠ la
lì ≠ li

a. In coppia. Leggete con attenzione le seguenti frasi, tratte dagli ascolti dei punti 2 e 16. A che cosa si riferiscono le parole evidenziate? Che posto hanno nella frase?

Trieste è una città del Nord, quindi **la** devi scoprire un po' con il tempo e **la** apprezzi quando ci stai per un po' di tempo.

Appena c'è un raggio di sole i triestini vanno tutti a Barcola, **li** vedi già ad aprile, maggio.

Lì c'è la fermata del tram, quindi **lo** prende lì.

b. In plenum. In italiano le parole evidenziate qui sopra si chiamano pronomi atoni diretti. Questi pronomi…

- si riferiscono a ______________________________
- il loro posto nella frase è ______________________________

c. Adesso completate la tabella:

Singolare		Plurale	
	mi		ci
	ti		vi
	___ (maschile)		___ (maschile)
	___ (femminile)		le (femminile)
	La (forma di cortesia, m. e f.)		

22. Lo, la, li o le?

a. Completate le risposte con i pronomi.

1. Mangi spesso gli spaghetti?	a. Come no! _____ adoro!
2. Conosci bene Milano?	b. No, veramente _____ conosco molto poco.
3. Parli italiano fuori dall'università?	c. Beh, sì, _____ parlo un po' con un'amica.
4. Dove fai le fotocopie?	d. _____ faccio nel negozio qui all'angolo.
5. Bevi caffè a colazione?	e. _____ devo bere per forza, se no non mi sveglio.
6. Usi spesso la macchina?	f. Non _____ uso proprio. Preferisco la bicicletta.
7. Compri i libri per l'università?	g. No. Di solito _____ prendo in biblioteca.
8. Frequenti sempre le lezioni?	h. Oddio, sì, _____ frequento, ma non proprio sempre.

17, 18 *b. E adesso intervistate il vostro vicino: fategli le domande del punto a e rispondete alle sue domande.*

23. Nel cassetto dei sogni

a. Secondo voi, dove desiderano vivere gli italiani? Fate una piccola classifica con almeno cinque città (potete aiutarvi con la carta d'Italia), poi confrontate con uno o più compagni e motivate le vostre scelte.

b. Ora leggete il testo e verificate: chi di voi ha una classifica simile a quella degli italiani?

È Firenze, per gli italiani, il luogo da «eleggere» come residenza fissa: nel sondaggio di Ipr marketing sul luogo ideale dove vivere, circa un quarto della popolazione, precisamente il 24,3 %, ha indicato la provincia toscana. Il secondo posto va a Roma, con il 20,4 % di preferenze.

Nella classifica si notano alcune tendenze: nell'immaginario degli italiani, a parte Roma che esercita il «fascino della capitale», nelle prime posizioni si preferiscono le province piccole e medie, ricche di storia, opulente e tranquille, dove si immagina una vita a misura d'uomo, senza ritmi frenetici ed eccessivamente stressanti. Infatti nella ‹top ten› si trovano Siena, Bologna, Perugia, Bolzano e Parma. Si posizionano bene le città medie del Nord, ma nelle prime 20 posizioni la «parte del leone» è fatta dalle province del Centro. Infatti al nono posto c'è Rimini e all'undicesimo e al dodicesimo figurano Lucca e Grosseto.

La Regione preferita degli italiani è quindi la Toscana, seguita dall'Emilia Romagna. [...] La prima «grande» provincia, dopo Firenze e Roma [...], è Bologna, al quarto posto. Un'altra grande ben messa nel gioco delle preferenze è Genova, all'ottavo posto. Una sorpresa, questa volta in negativo, viene da Milano che, in questa classifica, risulta penultima, subito prima di Vibo Valentia. Tra le città del Sud al sedicesimo posto c'è Agrigento e al ventunesimo Lecce.

(adattato da *Nel cassetto dei sogni la città di Dante* di Antonio Noto, *Il sole 24 Ore*, 20/12/2004)

c. Completate la classifica del ‹Sole 24 Ore›.

1. ________	11. ________	21. ________
2. ________	12. ________	22. Imperia
3. ________	13. Aosta	23. Pisa
4. ________	14. Torino	24. Brescia
5. ________	15. Venezia	25. Padova
6. ________	16. ________	55. Trieste
7. ________	17. Livorno	102. ________
8. ________	18. Vercelli	103. Vibo Valentia
9. ________	19. Verona	
10. Trento	20. Reggio Emilia	

24. Ritorno al testo

a. Abbinate le espressioni ai significati.

luogo (r. 1)	molto veloci e senza pausa
capitale (r. 6)	con una posizione buona
opulente (r. 7)	posto
frenetici (r. 8)	città principale di uno Stato
fare la parte del leone (r. 10)	ricche
ben messa (r. 14)	è
risulta (r. 15)	essere in maggioranza

b. Trovate la soluzione corretta.

Secondo il sondaggio, gli italiani preferiscono vivere in città
grandi. □ medie. □ piccole. □

Gli italiani preferiscono queste città perché
sono affascinanti. □ ci si vive tranquillamente. □ non sono la capitale. □

Nelle prime 20 posizioni si trovano soprattutto città
del Nord. □ del Centro. □ del Sud. □

c. Per gli italiani la città ideale è ________________. Secondo voi, perché proprio questa città? Parlatene in piccoli gruppi e poi mettete insieme i risultati: quale gruppo trova più motivi? 19

25. I numeri ordinali

a. Cercate nel testo al punto 23b i numeri ordinali e inseriteli nella tabella come nell'esempio.

1° = ______

2° = secondo

3° = ______

4° = ______

5° = ______

6° = ______

7° = ______

8° = ______

9° = ______

10° = ______

11° = ______

12° = ______

13° = ______

14° = ______

15° = ______

16° = ______

17° = ______

18° = ______

19° = ______

20° = ______

21° = ______

22° = ______

23° = ______

24° = ______

25° = ______

... = ______

ultimo

b. Mettete ora i seguenti numeri ordinali al posto giusto.

settimo – quinto – terzo – decimo – primo – sesto

c. Come si formano i numeri ordinali? Parlatene con un compagno e poi
20 *completate la serie dei numeri al punto a.*

26. La vostra opinione

Parlate con dei compagni diversi da quelli del punto 24c e rispondete alle seguenti domande.

Conoscete un sondaggio come questo sulle città del vostro Paese?
Secondo voi, qual è la città preferita dei vostri connazionali? E la vostra? Perché?
Quale città italiana vi attira particolarmente? Perché?

27. Caro amico...

Un amico italiano desidera venire a studiare nella vostra città e vi chiede
21 *informazioni: com'è la città? Scrivetegli un'e-mail e descrivetela.*

FONETICA

1. La pronuncia di /l/ e /ʎ/

▶II 31 *a. Ascoltate questo brano del dialogo 16 e fate attenzione alla pronuncia delle parole evidenziate. Notate la differenza fra i due suoni?*

□ E... solo una cosa ancora. Gli orari non li conosce...
■ Gli orari non li so. Però so che parte ogni mezz'ora.

▶II 32 *b. /ʎ/ o /gl/? Ascoltate le seguenti parole, formulate le regole e poi ripetete.*

famiglia	inglese	glucosio	pagliuzza	accogliente	glicine
Cagliari	glassa	glissare	Camogli	globo	luglio

gli
glia
glie si pronunciano ___
glio
gliu

gla
gle si pronunciano ___
glo
glu

gli + consonante si pronuncia ___

▶II 33 *c. /l/ o /ʎ/? Ascoltate le parole e segnate la pronuncia.*

	1	2	3	4	5	6	7	8	9	10	11	12	13	14	15	16	17	18	19	20
/l/	□	□	□	□	□	□	□	□	□	□	□	□	□	□	□	□	□	□	□	□
/ʎ/	□	□	□	□	□	□	□	□	□	□	□	□	□	□	□	□	□	□	□	□

2. La pronuncia di /n/e/ɲ/

▶II 34 *a. Ascoltate.*

ogni	significato	Bologna	insegnante	agnello
bagno	spagnolo	compagno	gnu	ognuno

Sapete pronunciare il suono /ɲ/? Ripetete le parole!

▶II 35 *b. /n/ o /ɲ/? Ascoltate e poi ripetete.*

Campania – campagna   nomi – gnomi   stanno – stagno   pinna – pigna

3. E infine: sciogli la lingua!

Chi riesce a leggere uno scioglilingua senza errori?

Sul tagliere l'aglio taglia, non tagliare la tovaglia; la tovaglia non è aglio: se la tagli, fai uno sbaglio.
Gli gnomi mangiano gli gnocchi, fanno il bagno in ogni stagno e sognano un assegno.

1. Ma che ci fai ancora qui?

a. Leggete questo annuncio.

Ma che ci fai ancora qui... se hai dai 18 ai 25 anni?
Hai già compiuto i 18 anni e non hai ancora raggiunto la «veneranda» età di 25?
Sei un giovane in gamba che desidera fare un'esperienza in un altro paese europeo?

b. A chi si rivolge l'annuncio? Secondo voi, che tipo di esperienza può offrire? Parlatene in coppia.

2. Info Point Europa

a. Leggete la seconda parte del testo: avete indovinato?

Il servizio volontario europeo ti permette di essere ospitato da un'associazione all'estero per un «lavoro» di volontariato. Perciò: vitto e alloggio gratuiti, più un corso della lingua del paese, più circa 150 euro al mese per tutte le piccole spese mensili. Il viaggio d'andata e ritorno? Lo paghiamo noi. Un'assicurazione internazionale? Ci pensiamo noi. Altre informazioni? Qui da noi all'Info Point Europa e subito sul «foglietto informativo» in PDF oppure sui siti http://www.sosforevs.org ed anche http://www.gioventu.it.

(da www.retecivica.trieste.it/ipe)

b. Secondo voi, è una proposta interessante per una persona della vostra età?
1 *Perché? Parlatene in piccoli gruppi.*

3. Chi ha provato testimonia che ...

Leggete adesso la testimonianza di Paola e rispondete alle domande.

nome:	Paola	lingue:	inglese e francese
età:	23	primo contatto con	
studi:	studentessa universitaria	l'Info Point Europa:	febbraio 2003
hobby:	nuoto, cinema, lettura	partenza:	settembre 2003

Dopo una ricerca durata quasi un anno, agli inizi di settembre del 2003 sono partita per il mio volontariato in Francia e vi sono rimasta sino alla fine di febbraio del 2004. Il paese in cui ho vissuto si chiama Evreux e si trova a 100 km circa da Parigi. Ho lavorato in un'associazione che si occupa di organizzare attività scientifiche per bambini, ma la mia occupazione è stata di ricreare il sito Internet. Con l'associazione d'accoglienza, invece, ho partecipato ad uno scambio internazionale formato da ragazzi russi, bielorussi e tedeschi e ad un congresso internazionale sull'Educazione. Che dire... è stata un'esperienza spesso dura, ma davvero arricchente dal punto di vista umano. Infatti i momenti migliori sono stati proprio questi incontri internazionali, assieme ai seminari d'accoglienza e di metà percorso organizzati dall'Agenzia Nazionale francese. Mi ha fatto crescere ancora un po' e mi ha reso più sicura di me stessa.

(da www.retecivica.trieste.it/ipe)

È vero?	sì	no
a. Paola è rimasta in Francia circa sei mesi.	☐	☐
b. Ha vissuto a Parigi.	☐	☐
c. Ha lavorato con i bambini.	☐	☐
d. Ha incontrato ragazzi di nazionalità diverse.	☐	☐
e. È stata un'esperienza non sempre facile, ma interessante.	☐	☐

2, 3

vi sono rimasta = ci sono rimasta

4. Ritorno al testo

a. Nel testo al punto 3 compare ‹sono partita› (riga 1), un verbo al passato prossimo. Cercate e sottolineate nei testi ai punti 1 e 3 gli altri verbi al passato prossimo; poi completate la tabella come negli esempi.

	passato prossimo	soggetto	ultima lettera del participio passato	infinito
1.	hai compiuto	tu	-o	compiere
2.	hai raggiunto			raggiungere
3.		chi (lui/lei)		
4.				
5.	sono rimasta	io	-a	rimanere
6.				vivere
7.				
8.	è stata			essere
9.				
10.				
11.				
12.				fare
13.				rendere

b. Lavorate in coppia. Confrontate le vostre tabelle e insieme formulate le regole.

▸ Il passato prossimo si forma con ________________ + ________________.

c. Ritornate alle forme del passato prossimo.
Cercate i participi di questi verbi e completate:

lavor______	(verbi in *-are*)	compi_____	(verbi in *-ere*)
partito	(verbi in *-ire*)		

I participi che si formano in questo modo sono regolari.
Cercate nella tabella altri esempi. Trovate poi i participi irregolari.

regolari: ....

irregolari: ....

d. Osservate il participio passato: secondo voi, perché l'ultima lettera non è sempre uguale?

5. Avere o essere?

a. In coppia. Quali verbi formano il passato prossimo con ‹essere› e quali con ‹avere›? Osservate la tabella del punto 4 e provate a formulare una regola.
b. Discutete le vostre osservazioni con i compagni e con l'insegnante.
c. Provate ora a formare il passato prossimo dei seguenti verbi.

abitare – andare – arrivare – avere – capire – controllare – costruire – frequentare – imparare – parlare – preferire – restare – ricevere – stare – tornare – trovare – uscire

io sono...		io ho...		
________	________	________	________	________
________	________	________	________	________
________		________	________	________
________		________	________	

4

6. Che cosa hai fatto ieri sera?

Scrivete le risposte di queste persone. Fate attenzione alle desinenze!

Ieri sera...

uscire con gli amici e mangiare un gelato

rimanere a casa e studiare per l'esame

andare in palestra e fare ginnastica

restare a casa e guardare un film alla TV

andare in discoteca e lì incontrare i nostri amici

5

7. L'anno scorso ...

Immaginate di avere fatto cinque di queste cose l'anno scorso e segnatele con una crocetta; cercate poi di indovinare che cosa «ha fatto» il vostro vicino. A turno fatevi delle domande come nell'esempio. Vince chi indovina tutto per primo.

partire in autostop
frequentare un corso di yoga
pulire una spiaggia
partecipare a una maratona

andare in campeggio
essere al Polo Nord
salire su una montagna
compiere 20 anni

fare un lungo viaggio in bicicletta
trovare 500 euro per la strada
restare sveglio per due giorni
tornare a casa alle 3 di notte

Esempio:

6 ■ L'anno scorso hai frequentato un corso di yoga? □ Sì. / No. E tu l'anno scorso ...

8. Occhio alla lingua!

a. Osservate questa frase:

Hai **già** compiuto i 18 anni, ma **non** hai **ancora** raggiunto i 25?

Che cosa significa **già**? ________________________

Che cosa significa **non ancora**? ________________________

b. Aggiungete ‹già› o ‹non ancora› alle seguenti frasi, fate attenzione alla posizione.

Esempio:
Andrea è partito. → Andrea è **già** partito. → Andrea **non** è **ancora** partito.

1. Paolo e Claudio sono tornati dalle vacanze.
7 2. Hai incontrato Giovanna?
3. Avete pagato?
4. Maria ha visto l'ultimo film di Moretti.
5. Sei stato in Italia?

9. E voi dove siete già stati?

Quali posti avete già visitato? Quando? Parlatene con un compagno diverso da quello del punto 7.

10. Quando?

Mettete in ordine le seguenti espressioni di tempo.

ieri pomeriggio – tre settimane fa – tre mesi fa – ieri mattina – quattro giorni fa – ~~due anni fa~~ – sei mesi fa – ~~5 minuti fa~~ – ieri sera – un'ora fa – l'anno scorso – l'altro ieri – stamattina – la settimana scorsa

due anni fa, ________________________

____

________________________ 5 minuti fa

11. Una storia

a. *Lavorate in coppia. Inventate una storia: usate i disegni qui sotto (non sono in ordine!) e alcune espressioni del punto 10. Se volete potete prendere degli appunti.*

b. *Formate ora delle nuove coppie.*
Raccontate al vostro nuovo partner la storia che avete inventato.

c. *Adesso scrivete la vostra storia. Inventate anche un titolo.*

12. Vacanze impegnate

a. *Preparate delle domande per una breve ‹intervista› a un volontario.*
Usate le espressioni e i verbi qui elencati.

a/in	gennaio, febbraio, marzo, aprile, maggio, giugno, luglio, agosto, settembre, ottobre, novembre, dicembre

Dove ...?
Quando ...?
Quanto tempo ...?
Con chi ...?
Che cosa ...?
Chi ...?

abitare, lavorare, rimanere, fare, organizzare, andare, arrivare, incontrare, partire, tornare

b. Lavorate in coppia. Fate un dialogo con i seguenti ruoli.

A Un tuo amico è appena tornato da un'esperienza di volontariato. Fai una breve intervista con le domande che hai preparato.

B Sei una delle persone che trovi qui sotto: sei appena tornato da un volontariato. Rispondi alle domande del tuo amico.

Marco, 23 anni, studente universitario – campo di lavoro nel villaggio ecologico di Torri Superiore (Liguria); 15 giorni – coltivare la terra e ristrutturare case antiche

Sabina, 23 anni, studentessa di lingue – due campi di lavoro nella «Tierra del Sol» (Spagna), un mese – 1° campo: costruire una serra, organizzare un sentiero ecologico – 2° campo: pulire delle spiagge, fare servizio di informazione ai clienti, lavorare nella stazione biologica (curare animali feriti) – anche attività ricreative (gite in bicicletta, gare di orientamento)

Alessandra, 25 anni, laureata in Scienze dell'Educazione – sei mesi a Barcellona – collaborare con un'associazione di volontari – organizzare attività per bambini: corsi di cucina, attività manuali, escursioni, visite a musei, aiutare i bambini a fare i compiti – incontrare molte persone di tutta Europa

Stefano, 24 anni, studente universitario – tre mesi a Pontevedra e tre a Santiago (Spagna) – lavorare per un'associazione culturale – preparare il festival di «mundo Clown» con artisti di strada di tutto il mondo

8

▶II 36 13. Anno sabbatico

a. Ascoltate più volte cosa racconta Stefi, 22 anni, di Arezzo. Dopo ogni ascolto consultatevi con un compagno diverso.

b. Ascoltate un'altra volta e rispondete alle domande.

a. Che cosa ha fatto Stefi subito dopo la maturità? ________________

b. Dove è andata? ________________

c. Quando ci è andata? ________________

d. Dove ha abitato? ________________

e. Che lavori ha fatto? ________________

f. Che cosa studia adesso? ________________

g. Quanto tempo è rimasta in questo posto? ________________

h. Che cosa ha imparato? ________________

c. Confrontate le vostre risposte con quelle di un compagno e poi controllate con un ultimo ascolto.

14. Esercizio

Al punto 4 di questa lezione avete visto dei participi irregolari:

‹stato› da ‹essere›
‹fatto› da ‹fare›
‹rimasto› da ‹rimanere›
‹reso› da ‹rendere›

A coppie provate a completare la tabella.

venire leggere rispondere dire bere scrivere vedere ~~aprire~~ prendere nascere scendere chiudere scoprire mettere chiedere

aperto	aprire	chiuso	______	letto	______
scritto	______	preso	______	bevuto	______
messo	______	sceso	______	visto	______
risposto	______	chiesto	______	detto	______
nato	______	scoperto	______	venuto	______

9, 10

15. Racconta!

a. Completate la parte dell'intervista a Stefi con i seguenti verbi al passato prossimo. I verbi sono in ordine.

fare, andare, fare, prendere, partire, abitare

■ E che cosa _____ __________? Dove _____ __________?

□ Quattro giorni dopo la maturità _____ __________ le valigie, _____ __________, _____ __________ per Monaco... e lì _____ __________ presso delle persone carinissime ...

prendere, partire = decidere rapidamente di partire

II 37 *b. Adesso ascoltate il dialogo e verificate.*

16. Strategie per memorizzare

Avete visto una serie di participi passati irregolari: insieme a un compagno pensate a un modo per memorizzarli.

17. Partenza per le vacanze

a. Leggete il testo seguente.

Oggi Carla parte per le vacanze. Fa colazione presto, prepara la valigia e mette un po' in ordine l'appartamento. Alle 11.00 chiude la porta a chiave, va dalla vicina e le chiede di innaffiare le piante del suo appartamento durante la sua assenza. Scende, compra il giornale e prende l'autobus. Ma sull'autobus non legge perché vede una vecchia amica e cominciano a parlare. Arrivano all'aeroporto e Carla scopre di non avere il biglietto...

b. Ora riscrivete il testo al passato prossimo.

11 Ieri Carla ...

18. Io, invece ...

Avete sentito cosa ha fatto Stefi dopo la maturità: e voi, che cosa avete fatto?
12 *Raccontatelo a un compagno.*

19. Esercizio

a. Completate il dialogo con le domande.

■ ____?

□ Esattamente un anno. Sono partita i primi di luglio e sono tornata i primi di luglio dell'anno successivo.

■ ______________________________?

□ Mi è piaciuto tantissimo...

piacere → piaciuto
conoscere → conosciuto

38 *b. Ascoltate il testo originale e controllate.*

20. Questione di gusti

Completate le seguenti domande con il verbo ‹piacere› al passato prossimo.

Ti ______ ____________ il film?

Ti ______ ____________ la città?

Ti ______ ____________ i compagni di corso?

13, 14 Ti ______ ____________ le escursioni fuori città?

21. L'anno scorso ...

a. Completate le seguenti frasi.

L'anno scorso sono stato/-a a ____________________________

Lì ho visto ____________________________

Ieri ho mangiato ____________________________

E ho bevuto ____________________________

Qualche tempo fa ho visto il film ____________________________

L'ultimo libro che ho letto è ____________________________

A Natale mi hanno regalato ____________________________

b. Date la lista a un compagno e rispondete alle sue domande secondo l'esempio:

L'anno scorso sono stato/-a a Milano.
■ Ti è piaciuta Milano?
15 □ Sì, molto. / Abbastanza. / No, non tanto. / No, per niente.

22. Occhio alla lingua!

a. Leggete i seguenti esempi tratti dal dialogo con Stefi.

... **mi sono decisa** per Monaco.
... e lì **mi sono cercata** un lavoretto.
... tu **ti sei emancipata**.

‹mi sono decisa› è una forma del passato prossimo del verbo ________________.

‹mi sono cercata› è una forma del passato prossimo del verbo ________________.

‹ti sei emancipata› è una forma del passato prossimo del verbo ________________.

b. Adesso cercate di formulare la regola.

▸ Il passato prossimo dei verbi riflessivi si forma con l'ausiliare ______________,

▸ la desinenza del participio si concorda con ____________________.

c. Completate la coniugazione.

(io)	mi	sono	deciso/a
(tu)	______	______	________
(lui)	______	______	________
(lei)	______	______	________
(noi)	______	______	decisi/e
(voi)	______	______	________
≡ 16, 17 (loro)	______	______	________

23. Allora...

E voi avete già fatto un'esperienza all'estero? Dove siete stati?
Che cosa avete fatto? Scrivete un'e-mail a un amico italiano e raccontate.

▶II 39 24. Imparare una lingua all'estero

a. Leggete questo testo e ascoltate poi la telefonata.

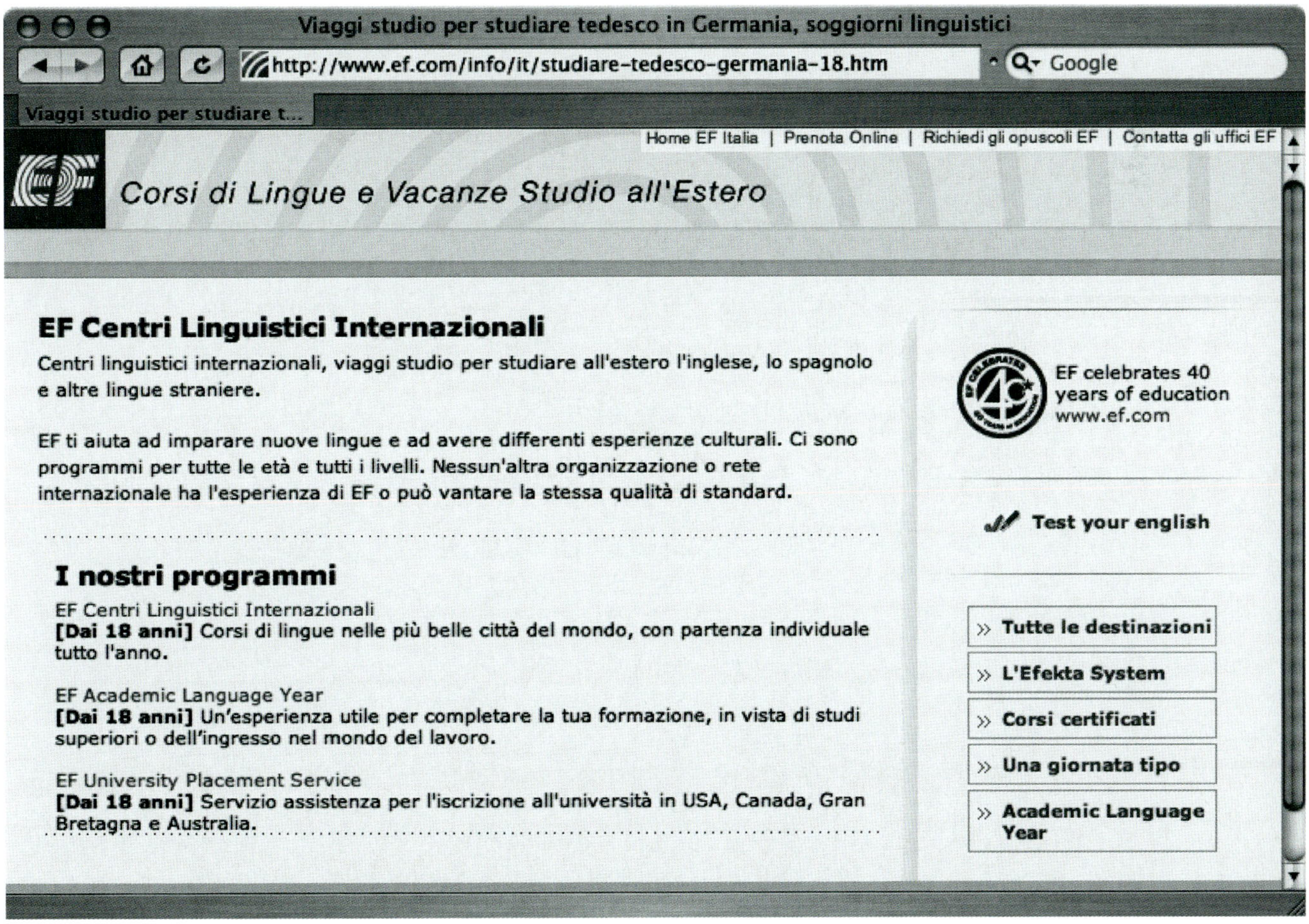

Viaggi studio per studiare tedesco in Germania, soggiorni linguistici

http://www.ef.com/info/it/studiare-tedesco-germania-18.htm

Google

Viaggi studio per studiare t...

Home EF Italia | Prenota Online | Richiedi gli opuscoli EF | Contatta gli uffici EF

Corsi di Lingue e Vacanze Studio all'Estero

EF Centri Linguistici Internazionali

Centri linguistici internazionali, viaggi studio per studiare all'estero l'inglese, lo spagnolo e altre lingue straniere.

EF ti aiuta ad imparare nuove lingue e ad avere differenti esperienze culturali. Ci sono programmi per tutte le età e tutti i livelli. Nessun'altra organizzazione o rete internazionale ha l'esperienza di EF o può vantare la stessa qualità di standard.

I nostri programmi

EF Centri Linguistici Internazionali
[Dai 18 anni] Corsi di lingue nelle più belle città del mondo, con partenza individuale tutto l'anno.

EF Academic Language Year
[Dai 18 anni] Un'esperienza utile per completare la tua formazione, in vista di studi superiori o dell'ingresso nel mondo del lavoro.

EF University Placement Service
[Dai 18 anni] Servizio assistenza per l'iscrizione all'università in USA, Canada, Gran Bretagna e Australia.

EF celebrates 40 years of education
www.ef.com

Test your english

» Tutte le destinazioni
» L'Efekta System
» Corsi certificati
» Una giornata tipo
» Academic Language Year

b. Ascoltate di nuovo la telefonata e scrivete le parole che mancano.

■ Centro Linguistico EF, buongiorno.

□ ________ . Mi chiamo Marco Giannucchi e ________ delle ________ sui corsi intensivi di tedesco che fate a Monaco, in Germania.

■ Sì. E ha già guardato in Internet, nel nostro sito?

□ Sì, ma ________ sapere ________ ________ ________ fare un corso per principianti assoluti, perché ho letto che ____ ____ ______ d'ingresso.

■ Guardi, ci sono corsi di tutti i livelli, e quindi anche corsi per principianti. Lei quando vuole andare?

□ Beh, io ______ ________ subito, perché ______ ________ il tedesco per un semestre Erasmus.

■ Ho capito... Il corso per principianti ____ già ________ . Il prossimo comincia fra dieci giorni. Il 25 settembre.

□ E la durata del corso?

■ Beh, ______ ________ lei quante settimane rimanere.

□ Ah, bene, e ______ ______ ______ per iscrivermi?

■ Deve compilare il modulo che trova sul nostro sito, spedirlo per e-mail e poi noi le mandiamo la conferma con tutte le informazioni.

□ Va bene, ________ ___ ________ .

■ Arrivederci.

dieci giorni fa
fra dieci giorni

25. Ritorno al testo

Cosa si dice ...

1. all'inizio di una telefonata? ______________________
2. per avere delle informazioni? ______________________
3. per chiedere se c'è la possibilità di fare qualcosa? ______________________
4. per chiedere quello che si deve fare? ______________________

18, 19, 20, 21

5. per ringraziare e chiudere una telefonata? ______________________

26. Occhio alla lingua!

a. Leggete le seguenti frasi.

Il corso per principianti **è** già **cominciato**.
Marco non **ha** ancora **cominciato** a studiare il tedesco.

Quando si usa l'ausiliare **essere** e quando **avere** con il verbo **cominciare**?
Parlatene con un compagno.
▸ Come **cominciare** funzionano anche i verbi **iniziare** e **finire**.

b. Completate le frasi con i verbi al passato prossimo.

1. Ieri sera (noi – andare) ______________ a letto tardi perché il film (finire) ______________ a mezzanotte.
2. Francesca non (venire) ______________ con noi a teatro perché (finire) ______________ di lavorare alle otto.
3. John (iniziare) ______________ a studiare l'italiano nel 2002.
4. Quando (cominciare) ______________ i corsi alla vostra università?

22

5. Mio padre (cominciare) ______________ a lavorare a 20 anni.

27. Una telefonata

Lavorate a coppie. Fate un dialogo con i seguenti ruoli.

A Sei uno studente tedesco che vuole fare un corso d'italiano in Italia. Telefona a una scuola di lingue e chiedi informazioni.

B Sei il segretario/la segretaria di una scuola di lingue. Rispondi al telefono e dai le informazioni.

FONETICA

1. /sk/ o /ʃ/?

▶II 40 *a. Ascoltate cosa dice Stefi e fate attenzione alla pronuncia delle parole evidenziate.*

■ A quale università ti sei **iscritta**? □ Ho **scelto** la facoltà di **Scienze** Politiche.

▶II 41 *b. Adesso ascoltate le seguenti parole.*

conoscere	scala	sci	scuola	scolaro	piscina
maschile	scivolare	ascolto	maschera	scendere	nascere

1. Quando *sc* si pronuncia /sk/? ______________________________

2. Quando *sc* si pronuncia /ʃ/? ______________________________

2. Si sente la ‹i›?

▶II 42 *a. Ascoltate.*

sciopero	scienza	sciare	coscia	sciarpa
sciupare	scio	sciamano	conosciuto	

b. In quali di queste parole sentite la ‹i›?
Sapete perché?

3. Consonanti doppie

▶II 43 *a. Avete già sicuramente notato che nella lingua italiana esistono parole con consonanti doppie:*

città anno appunto carro passato

b. Come potete notare, una consonante doppia si sente anche nella pronuncia.
Provate a ripetere le parole che avete ascoltato.

▶II 44 *c. Adesso ascoltate le seguenti parole e segnate quali secondo voi contengono consonanti doppie.*

	sì	no		sì	no
a.	□	□	f.	□	□
b.	□	□	g.	□	□
c.	□	□	h.	□	□
d.	□	□	i.	□	□
e.	□	□	l.	□	□

1. Abbigliamento

A coppie. Abbinate le parole alle foto.

scarpe · jeans · sciarpa · pantaloni · felpa · guanti · maglione · gonna · cintura · borsa · piumino · stivali · t-shirt/maglietta

▶II 45 2. Acquisti

a. Ascoltate e scrivete il numero del dialogo accanto alla foto corrispondente.

b. Che cosa succede? Ascoltate i dialoghi e segnate con una crocetta le situazioni giuste (possono essere più di una per ogni dialogo).

	si compra	si commenta	si cerca
Dialogo 1	□	□	□
Dialogo 2	□	□	□
Dialogo 3	□	□	□

c. Ascoltate i dialoghi un'altra volta e fate una crocetta accanto alle parole che sentite.

□ piccolo	□ bello	□ largo	□ sportivo
□ brutto	□ a buon mercato	□ corto	□ grande
□ lungo	□ stretto	□ caro	□ elegante

d. Formate con le parole del punto 2c coppie di contrari.

3. Che cosa hai comprato!!

Scrivete i vostri commenti come nell'esempio.

Questo piumino è piccolo/stretto!

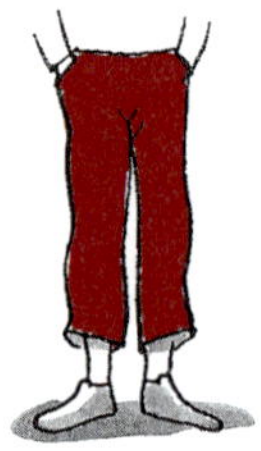

____

____

1 ______________________

	s.	p.
m.	questo	quest__
f.	quest__	quest__

▶II 46 4. Cercavo ...

Ascoltate il dialogo più volte e completate.

■ Buongiorno!

□ Ciao! Posso aiutarti?

■ Sì, ____________ un paio di jeans.

□ Hai già un'idea?

■ Sì, quelli che ho visto in vetrina mi piacevano...

□ Quelli ______ o quelli ______?

■ Quelli neri.

□ ____ ______ ________?

■ ____ 32, credo.

□ Vediamo... Ecco ___ 32, lì c'è la cabina.

□ ________ ________?

■ Mhhh, sono un po' stretti.

□ Aspetta, ti porto una taglia più grande. ... Ecco.

■ Grazie.

□ E questi ________ ________?

■ Questi ________ ________.

________ ________?

□ Questi __________ 87,50 euro.

■ Va bene, ___ ________.

□ Va bene. Ecco, puoi accomodarti alla cassa.

un po' stretti
troppo stretti

un paio	di jeans
due paia	di pantaloni
	di scarpe

5. Ritorno al testo

A coppie. Rileggete il dialogo al punto 4 e trovate le espressioni adatte.

Cosa dice la commessa per:

chiedere la taglia ______________________

sapere se la taglia è giusta ______________________

comunicare il prezzo ______________________

Cosa dice il ragazzo per:

esprimere cosa vuole comprare ______________________

dire che la taglia è giusta ______________________

informarsi sul prezzo ______________________

2 comunicare che compra i jeans ______________________

6. Quelli neri o quelli blu? I colori.

I nomi dei colori si possono usare come sostantivi o come aggettivi.
Nel secondo caso concordano con il sostantivo. Attenzione:
alcuni aggettivi di colore sono invariabili, per esempio blu, rosa, viola, beige.

Scrivete i nomi dei colori accanto alla tavolozza.

3 giallo, verde, azzurro, bianco, rosso, marrone, arancione, nero, blu, rosa, grigio

7. Qual è il tuo colore preferito?

Fate una piccola inchiesta: domandate a sette/otto compagni qual è il loro colore preferito e poi in plenum decidete quale colore ha vinto.

Esempio:
- ■ Qual è il tuo colore preferito?
- □ Il blu.

Ha vinto il ...

8. Facciamo shopping!

Lavorate a coppie. Fate un dialogo con i seguenti ruoli come nell' esempio.

A	B
Vuoi comprare le cose qui sotto. Chiedi anche il prezzo, come nell'esempio.	Sei il commesso/la commessa. Chiedi il colore e la taglia e dai le informazioni come nell'esempio.

Esempio:
- □ Cercavo una camicia.
- ■ Di che colore?
- □ Azzurra.
- ■ Che taglia porti?
- □ La 42.
- ■ La 42... Ecco.
- □ Quanto viene?
- ■ 85 €.

jeans, camicia, gonna, ecc. → taglia
t-shirt → misura
scarpe → numero

42/85 €

46/80 €

32/88 €

44/78 €

M/22 €

4 43/110 €

9. Occhio alla lingua!

a. Leggete gli esempi.

Belle quelle scarpe — dove **le** hai comprate?
quanto **le** hai pagate?

▸ Il passato prossimo con i pronomi diretti **lo, la, li, le**:
la desinenza del participio passato si concorda con ________________.

Provate a completare le seguenti frasi:

Bello il maglione! Dove ____ hai comprat____ ?
Belli i jeans! Dove ____ hai comprat___ ?
Bella la camicia! Dove ____ hai comprat___ ?

▸ **Attenzione!** Si può mettere l'apostrofo solo al singolare!

b. Completate le frasi con i pronomi e i verbi al passato prossimo.

1. Sono questi i pantaloni nuovi? Quanto (pagare) ____ ____ ________________ ?
2. Mario ieri ha incontrato Lucia al cinema e poi (invitare) ____ ___ ______________ a cena.
3. Giovanna ed Enrica sono due mie amiche, (conoscere) ___ ___ _______________ al liceo.
4. Ti piacciono i miei pattini in linea? (pagare) ____ ____ ______________ solo 99 €.
5. Vuoi il giornale? Io (leggere) ____ ____ già _________ .

5, 6 6. Ti ricordi di Francesca? (vedere) ____ _____ ____________ ieri per caso in centro con un uomo …

10. Il mio ultimo acquisto

In piccoli gruppi. Ognuno di voi pensa all'ultima cosa che ha comprato: dove e quando l'ha comprata? Quanto l'ha pagata? Fate una piccola inchiesta nel vostro gruppo.

11. Ritorno al testo

▸II 47 *a. Ascoltate e completate.*

■ È ________ __________ vicino al negozio di articoli sportivi?

□ Esatto. Proprio _________ .

▸ Nella prima frase **quello** è usato come un aggettivo, cioè accompagna un sostantivo.
▸ Nella seconda frase **quello** è un pronome, cioè sta al posto del sostantivo e lo sostituisce.
▸ Quando **quello** è usato come aggettivo si comporta come l'articolo determinativo.

UNITÀ 6

b. Provate a completare la tabella: prima scrivete gli articoli tra parentesi, poi, con l'aiuto dell'insegnante, mettete le forme di ‹quello›.

(il) ______ negozio (i) quei negozi

(___) ______ albergo (___) ______ alberghi

(___) ______ studente (___) ______ studenti

(___) ______ borsa (___) ______ borse

(___) ______ amica (___) ______ amiche

7, 8 ▸ Anche **bello**, se usato davanti al sostantivo, si comporta allo stesso modo.

12. Un po' di complimenti

A coppie. Guardate cosa indossa il vostro vicino e fategli dei complimenti come nell'esempio.

Esempio:
■ Che bei jeans!
□ Ti piacciono?
9 ■ Sì, sono proprio belli.

13. Ritorno al testo

II 48 *a. Ascoltate più volte la registrazione e scrivete le battute del dialogo nel giusto ordine.*

■ ______________________
____
□ ______________________
____
■ ______________________
____
□ ______________________
____
■ ______________________
____

▸ Hmm... sto cercando qualcosa da mettermi al matrimonio di Anna...

▸ A me non sembrano molto eleganti... perché non provi questa gonna?

▸ Secondo te come mi stanno questi pantaloni?

▸ No, per carità, le gonne non fanno per me!

▸ Beh, sì, ti stanno bene, ma a me personalmente non piacciono i pantaloni a vita bassa.

b. Cercate ora nel dialogo i pronomi che si riferiscono alle seguenti persone:

io ______________________

tu ______________________

Come vedete, per una stessa persona ci sono due forme: la forma atona (mi, ti) e la forma tonica (te, a me, me). Completate:

pronomi **diretti**		pronomi **indiretti**	
forma **atona**	forma **tonica**	forma **atona**	forma **tonica**
______	______	______	______
______	______	______	a te
______	lui	______	a lui
______	lei	______	a lei
______	noi	______	a noi
______	voi	______	a voi
______	loro	______	a loro

▶II 48 c. *Ascoltate e leggete il dialogo ancora una volta e poi insieme a un compagno cercate di definire quando si usano i pronomi tonici e quando quelli atoni.*

14. Esercizio

Completate con i pronomi e dove necessario con la preposizione ‹a›.

a. ■ Maria, _____ piace la pizza?

□ Sì, molto.

■ E _____ , Carlo?

▷ ______ non tanto...

b. ■ Elisa, vieni al cinema con ______ ?

□ Veramente ho promesso a mia madre di andare a cena da _____ stasera.

■ Non _____ puoi dire che ci vai un'altra volta?

□ Non _____ conosci...

c. □ Ragazzi, ______ piacciono gli spaghetti all'amatriciana?

■ _______ sì, molto.

▷ Anche _______ .

d. ■ Sabato siamo alla festa di laurea di Gianni e Paola.

□ Che cosa ______ regaliamo?

■ ______ non so, gli uomini sono sempre così difficili;

10, 11 _______ una bella edizione del suo autore preferito, ho pensato.

15. E tu, che gusti hai?

a. Abbinate le parole ai disegni.

di cotone
di lana
di microfibra
di seta

a quadri – in tinta unita – a pois – a righe – a fantasia

b. Che cosa c'è nel vostro armadio? Pensate alle cose che avete nel vostro armadio: qual è il capo di abbigliamento che preferite? Perché? In generale che tipi di vestiti vi piacciono? Quali colori preferite? Parlatene in piccoli gruppi.

16. Occhio alla lingua!

Leggete la seguente frase:

Sto cercando qualcosa da mettermi al matrimonio di Anna.

▸ La forma progressiva si costruisce con il verbo ______________ + gerundio.

Il gerundio:	cercare → cerc______	Attenzione:	fare → facendo
	prendere → prendendo		bere → bevendo
	dormire → dormendo		dire → dicendo

≝ 12

17. Quando penso all'Italia...

a. Quando pensate all'Italia, che cosa vi viene in mente? Secondo voi c'è un prodotto o una cosa che la rappresenta particolarmente? Parlatene in piccoli gruppi.

b. Leggete il seguente testo poi scambiate con un compagno le informazioni che avete capito.

LA FORZA DEL MADE IN ITALY

Il made in Italy? Per i cinesi, pensare all'Italia fa venire in mente al primo posto i vestiti alla moda, a pari merito con il calcio. Per gli svedesi, la buona tavola, così come per gli americani. Per i russi, invece, le bellezze della natura.
Se si tratta di mettere la mano al portafoglio, i prodotti che vanno per la maggiore sono quelli alimentari, pasta e vino soprattutto, in testa alla classifica per Svezia, Cina e USA, mentre i russi [...] comprano più volentieri le scarpe.
Ma se, senza badare al conto in banca, si passa dalla vera possibilità d'acquisto all'oggetto del desiderio? Beh, allora in testa alla classifica scattano immediatamente i

vestiti firmati, e poi «lei», la «rossa», la Ferrari, simbolo incontrastato del made in Italy nel mondo, un mix di design, qualità, innovazione tecnologica. Una sintesi, insomma, di tutti gli elementi chiave che fanno del nostro made in Italy un simbolo di qualità e di successo. La percezione del nostro Paese è e resta positiva, come risulta dal sondaggio fresco di stampa realizzato dall'Istituto Piepoli, e presentato recentemente in un convegno del Comitato Leonardo (Ice-Confindustria) [...]. Stando al panel dei 4 mila intervistati, la nostra produzione interna continua ad avere una grande attrattiva. [...]

L'immagine più immediata del made in Italy è la moda e le auto. Ma gli italiani sono leader anche nel settore della meccanica, dalle macchine utensili alla componentistica. [...]

A guardare il sondaggio, la voce «tecnologia» appare quando si chiede agli intervistati di citare i prodotti italiani che vengono in mente. Ma, prendendo la Cina, si colloca al settimo posto, dopo alimentari, abbigliamento, pelletteria, calzature, automobili e arredamento (curiosamente viene prima del vino). Gli svedesi non la citano per niente, non compare neanche nelle graduatorie degli americani, mentre è al quarto posto per i russi, dopo calzature, alimentari, abbigliamento. [...]

(da *La forza del Made in Italy* di Nicoletta Picchio, @review)

c. Adesso provate a completare la tabella.

Il made in Italy	i cinesi	gli svedesi	gli americani	i russi
A che cosa pensano?				
Che cosa comprano?				

d. Abbinate le seguenti espressioni ai significati.

mettere mano al portafoglio (riga 4)	i vestiti dei grandi stilisti
vanno per la maggiore (r. 4)	invece
in testa alla classifica (r. 5)	al primo posto
i vestiti firmati (r. 9)	appena pubblicato
fresco di stampa (r. 13)	pagare
mentre (r. 24)	hanno più successo

18. Lavoriamo sul lessico

In piccoli gruppi: scrivete tutte le parole che conoscete per ognuna delle seguenti categorie. Alla fine confrontate con un compagno di un altro gruppo.

abbigliamento calzature pelletteria

19. Sei italofilo?

Fate una piccola inchiesta tra i vostri compagni: comprate abitualmente cose che vengono dall'Italia? Che cosa? Poi in plenum fate una lista delle cose più comprate.

UNITÀ 6

▶II 49 ## 20. Che le regaliamo?

a. Ascoltate più volte il dialogo: dopo ogni ascolto consultatevi con un compagno diverso e confrontate con lui le informazioni capite.

b. Ascoltate un'altra volta e segnate con una crocetta le cose nominate dalle due amiche.

occhiali da sole ☐	vestiti ☐	cappelli ☐	libri ☐
borse ☐	orecchini ☐	acquarelli ☐	guanti ☐
gioiellini ☐	portafogli ☐	fermagli ☐	portachiavi ☐

c. Che cosa decidono di fare le due amiche?

13 ____

occhiali **da** sole	**da** → scopo, uso
felpa **di** cotone	**di** → materiale

21. Occhio alla lingua!

a. Leggete il seguente esempio:

So che si è comprata **degli** acquarelli.

▸ **Degli** è una forma di articolo partitivo che deriva da _____ + __________ .

b. Adesso completate le seguenti frasi.

In quel negozio in centro ho visto
______ maglioni molto belli.
______ cinture molto carine.

▸ Con l'articolo partitivo si esprime:
una quantità precisa ☐
14 una quantità non precisa ☐

22. Mi hanno regalato ...

Scrivete un'e-mail a un amico italiano: descrivete i regali che avete ricevuto
15, 16 *per il vostro compleanno e scrivete se vi sono piaciuti.*

FONETICA

▸II 50 **1. Intonazione**

Ascoltate le seguenti frasi e fate attenzione all'intonazione.
Le frasi hanno uno o più accenti? Dove?

a. Ho un appartamento con un altro ragazzo, uno studente di medicina.
b. La biblioteca è chiusa dall'una alle due.
c. Al cinema ci andiamo un'altra volta.
d. Non gli ho detto niente.
e. Non andiamo mai in discoteca.
f. Non mi piace molto la pizza, e a te?
g. Non è la facoltà giusta per me.
h. Non ho tempo di venire oggi.

▸II 50 **2. Entriamo nei dettagli**

Adesso riascoltate le frasi e a coppie cercate di rispondere alle seguenti domande.

- Concatenazione: quante pause ci sono nelle frasi e dove?
- Apostrofo: (frasi b., c.) cosa notate nella pronuncia di due parole unite da un apostrofo?
- Pronomi: (frasi c., d., f., g.) i pronomi sono accentati? Se sì, quando?
- La negazione : (frasi d. – h.) ‹non› è accentato?
  Cosa notate nella pronuncia di ‹non è› e ‹non ho›: si sente che sono due parole?
  Quale delle due porta l'accento?

3. Adesso provate voi!

Ripetete le frasi del punto 1: fate attenzione alla concatenazione, all'accento principale delle frasi e alle pause, quando ci sono.

1. Ricordi

a. Chiudete gli occhi per un minuto e pensate alla vostra infanzia. Quali sono le prime tre cose che vi vengono in mente?

b. Ora riaprite gli occhi e parlatene con il vostro vicino.

2. Al mare

a. Leggete il seguente testo: c'è qualcosa che vi ricorda la vostra infanzia?

Per il mare anni fa partivamo l'ultima settimana di luglio, e stavamo via fino a Ferragosto. La sera prima si preparavano i bagagli e la mattina dopo ci si svegliava presto e si caricava tutto quanto sul portapacchi della Cinquecento bianca di papà, che dopo un po' praticamente spariva sotto una montagna di valigie e valigette e sedie a sdraio e stuoie e canotti e salvagente e secchielli e palette, con in cima pure l'ombrellone. Si partiva che era ancora buio e anche se ero tutto eccitato per via del viaggio mi addormentavo subito stretto ad Alice sul sedile posteriore, e quando riaprivo gli occhi eravamo già in autostrada sotto il sole, la campagna che scorreva alla nostra destra e le macchine che ci sorpassavano alla nostra sinistra, e tutte le volte mi dicevo che il mondo doveva proprio essere grande se già solo andando al mare c'erano tutte quelle cascine e tutti quei paesini e tutte quelle auto, e ogni volta mi chiedevo chi erano le persone che ci lasciavamo alle spalle nelle cascine e nei paesini o che ci superavano sulle altre macchine. Il viaggio fino alla Liguria durava poche ore ma a me sembrava lunghissimo. E nell'autogrill dove ci fermavamo tutti gli anni, la radio trasmetteva sempre lo stesso pezzo di Battisti, *Acqua azzurra, acqua chiara*.

Alla fine comunque arrivavamo al casello d'uscita e dopo un tot di coda imboccavamo una strada tutta curve in mezzo a una sfilza di pini molto diversi da quelli delle nostre parti, cioè piatti anziché appuntiti, e una volta fatto l'ultimo tornante dai finestrini ci entrava dritto negli occhi il mare. Alice e io allora esclamavamo *IL MARE!* e da quel momento i minuti passavano ancora più lentamente, perché il mare tirava a fregarti nel senso che sembrava vicinissimo ma non arrivava mai. A un certo punto però ne sentivamo anche il profumo, e a partire da quell'istante eravamo davvero in vacanza.

(da *Il paese delle meraviglie* di Giuseppe Culicchia, Milano 2004)

il mondo **doveva** essere proprio grande =
probabilmente il mondo era davvero grande

b. Trovate e sottolineate nel testo le frasi che corrispondono ai seguenti disegni. Mettete poi i disegni in ordine cronologico. Alla fine confrontate con un compagno.

A

B

C

D

E

F
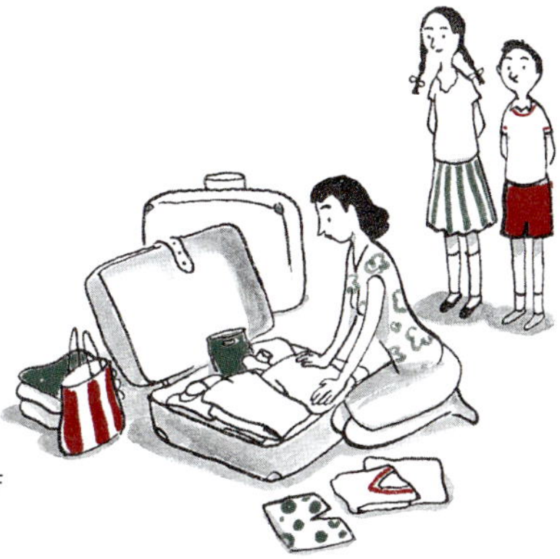

G

c. *Che cosa ricorda Attila (il ragazzo che racconta)? Rileggete il testo e compilate la seguente tabella.*

persone	luoghi	suoni	odori

3. Ritorno al testo

a. *Per raccontare le sue vacanze da bambino Attila usa un nuovo tempo verbale, l'imperfetto: per esempio, scrive ‹partivamo› (riga 1). Cercate e sottolineate tutti gli altri verbi del testo all'imperfetto.*

b. Provate ora a completare la tabella.
Scrivete prima le forme che avete trovato nel testo e poi costruite le forme che mancano.

	io	tu	lui / lei	noi	voi	loro
preparare	______	preparavi	______	______	______	______
arrivare	______	______	______	______	______	______
chiedere	______	______	______	______	chiedevate	______
dovere	______	______	______	______	______	______
partire	______	partivi	______	______	______	______
sparire	______	______	______	______	______	______
dire	______	______	______	______	dicevate	______
fare	______	______	______	______	______	facevano
essere	______	______	______	______	______	______
avere	______	avevi	______	______	______	______

1, 2

4. Gara di verbi

Giocate in coppia. A turno, uno di voi sceglie un verbo e l'altro dice tutta la coniugazione di quel verbo all'imperfetto. Per ogni errore segnate 1 punto. Vince chi alla fine ha meno punti.

5. Ritorno al testo

a. Leggete ancora una volta il racconto di Attila e sottolineate con due colori diversi le parti del testo in cui Attila:

racconta azioni abituali, ripetute regolarmente.
descrive uno stato d'animo, un luogo, una situazione.

b. Lavorate in coppia. Confrontate quello che avete sottolineato e poi riflettete: quale funzione prevale nel racconto di Attila?

6. Occhio alla lingua!

a. Leggete con attenzione quello che racconta Attila poche righe più avanti. Secondo voi, quali due azioni si svolgono contemporaneamente? Sottolineatele.

Poi, la sera dopo cena, andavamo al bar di fianco alle giostre a prendere il gelato alla stracciatella. Mentre nostra madre si allontanava per telefonare a don Curio [...], Alice e io facevamo a gara a chi lo finiva per ultimo, e lei di solito vinceva perché riusciva chissà come a nascondere il suo [...].

b. In coppia. Confrontate e completate la regola.

▸ Per raccontare due o più azioni contemporanee al passato si usa il tempo ______________ preceduto da ______________, che in questo caso significa ‹nello stesso tempo›.

7. Estate da bambini

Come passavate l'estate da bambini? Dove andavate? Quando partivate?
3 *Quanto tempo restavate? Parlatene con un compagno.*

8. Ritorno al testo

a. Completate le seguenti frasi con le parole che trovate nel testo al punto 2.

Il viaggio fino alla Liguria durava poche ore ma a me sembrava

______________________________ .

Il mare [...] sembrava ______________ ma non arrivava mai.

Si vede il mare, c'è una vista **bellissima**.

Come stai? – **Benissimo**!

b. Le parole che avete appena scritto sono esempi di ‹superlativo assoluto›. Osservate le quattro frasi qui sopra: secondo voi, come si forma questo superlativo? E a che cosa serve? Parlatene con un compagno.

9. Il Campionissimo

Completate il testo con il superlativo assoluto dei seguenti aggettivi e avverbi (sono in ordine!).

forte   tanto   lungo   bravo   popolare   molto   grande

Fausto Coppi era un campione del ciclismo italiano degli anni Quaranta e Cinquanta. Era ______________ , vinceva continuamente ______________ gare; la lista delle sue vittorie era ______________ e per questo i tifosi lo chiamavano ‹il Campionissimo›. Il suo rivale era un altro ciclista ______________: Gino Bartali. Bartali e Coppi erano ______________ , le loro sfide al Tour de France e al Giro d'Italia appassionavano ______________ gli italiani. La parola ‹campionissimo› si usa ancora oggi per indicare
4 uno sportivo che ha un ______________ successo.

10. Le mie memorie

Immaginate di essere diventati dei personaggi famosi e di scrivere la vostra autobiografia. Siete arrivati al capitolo «Vacanze da bambini»: prendete come modello il racconto di Attila e descrivetele. In particolare, cercate di ricreare, come Attila, l'atmosfera della partenza.

11. Ritratto di famiglia

Lavorate in coppia. Osservate attentamente questa fotografia: secondo voi, chi l'ha fatta? Quando? Formulate delle ipotesi sulla famiglia: età delle persone, professione dei genitori, …

▶II 51 12. Anna, parlami della tua famiglia!

a. Ascoltate più volte il dialogo e cercate di verificare le vostre ipotesi. Dopo ogni ascolto consultatevi con un compagno diverso e confrontate con lui le informazioni capite.

b. Ascoltate un'altra volta e rispondete alle domande.

Quale dei tre bambini racconta? ______________________

Che anno era? ______________________

Quanti anni avevano allora i genitori e i bambini? ______________________

Di dov'era il padre? ______________________

Qual era la professione prevalente nella famiglia del padre? ______________________

Dove abitava la famiglia di Anna? ______________________

Che lingue parlavano i nonni materni di Anna? ______________________

c. Confrontate le vostre risposte con quelle di un compagno e poi controllate con un ultimo ascolto.

▶II 51 **13.** ## Ritorno al testo

Ascoltate il dialogo ancora una volta.

a. Quali aggettivi usa Anna per descrivere il padre e la madre? Segnateli con una P o una M accanto alle parole.

autorevole	estroverso	introverso	apprensivo
indulgente	caloroso	freddo	ansioso
tranquillo	allegro	severo	malinconico

b. E quali aggettivi usa per descrivere se stessa?

□ introversa	□ paurosa	□ disinvolta	□ capricciosa
□ coraggiosa	□ riflessiva	□ timida	□ protettiva
□ tranquilla	□ giudiziosa	□ fantasiosa	□ litigiosa

5

14. E tu com'eri?

a. Conoscete altri aggettivi utili per descrivere il carattere di una persona? Quali?

_______________ _______________ _______________ _______________

_______________ _______________ _______________ _______________

b. Confrontatevi con un compagno. Poi cercate di formare, con gli aggettivi dei punti 13 e 14a, alcune coppie di contrari.

c. Secondo voi, com'era il vostro compagno da bambino? Scegliete quattro aggettivi e poi verificate se avete indovinato; fate delle ipotesi come nell'esempio. Chi indovina di più?

Esempio:

6 □ Secondo me, tu da bambino/-a eri timido/-a. È vero?

■ Sì, è vero./ Sì, un po'.

■ No, assolutamente, anzi, ero...

15. La famiglia di Anna

▶II 51 *a. Ascoltate il dialogo ancora una volta e segnate i nomi di parentela che sentite.*

□ marito	□ moglie	□ suocero	□ suocera	□ genero	□ nuora
□ cognato	□ cognata	□ cugino	□ cugina	□ figlio	□ figlia
□ fratello	□ sorella	□ zio	□ zia	□ padre	□ madre
□ genitori	□ nonno	□ nonna			

7 *b. Conoscete il significato di tutte le parole? In piccoli gruppi cercate di indovinare.*

16. I miei parenti

a. In coppia. Provate a completare le frasi con i seguenti aggettivi possessivi.

mia, mio, tuo, i miei, i tuoi (2x)

1. Che cosa facevano __________ nonni ... e __________ zii?
2. Il mio nonno paterno era insegnante ..., la zia, cioè la sorella di __________ padre insegnava chimica e la nonna aveva il diploma di maestra ...
3. E __________ padre quindi [era] l'unico militare.
4. __________ madre è proprio di qua, di Gorizia.
5. E poi __________ nonni parlavano bene il tedesco, lo sloveno ...

▶II 52 *b. Adesso ascoltate e controllate.*

c. Riflettete: secondo voi, quando si usa l'articolo davanti ai possessivi con i nomi di parentela? Provate a formulare una regola.

L'articolo si usa ____

L'articolo non si usa ____________________________________

d. Completate la seguente tabella con gli aggettivi possessivi.

io	________	libro	________	zio	________	zii
tu	________	casa	________	sorella	________	sorelle
lui / lei	________	famiglia	________	padre	________	nonni
noi	________	amico	________	nonna	________	nonne
voi	________	città	________	madre	________	genitori
loro	la loro	idea	il loro	nonno	i loro	nonni

8, 9, 10 *e. Che cosa notate a proposito del possessivo ‹loro›? Parlatene con un compagno e aggiungete la regola al punto c.*

17. La mia famiglia

In coppia. Descrivete la vostra famiglia. Fornite anche alcune informazioni sui vostri parenti (età, lavoro, carattere ...).

▶II 53 **18. Ritorno al testo**

a. I primi quattro mini-dialoghi che seguono sono tratti dall'ascolto del punto 12, l'ultimo è tratto dal seguito della stessa conversazione. Ascoltateli e completateli.

1. ■ Bella questa foto. L'____________________ a Grado, no?

□ Sì, a Grado, senz'altro. Perché ___________ in vacanza soltanto a Grado, dove il nonno ____________ un albergo.

2. ■ Mio padre forse non ___________ studiare, non ___________ fare l'università, quindi _____________ l'accademia militare.

3. ■ Senti, ma tu hai qualche ricordo di tuo padre?

□ Di mio padre ho pochi ricordi perché ____________ quando io _________ ancora piccola. ________ un buon papà, quando ________ a casa naturalmente.

4. ■ Tu come _________ da bambina?

□ Mah, io ________ la tipica primogenita che a un certo punto ____________ in sé.

5. ■ E quando ____________ , ____________ dei ruoli specifici?

□ Eh sì, quando ______________ con le bambole per esempio io ________________ sempre della cucina.

b. In coppia. Confrontate e poi riflettete: che tempo si usa al passato per…

raccontare un'azione abituale? ____________________________

descrivere una situazione? ____________________________

descrivere il modo di essere di una persona? ____________________

raccontare un'azione che avviene una sola volta? ________________

raccontare un fatto concluso? ____________________________

raccontare un fatto nuovo, un cambiamento nella vita di una persona? ____________________________

c. Nel terzo e nel quinto mini-dialogo compare più volte ‹quando›: secondo voi, dove significa ‹tutte le volte che…› e dove significa ‹in quel preciso momento›?

19. La prima volta

Intervistate i vostri compagni. Formulate domande e risposte come nell'esempio. Con chi avete più esperienze in comune?

■ Quanti anni **avevi** quando **hai imparato** ad andare in bicicletta? □ **Avevo** 4 anni. E tu?

imparare ad andare in bicicletta
uscire per la prima volta da solo/a la sera
fare la prima vacanza da solo/a
innamorarsi per la prima volta
ricevere le chiavi di casa
andare per la prima volta all'estero
andare per la prima volta al mare

20. A un certo punto ...

Che cosa è cambiato nella vita di queste persone? Scrivete, per ogni persona, una frase come quella dell'esempio. Usate l'imperfetto e il passato prossimo.

Alice vivere in un piccolo paese / a 19 anni trasferirsi in una grande città
→ Alice viveva in un piccolo paese, a un certo punto, a 19 anni, si è trasferita in una grande città.

1. Rosanna abitare con i suoi / a 20 anni decidere di andare a vivere da sola
2. Gianna fare l'università / smettere di studiare e mettersi a lavorare
3. Fabio essere impiegato / a 31 anni cambiare vita e diventare burattinaio
4. Luca essere un single convinto / incontrare Angela e cambiare radicalmente idea

E adesso scrivete una frase simile su di voi.

11, 12 ____

21. Occhio alla lingua!

a. Leggete con attenzione le seguenti frasi.

In Liguria, a Noli, papà **conosceva** una famiglia che affittava appartamenti.
(così continua il racconto di Attila)
Mio padre [...] nel '34 **ha conosciuto** mia madre.
E queste persone... le **conoscevi** già oppure le **hai conosciute** là?

b. In coppia. In queste frasi compare 4 volte il verbo ‹conoscere›, 2 volte all'imperfetto e 2 volte al passato prossimo: secondo voi, ha sempre lo stesso significato? Parlatene insieme e cercate di formulare una regola.

- All'imperfetto, **conoscere** significa ______________________
- Al passato prossimo, **conoscere** significa ______________________

c. *Anche il verbo ‹sapere› funziona così. Considerate i seguenti esempi e riflettete: che significato ha ‹sapere› nelle due frasi?*

□ La nonna aveva il diploma di maestra. ■ Ah, ecco vedi, non lo **sapevo**!
Caro Attila, **ho saputo** che sei andato al mare.

▸ All'imperfetto, **sapere** significa ____________________
13, 14, 15 ▸ Al passato prossimo, **sapere** significa ____________________

22. Da bambino ...

a. *Preparate cinque domande da fare ai vostri compagni sulla loro infanzia e scrivete ogni domanda su un foglietto. Poi piegate tutti i foglietti.*

b. *Lavorate in piccoli gruppi. Mescolate tutti i foglietti con le domande e metteteli sul banco. A turno, uno di voi estrae una domanda e la pone ad un compagno. Questo compagno risponde, poi estrae un'altra domanda e così via. I doppioni si possono usare se non toccano alla stessa persona, altrimenti si scartano.*

23. E quindi...

a. *Leggete con attenzione le seguenti frasi.*
In quale si evidenzia una conseguenza e in quale una causa?

Mio padre non voleva fare l'università, **quindi** ha fatto l'accademia militare.
Mio padre ha fatto l'accademia militare **perché** non voleva fare l'università.

b. *Trasformate ora le seguenti frasi come nell'esempio al punto a.*

1. Avevo fame e quindi ho mangiato un panino.
2. Sono rimasto tutto il giorno a casa perché non avevo voglia di uscire.
3. Non mi piaceva il latino, quindi non ho voluto fare il liceo.
4. Sono andato a dormire presto perché ero proprio stanco. 16

24. Strano, ma era proprio così!

«Ricordo che da bambino i grandi mi piacevano. Adesso se ci penso mi sembra strano. Ma allora era proprio così», racconta Attila (14 anni). E per voi che cosa è cambiato rispetto a quando eravate piccoli? C'è qualcosa di allora che oggi vi sembra strano? C'è qualcosa di cui avete nostalgia? Scrivetelo in un testo di circa 120 parole. 17, 18

FONETICA

1. Consonanti a confronto

▶II 54 *a. Ascoltate questo brano del dialogo 12 e fate attenzione alla pronuncia delle lettere evidenziate. Notate la differenza fra i due suoni?*

■ Bella questa foto. L'avete fatta a Grado, no?

□ Sì, a Grado senz'altro. Perché andavamo in vacanza soltanto a Grado dove il nonno aveva un albergo.

b. Avete notato la differenza fra /f/ e /v/? Secondo voi, quale dei due suoni è sordo e quale è sonoro? Per scoprirlo, appoggiate una mano sulla gola e pronunciate prima una lunga ‹f› e poi una lunga ‹v›. In quale caso sentite con la mano una vibrazione delle corde vocali?

Con ______________ le corde vocali non vibrano → il suono è sordo.

Con ______________ le corde vocali vibrano → il suono è sonoro.

▶II 55 *c. Ascoltate le seguenti parole e ripetetele.*

volta	fatica	invece	sfilza	vivace	favore
verifica	davvero	goffo	motivo	fisico	farfalla

▶II 56 *d. /f/ o /v/? Ascoltate le parole e segnate la pronuncia come nell'esempio.*

	1	2	3	4	5	6	7	8	9	10	11	12	13	14	15	16
/f/	☒	□	□	□	□	□	□	□	□	□	□	□	□	□	□	□
/v/	□	□	□	□	□	□	□	□	□	□	□	□	□	□	□	□

2. Coppie di suoni

La stessa differenza che c'è tra /f/ e /v/ c'è anche tra /p/ e /b/, /t/ e /d/, /k/ e /g/.

a. Come prima, mettete una mano sulla gola e pronunciate le tre coppie di suoni indicate qui sopra. Quali sono sordi e quali sonori?

suoni sordi: /______/, /______/, /______/

suoni sonori: /______/, /______/, /______/

▶II 57 *b. Ascoltate le parole e scrivete la lettera che manca.*

1. ____elle	3. ____ara	5. ____opo	7. cu____o	9. po____ere	11. di____a
2. ____elle	4. ____ara	6. ____opo	8. cu____o	10. po____ere	12. di____a

▶II 57 *c. Ascoltate di nuovo, controllate e poi ripetete.*

1. Feste

a. Abbinate le seguenti festività alle definizioni o alle date:

Capodanno	Il giorno dopo Pasqua
Pasqua	Il 25 (venticinque) dicembre
Ognissanti	Il 15 (quindici) agosto
Assunzione/Ferragosto	Il 1° (primo) gennaio
Natale	Il 6 (sei) gennaio
Lunedì dell'Angelo/Pasquetta	Il 1° (primo) novembre
Santo Stefano	Il 26 (ventisei) dicembre
Epifania/La Befana	Il giorno della Resurrezione di Cristo

Che cosa notate nelle date?

Per chiedere la data

Che giorno è oggi?	È il 5. È martedì.
Quanti ne abbiamo?	È l'11. Ne abbiamo 11.

b. Nel vostro Paese ci sono festività che non avete visto al punto 1a? Parlatene in piccoli gruppi e poi un portavoce per gruppo riferisce in plenum.

Il / L' ____ ____________ è / si festeggia ______________________________ .

▶II 58 2. Tradizioni

a. Ascoltate più volte l'intervista: dopo ogni ascolto consultatevi con un compagno diverso e confrontate con lui le informazioni capite.

b. Ascoltate l'intervista un'altra volta e segnate con una crocetta gli alimenti che si nominano.

uova ☐ pane ☐ salame ☐ brodo ☐ torta ☐
burro ☐ riso ☐ insalata ☐ pollo ☐ cioccolata ☐
pasta ☐ latte ☐ miele ☐ agnello ☐ carne ☐
colomba ☐

c. Rispondete alle seguenti domande e verificate con un ultimo ascolto.

Qual è la particolarità della colazione di Pasqua a Roma? ____________________

Serenella nomina due alimenti tipici del giorno di Pasqua in tutta Italia, quali?

____

Che cosa si fa a Pasquetta? ____________________

3. E invece da noi ...

Pensate a una festività del vostro Paese o della vostra città in cui è tradizione mangiare o bere qualcosa di particolare. Scrivete gli alimenti qui sotto e poi confrontate con un compagno.

Da noi il giorno di ____________ si mangia/si beve

a colazione	a pranzo	a cena
____________	____________	____________
____________	____________	____________

4. Facciamo ordine!

In piccoli gruppi. Leggete i nomi degli alimenti ai punti 2 e 3 e raggruppateli per categorie.

da bere	da mangiare				
	carne	pesce	frutta	verdura	altro
________	________	________	________	________	________
________	________	________	________	________	________
________	________	________	________	________	________
________	________	________	________	________	________

5. Al mercato

Adesso completate il punto 4 prendendo spunto dalle seguenti fotografie di un mercato in Italia.

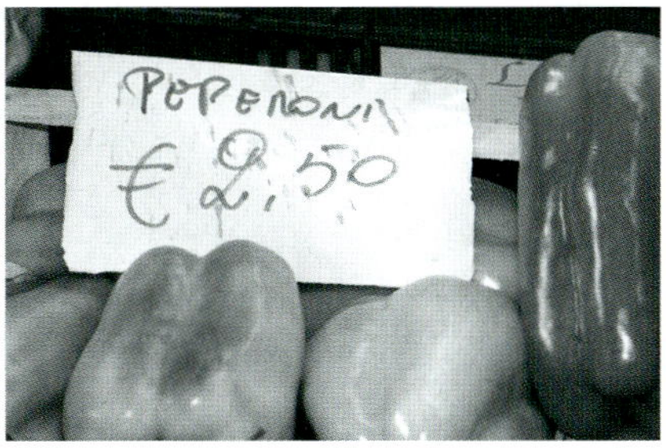

6. Che cosa c'è nel vostro frigorifero, vi ricordate?

Fate un inventario: cosa manca? Scrivete la lista della spesa che dovete fare prima di tornare a casa per sopravvivere almeno tre giorni. Poi confrontate con un compagno: chi deve comprare più cose?

fare la spesa
fare spese

100 g. = un etto
500 g. = mezzo chilo
1000 g. = un chilo
1 l. = un litro

≡ 1

▶II 59

7. Ritorno al testo

A Pasquetta. Imperfetto o passato prossimo?
Ascoltate e completate.

■ Lo ________________ anche quando __________ bambina?

□ Sì, sì, certo, a Pasquetta si ______________ sempre fuori porta;

vabbè, una volta o due non l' ______________________ perché _________________ .

Per raccontare al passato un fatto abituale si usa ______________________ .

Per raccontare al passato un fatto che non è abituale si usa _______________ .

8. Magico Natale

Coniugate i verbi tra parentesi all'imperfetto o al passato prossimo.

In un testo pubblicato nel 1974 *(Vita immaginaria)* Natalia Ginzburg (1916–1991), nota scrittrice italiana, racconta che quando (essere) ____________ bambina (cominciare) ______________ ad aspettare il Natale agli inizi dell'autunno. Le (piacere) ______________ tutto quello che (riguardare) ______________ il Natale e (custodire) ________________ dentro di sé una serie di immagini natalizie, abeti e paesaggi nevosi, angeli e presepi. (Avere) ________________ però la sensazione di dover proteggere tutte quelle immagini dall'indifferenza per il Natale che (sembrare) ________________ regnare in casa sua. In seguito (venire) __________________ a sapere che il Natale (essere) __________________ una festa cristiana, loro non (essere) _________________ cristiani, (essere) ________________ ebrei e perciò il Natale (essere) ______________ una festa degli altri. Un anno però sua madre, almeno due settimane prima di Natale, (tornare) _________________ a casa un pomeriggio di pioggia con un pacchetto bagnato: (essere) __________________ il suo regalo di Natale. Natalia (aprire) ________________ il pacchetto: dentro (esserci) __________________ un libro con una copertina di carta giallognola e senza figure né fuori né dentro. Natalia (rimanere)
2, 3 _______________ delusa e (cominciare) _________________ a piangere.

9. Mi piaceva molto ...

Quale festa vi piaceva di più da bambini? Perché?
Quali erano le abitudini della vostra famiglia in occasione di quella festa?
4 *Ci sono stati casi in cui avete fatto qualcosa di diverso dal solito? Parlatene in piccoli gruppi.*

▶II 60 10. Ritorno al testo

Ascoltate le seguenti frasi tratte dall'intervista a Serenella e completatele.

Sono ricordi ______ io ho dell'infanzia questi sapori un po' mescolati tra la cioccolata e il salame, l'uovo sodo e la colomba, ecco per esempio, questo è un dolce classico _______ si mangia un po' in tutta Italia.

Prima si comincia con la stracciatella, ______ è un brodo di pollo _______ viene versato un uovo sbattuto forte, quindi forma questi piccoli straccetti _____ danno appunto il nome al piatto.

▶ **Che** e **cui** sono pronomi relativi. Leggete le frasi ancora una volta e riflettete:

si usa il pronome relativo _______ come soggetto e complemento oggetto diretto,

si usa il pronome relativo _______ quando questo è preceduto da preposizione.
Entrambi sono invariabili.

11. Esercizio

Completate con i pronomi relativi, fate attenzione alle preposizioni.

1. La ragazza _______ ti ho presentato ha fatto il liceo con me.
2. Ho comprato dei fiori ________ voglio regalare a Carla.
3. Il latte macchiato è un bicchiere di latte ________ si versa un po' di caffè.
4. Lo spagnolo è una lingua _________ mi piace molto.
5. Gli amici _______________ sono uscito ieri vengono dall'Inghilterra.
6. La libreria _______________ lavora Giulio è vicino a Piazza Duomo.
7. «L'Angelico» è un ristorante romano ______________ propone una cucina mediterranea.
8. Farmacia è la facoltà ____________ volevo iscrivermi, ma poi ho cambiato idea.
9. Il ragazzo __________ condivido l'appartamento studia Agraria.

5, 6, 7

12. Occhio alla lingua!

Leggete le seguenti battute del dialogo e completate la tabella.

■ Una torta comprata o fatta in casa?
□ No, no, **la torta** da noi **la** faceva **mia madre.**

	soggetto	oggetto diretto
la torta è	□	□
la si riferisce a ______________ ed è	□	□
mia madre è	□	□

▶ Normalmente la struttura della frase in italiano è:
soggetto + verbo + oggetto diretto
Nella frase sopra la struttura è: __________ + __________ + __________ .

A coppie. Che cosa notate nella frase sopra?
Secondo voi, perché è così?

13. Chi compra cosa.

A coppie, riprendete la lista della spesa del punto 6, scegliete la lista più lunga. A turno vi offrite di comprare una delle cose scritte nella lista.

8 Esempio: pane → Il pane lo compro io.

14. Ferragosto

a. *In Italia il 15 agosto è Ferragosto: nel calendario una festività cattolica, l'Assunzione di Maria. Che cosa succede in Italia in questo giorno? Parlatene in piccoli gruppi. Se non lo sapete, fate delle supposizioni.*

b. *Adesso leggete il seguente brano.*

Ferragosto è distante, ma dovete sapere cos'è, in modo da poterlo riconoscere. È infatti una ricorrenza che spiazza gli stranieri: non capite cosa festeggiamo. La fine dell'estate? Troppo presto. Il culmine della stagione? Troppo tardi. [...] C'è poi quel nome metallico che confonde. *Ferragosto!* Agosto, d'accordo; ma cosa c'entra il ferro? Una volta ho sentito una teoria sul surriscaldamento dei metalli. Inesatto, ma affascinante quanto la «feria d'agosto».

Ogni anno, all'inizio dell'estate, si leggono dotte analisi sulle ferie scaglionate, le vacanze «mordi e fuggi», le partenze ragionevoli (intelligenti, sembra eccessivo). Poi arriva Ferragosto ed è tutto come sempre: la gente, se appena può, a casa non ci sta. Mordiamo sì, ma solo se non ci lasciano fuggire lungo autostrade affollate. Non si capisce se siamo costretti (uffici chiusi, negozi pure), o invece amiamo il rito collettivo e i suoi aspetti barbarici: resse, code, attese, sofferenze e lamentele.

Comincio a sospettare che il Ferragosto italiano sia questo: le altre sono solo vacanze. Ferragosto non è fatto per riposare, ma per partecipare. Ogni nazione, in fondo, ha sviluppato una forma di ozio. L'ozio tedesco è denso (di viaggi, di bevute, di rimorsi). L'ozio americano non esiste: negli Usa hanno inventato perfino la sedia a dondolo, così da muoversi restando fermi. L'ozio francese è languido, quello britannico ingannevole: ci sono sempre menti al lavoro, nella campagna inglese e scozzese [...]. L'ozio italiano è invece comunitario e ossessivo. Pochi sanno riposare, in questo paese, senza uscirne a pezzi.

(da *La testa degli italiani* di Beppe Severgnini, Milano 2005)

c. *Abbinate le espressioni ai loro significati.*

distante (r. 1)	esagerato
spiazza (r. 2)	intelligenti
culmine (r. 3)	disorienta, confonde
dotte (r. 7)	brevi e veloci
«mordi e fuggi» (r. 8)	con molta gente
eccessivo (r. 8)	lontano
affollate (r. 10)	punto più in alto, centrale

ozio (r. 15)	non vero
denso (r. 15)	sentimentale
languido (r. 17)	pieno
ingannevole (r. 17)	il non fare niente, il dolce far niente

15. E da voi?

C'è nel vostro Paese qualcosa che corrisponde al Ferragosto italiano?
C'è un periodo particolare in cui preferite andare in vacanza e perché?
9 *Parlatene in piccoli gruppi.*

16. E tu, di che ozio sei?

a. Cosa dice Severgnini dell'ozio ...?

tedesco: ______________________________

americano: ______________________________

francese: ______________________________

britannico: ______________________________

italiano: ______________________________

b. Riconoscete il vostro ‹ozio› in una di queste categorie, indipendentemente dalla vostra nazionalità? Descrivete in un testo quello che vi piace fare nei momenti di relax e spiegate come sono normalmente le vostre vacanze.

II 61 17. Ti va di venire?

a. Ascoltate più volte le seguenti telefonate: dopo ogni ascolto consultatevi con un compagno diverso e confrontate con lui le informazioni capite.

b. Quante persone parlano? Come si chiamano?

____

c. In quali telefonate compaiono le seguenti funzioni comunicative?

	1	2	3
fare una proposta			
accettare			
rifiutare			
prendere un appuntamento			

d. Ascoltate le telefonate alcune volte e scrivete le espressioni usate per

fare una proposta ____________________

accettare ____________________

rifiutare ____________________

prendere un appuntamento ____________________

e. Adesso aggiungete le seguenti espressioni al punto d:

10 mi dispiace, ma non posso ... che ne dici di ... purtroppo ... hai voglia di ...

18. Che facciamo stasera?

A
Proponi a un compagno (B) di fare qualcosa insieme una sera. Se B accetta,
11 prendete un appuntamento.

B
Rispondi alla proposta di A: se accetti, prendete un appuntamento, se rifiuti, spiega il motivo.

19. Un' e-mail

a. Leggete questa e-mail che Carla scrive a Cristina.

Carissima!
Scusa per ieri, ma non avevo proprio voglia di uscire la sera dopo la gita CATASTROFICA al lago. È andato tutto più o meno male! Allora, dovevamo incontrarci tutti alle 10 a casa di Maria, ma quando sono arrivata (puntuale, mi conosci), non c'era ancora nessuno. Maria ha cominciato a telefonare e finalmente alle 11 eravamo pronti per partire. Dopo pochi chilometri si è rotta la bicicletta di Paolo e così siamo dovuti tornare indietro perché nessuno aveva gli attrezzi per riparare la ruota. Per fortuna Maria aveva una bicicletta di riserva e così siamo ripartiti. Nel frattempo si era fatto già tardi e il tempo aveva cominciato a cambiare. Quando ho visto che arrivavano le nuvole, io volevo tornare a casa, ma gli altri hanno voluto continuare. E così proprio mentre stavamo mangiando, è scoppiato un temporale pazzesco! Sono arrivata a casa fradicia...
Ci vediamo venerdì sera in palestra?
Scusa ancora, baci
Carla

b. Rileggete l'e-mail di Carla e sottolineate i verbi ‹dovere› e ‹volere›. Scriveteli poi qui sotto insieme all'infinito che segue e segnate il tempo del verbo.

	pass. pross.	imperfetto
____________________	□	□
____________________	□	□
____________________	□	□
____________________	□	□

Quale tempo usa Carla per indicare l'intenzione di fare qualcosa?

____

Quale tempo per comunicare che l'azione si è sicuramente realizzata?

____

Che cosa notate nell'uso dell'ausiliare? Parlatene con un compagno.

c. Cercate la frase con ‹mentre› e scrivetela qui sotto.

Mentre ____________________ !

Quali sono i tempi usati nella frase?
Mentre + ____________, ____________.

d. Secondo voi…

□ i due fatti si svolgono contemporaneamente. |——————|
|——————|

□ i due fatti si svolgono uno dopo l'altro. |——————| |——————|

12, 13, 14, 15 □ un fatto comincia mentre l'altro è già in corso. ——————/——————

20. Scusa!

Ieri volevate uscire con un amico, ma non l'avete fatto. Scrivete un' e-mail, scusatevi e spiegate cosa è successo.

▶II 62 21. Ritorno al testo

Ascoltate il dialogo e completate.

- ■ OK! Che cosa porto?
- □ Mah, abbiamo già un sacco di roba... magari puoi portare ______ formaggio.
- ■ Va bene, quanto ______ porto?

______ formaggio	______ è l'articolo partitivo al singolare.
	Si forma con ____ + ______
Quanto ______ porto?	______ è il pronome partitivo, è invariabile.

16, 17

22. Esercizio

A coppie fate dei dialoghi come nell'esempio con i seguenti alimenti e oggetti.
Attenzione: ‹quanto› si deve concordare.

- ■ Che cosa porto? □ Mah, abbiamo già un sacco di roba, puoi portare **del** pane.
- ■ Quanto **ne** porto? □ Beh, un chilo.

1. pane	3. bicchieri	5. panini	7. fragole	9. posate
2. birra	4. vino	6. affettati	8. piatti di plastica	10. tovaglioli di carta

18

23. Mi manca la parola

a. *Che cosa potete fare quando vi manca o non ricordate la parola giusta? Leggete.*

b. *Dividetevi in gruppi di sei persone e giocate tre contro tre. A turno, un giocatore cerca di spiegare ai suoi compagni di squadra una parola a sua scelta. Ha un minuto di tempo. Poi tocca a un giocatore dell'altra squadra. Ogni parola indovinata vale un punto. Attenzione: ogni volta che si usa la propria lingua madre si perde un punto! Vince la squadra che, alla fine, ha più punti.*

c. *Vi vengono in mente altre strategie che vi possono aiutare quando non conoscete una parola? Parlatene a piccoli gruppi e poi in plenum.*

24. Occhio alla lingua!

a. In questa unità ci sono stati riferimenti al tempo atmosferico:

Non l'abbiamo fatto perché **diluviava**. (al punto 7)
In un pomeriggio di **pioggia** (al punto 8)
Se fa **brutto tempo**, se **piove**. (al punto 17: dialoghi 1 e 2)
... è scoppiato un **temporale** pazzesco! (al punto 19)

b. Guardate i seguenti simboli: quali possono rappresentare le frasi del punto a?

25. Che tempo fa?

Leggete le previsioni del tempo per le giornate di sabato e domenica e disegnate sulle due cartine d'Italia i simboli che avete visto al punto 24 . Confrontate poi con un compagno.

Sabato:
bello al Nord, nuvoloso nelle altre zone d'Italia con rovesci al Sud e sulle zone interne del Centro. Temperature: in calo. Venti: maestrale. Mari: mossi.

Domenica:
nuvoloso ovunque con temporali sul Nordovest e sul Centro. Temperature: in lieve calo. Venti: da Nord. Mari: poco mossi o mossi.

in aumento ↑
in calo ↓

26. I capricci del tempo

Completate e poi confrontate con un compagno diverso da quello del punto 25.

Che cosa fate durante un fine settimana in cui...

fa molto caldo. ______________________________

nevica. ______________________________

fa bel tempo / il tempo è bello. ______________________________

piove. ______________________________

c'è il sole ma fa molto freddo. ______________________________

19, 20 fa brutto tempo / il tempo è brutto. ______________________________

27. Facciamo una festa!

a. *A piccoli gruppi. Uno di voi propone di fare una festa: gli altri accettano o rifiutano. Non dimenticate di definire il luogo, la data e l'ora, e chi deve portare cosa.*

b. *Riccardo è uno studente Erasmus che sta frequentando un semestre alla vostra facoltà.*
21 *Scrivetegli un'e-mail per invitarlo alla festa.*

FONETICA

1. La ‹s›

La ‹s› in italiano si può pronunciare in due modi:

- ▷ sorda, /s/, cioè senza vibrazione delle corde vocali, e
- ▷ sonora, /z/, cioè con la vibrazione delle corde vocali.

▶II 63 *a. Ascoltate le seguenti parole e fate attenzione alla pronuncia della ‹s›.*

cassa	diverso	brasiliano	conseguenza	rosso	sole
chiuso	essere	quasi	svegliarsi	sabato	sbagliato
subito	sconto	rosa	falso	spagnolo	stato

▶II 64 *b. Raggruppate le parole del punto a secondo le indicazioni e confrontate con un compagno. Poi ascoltate e segnate con una crocetta la pronuncia esatta.*

s all'inizio di parola			*/s/*	*/z/*
s + vocale :	______	si pronuncia	□	□
	______		□	□
	______		□	□
s + consonante sorda	______	si pronuncia	□	□
	______		□	□
	______		□	□
s + consonante sonora	______	si pronuncia	□	□
	______		□	□

s all'interno di parola			*/s/*	*/z/*
doppia **s**	______	si pronuncia	□	□
	______		□	□
	______		□	□
consonante + **s**	______	si pronuncia	□	□
	______		□	□
	______		□	□
vocale + **s** + vocale	______	si pronuncia	□	□
	______		□	□
	______		□	□
	______		□	□

S + consonante sorda e **s** + consonante sonora all'interno di parola si pronunciano come quando sono all'inizio di parola.
Ci sono solo due casi in cui la **s** si pronuncia sonora. Quali? ______________________

1. La casa per me è...

a. Mettete le crocette sulle risposte che fanno per voi (è possibile più di una risposta).

- ☐ uno spazio privatissimo
- ☐ un luogo che ‹parla› di me
- ☐ un rifugio dalle paure
- ☐ un luogo in cui incontrare gli amici
- ☐ uno spazio che mi sta stretto
- ☐ il luogo ideale per studiare / lavorare
- ☐ uno spazio per rilassarmi
- ☐ altro: ______________________

b. Riunitevi in piccoli gruppi: confrontate e motivate le vostre risposte.

2. Interni

Ecco un appartamento. Scrivete nella piantina i nomi dei singoli ambienti.

cucina, camera da letto, bagno, guardaroba, balcone, cantina

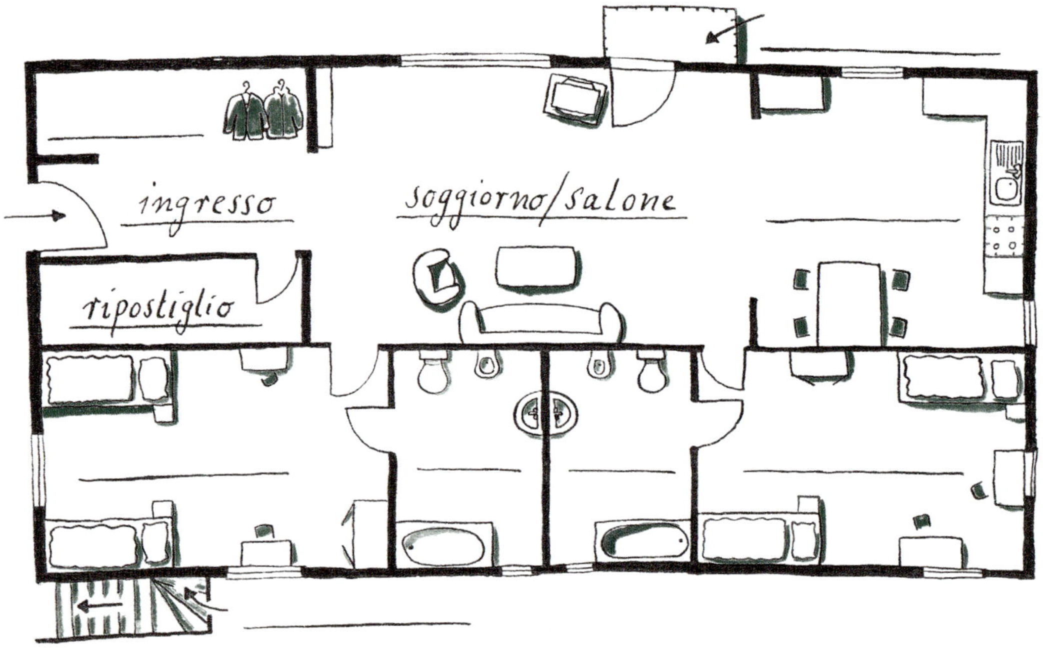

3. Annunci immobiliari

a. Leggete i seguenti annunci immobiliari. Quale corrisponde alla piantina qui sopra?

1 Affittasi dal 5 agosto a Pisa bella camera singola per ragazzo/a in appartamento. L'appartamento è nuovo, completamente ammobiliato ed accessoriato: con telefono, lavatrice, scopa elettrica, stoviglie, ecc. L'affitto costa 295 euro al mese e comprende le spese di condominio, il riscaldamento, l'acqua.
050/89952560 (Andrea)

Offresi da sett/ott camera doppia in splendido e luminoso appartamento in pieno centro (piazza Maggiore dietro l'angolo) composto di: ingresso, salone (enorme!), cucina abitabile, 2 doppie, 2 bagni, guardaroba, ripostiglio, cantina, balconcino. 2
Euro 320 a posto letto (è tanto ma li vale!!).
Solo ragazze, max serietà.
Tel. 051/645914 (Elena)

3

Affittasi ad Opicina mansardina arredata in piccolo stabile, soggiorno con angolo cottura, camera matrimoniale e bagno. Euro 400 / mese, utenze e riscaldamento compreso.
Casaffari 040/213366

4

Padova – Posto libero in doppia per ragazzo (25 mq) in ampio appartamento (misto) in zona Sacra Famiglia. Ben servito dalle linee 5 e 18, posto bici coperto, lavatrice, lavastoviglie, condizionatore, termoautonomo (richiesto conguaglio in base ai consumi). Vieni a vederlo!
Tel. 049/554032

5

Viale Ippodromo, appartamento ristrutturato composto da ingresso, cucina, salone, una stanza, due stanzette, doppi servizi, terrazza, due balconi.
€ 1.000 / mese più spese condominiali.
Gabetti 040/763325

b. *In coppia. Gli annunci qui sopra sono simili a quelli del vostro Paese o ci sono delle differenze? Se sì, quali? Parlatene con un compagno.*

affittasi = si affitta

4. Le parole della casa

Cercate negli annunci le espressioni usate per definire…

stanza da letto per una sola persona ______________________

stanza da letto per due persone ______________________

cucina dove si può anche mangiare ______________________

appartamento con mobili ______________________

prezzo mensile di una casa / di un appartamento ______________________

costi di manutenzione di una casa con diversi appartamenti ______________________

impianto/sistema per riscaldare una casa ______________________

1 due bagni ______________________

5. C'era una casa molto carina …

a. *Cercate negli annunci gli aggettivi usati per descrivere gli appartamenti.*

2 b. *Confrontate con un compagno, poi, insieme, riflettete: come può essere ancora una casa?*

6. Gusti

Fra gli appartamenti offerti al punto 3, quale preferite? Perché? Parlatene con un compagno diverso da quello del punto 5.

7. Tutto molto piccolo

a. Cercate negli annunci al punto 3 le parole che mancano per completare gli esempi e poi fate l'esercizio.

1. Una ________________ è una mansarda piccola. E come si dice di ...

   un salotto piccolo ________________, un appartamento piccolo ________________,

   una strada piccola e stretta ________________.

2. Delle ________________ sono delle stanze piccole. E come si dice di ...

   un bagno piccolo ________________, un albergo piccolo ________________,

   una camera piccola ________________, una casa piccola ________________.

3. Attenzione! Un ________________ è un piccolo balcone, ma un bagnino **non** è un piccolo bagno.

b. Secondo voi, quali dei seguenti sostantivi sono diminutivi e quali no? Provate a completare la tabella. Lavorate in gruppi. Avete 5 minuti di tempo: quale gruppo indovina di più?

	dim.: sì	dim.: no	deriva da	significa
bagnino	☐	☒	________	chi controlla/aiuta i bagnanti in spiaggia
bambina	☐	☐	________	________
poltroncina	☒	☐	poltrona	________
porticina	☐	☐	________	________
giardino	☐	☐	________	________
cittadina	☐	☐	________	________
biglietto	☐	☐	________	________
libric(c)ino	☐	☐	________	________
libretto	☐	☐	________	________
topolino	☒	☐	topo	________
cassetto	☐	☐	________	________
scontrino	☐	☐	________	________
telefonino	☐	☐	________	________
cabina	☐	☐	________	________
fiorellino	☐	☐	________	________

3, 4 *c. Riflettete ora sulla formazione e sul significato dei diminutivi che avete trovato nella tabella.*

8. Casa dolce casa

Descrivete ad un compagno la vostra casa (o il vostro appartamento): dov'è? Com'è?
≡ 5 *Quante stanze ha? Quali?*

9. Cerco casa

Avete vinto una borsa di studio e quindi dovete cercare un alloggio in Italia per un anno. Provate a scrivere un breve annuncio da appendere nella bacheca dell'università in cui andate a studiare. Specificate: che tipo di alloggio cercate, a partire da quando, prezzo massimo, eventualmente la zona preferita, il vostro numero di telefono o l'indirizzo di posta elettronica.
Potete cominciare così:

«Studente/Studentessa di … anni cerca …»

▶II 1 10. Giorgio cerca casa

a. Ascoltate più volte la telefonata. Dopo ogni ascolto consultatevi con un compagno diverso e confrontate con lui le informazioni capite.

b. Ascoltate un'altra volta e rispondete alle domande.

A quale annuncio del punto 3 si riferisce Giorgio? ______________________

Con chi parla? ______________________

Quali informazioni chiede? ______________________

Che cosa decide di fare alla fine? ______________________

11. Ritorno al testo

▶II 1 *a. Ascoltate di nuovo la conversazione e completate le frasi sottostanti con i verbi che mancano.*

1. Sì sì, credo di sì. Senti, però ____________ parlare con Cristina.
2. Perfetto, io sinceramente ____________ molto interessato, quindi ____________ avere qualche informazione.
3. Mah, eventualmente ____________ dal prezzo dell'affitto.
4. Poi comunque la stanza dove ____________ tu non dà sulla strada.
5. La mia camera eventualmente ____________ già ammobiliata?
6. Ma, se ho ben capito, ____________ dividere la camera con un altro ragazzo.
7. Peccato, perché con lui ____________ veramente volentieri. ____________ eventualmente venire a vedere la camera?
8. Ma certo, come no! Guarda, se vuoi, ____________ venire addirittura questa sera.

b. In coppia. I verbi che avete scritto sono esempi di un nuovo modo: il condizionale presente. Completate la tabella dei verbi regolari e quella di ‹essere›: scrivete prima le forme che trovate al punto 11a e poi costruite le forme che mancano. Infine, riflettete insieme sulla formazione del condizionale.

	parlare	mettere	dormire	preferire	essere
(io)	______	______	______	preferirei	______
(tu)	______	______	______	______	______
(lui/lei/Lei)	______	metterebbe	______	______	______
(noi)	______	______	______	preferiremmo	______
(voi)	parlereste	______	______	______	______
(loro)	______	______	dormirebbero	______	sarebbero

c. In coppia. Alcune forme di condizionale che trovate al punto 11a e quelle che trovate qui sotto sono irregolari: come si formano? Riflettete insieme e rispondete alle domande come negli esempi.

vedrei andrei ~~saprei~~ ~~darei~~ ~~terrei~~ mangerei rimarrei lascerei pagherei verrei starei avrei farei vivrei cercherei

Quali verbi perdono la **-e-** dell'infinito? sapere, saprei

____

Quale verbo in **-are** si comporta allo stesso modo? ______________

Quali verbi perdono la **-e-** o la **-i** dell'infinito e trasformano l'ultima consonante della radice in **-r**? tenere, terrei

____

Quali verbi in **-are** conservano **-a-**? dare, darei

____

E inoltre...

- I verbi in ______ e ______ prendono una **-h-** prima della desinenza.
- I verbi in ______ e ______ perdono la **-i-** della radice.

12. Quando lo usiamo?

In coppia. Rileggete le frasi del punto 11a e stabilite in quali di esse il condizionale è usato per…

esprimere una richiesta cortese ______________

esprimere un desiderio ______________

dire cortesemente a qualcuno che cosa deve fare ______________

fare una proposta ______________

6, 7 formulare un'ipotesi, una supposizione, una possibilità ______________

13. Io vorrei, non vorrei, ma se vuoi…

Giocate in coppia con un dado. A turno, uno di voi sceglie un verbo e l'altro tira il dado: il numero uscito sul dado corrisponde alla persona del verbo da coniugare al condizionale (p. es. 1 = I persona singolare). Per ogni errore segnate 1 punto. Vince chi alla fine ha meno punti. 8, 9

14. Una telefonata

Lavorate in coppia e fate un dialogo con i seguenti ruoli.
Prima di cominciare, scegliete un annuncio del punto 3 a cui fare riferimento.

A Vai a studiare in Italia per un anno e stai cercando un alloggio. Hai letto degli annunci e ce n'è uno che ti interessa particolarmente. Prima di tutto, rifletti bene e prepara alcune domande da fare a chi ha messo l'annuncio. Poi telefona e chiedi informazioni. Fissa anche un appuntamento per andare a vedere l'alloggio.

B Hai deciso di cambiare casa e quindi hai messo un annuncio per trovare un nuovo inquilino per il tuo alloggio attuale. Oggi resti a casa tutto il giorno e, mentre aspetti le telefonate, pensi a come descrivere bene l'alloggio. A un certo punto telefona una persona interessata. Rispondi alle sue domande. 10, 11, 12

15. Minimalismo per un single

Leggete questa lettera inviata ad una rivista di arredamento e la prima parte della risposta.

> Ricavato dal frazionamento di una villa anni '60, uno spazio di circa 43 mq sta finalmente per diventare la mia «casa da single». Ora completamente vuoto, è situato al piano terra, ha una pianta piuttosto regolare e si affaccia sul giardino con due grandi vetrate. Quali soluzioni mi suggerisce per dividere gli ambienti e per arredarli in maniera non tradizionale?
> *Paolo, 27 anni*

> Da come simpaticamente si descrive nella sua lunga lettera, che ho riassunto, oltre a essere giovane e single, lei è ambizioso, pigro, amante della lettura, a cui preferisce dedicarsi sdraiato comodamente sul letto. Poi non sa cucinare e, soprattutto, ha le idee confuse in tema di arredamento perché ha sfogliato troppe riviste. Però le piacciono l'ironia di Philippe Starck e il minimalismo d'oltreoceano. [...]

(da *Minimalismo per un single* di Renata Balestra, *Brava Casa*)

16. Progetti

a. In coppia. Immaginate ora di essere i redattori della rivista «Brava Casa»: che consigli dareste a Paolo? Osservate la pianta dell'appartamento e fate un progetto adatto a lui. Prima di cominciare, completate l'elenco dei mobili con i nomi che mancano.

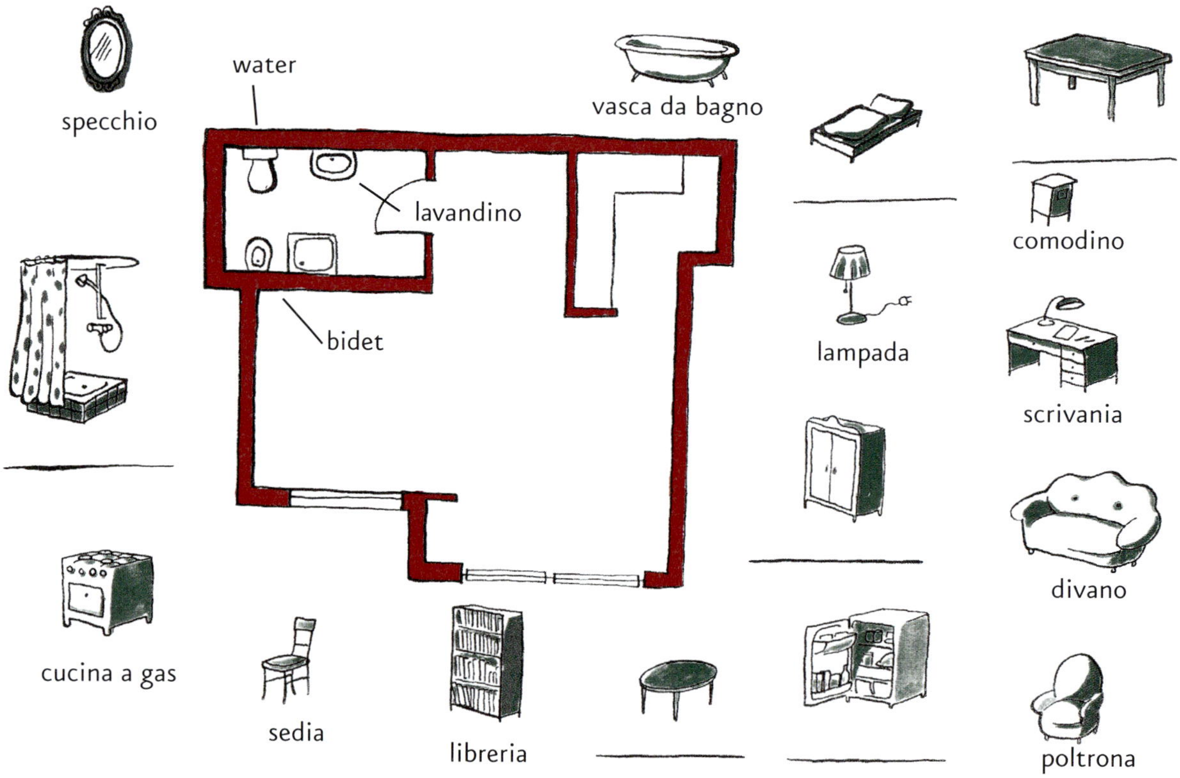

attenzione: **in** soggiorno, cucina, bagno ecc. – **sul** balcone

13, 14 *b. Ora rispondete a Paolo e illustrategli il vostro progetto.*

17. Occhio alla lingua!

a. Leggete con attenzione le seguenti frasi: secondo voi, quale delle due significa che Paolo non è capace di cucinare? Parlatene con un compagno.

Paolo non **sa** cucinare. Paolo non **può** cucinare.

b. Sapere o potere? Completate le frasi.

1. Lucia non ____________ camminare.
2. Maria non ____________ camminare.

15 3. Giulio e Matteo non ____________ nuotare.
4. Andrea e Marco non ____________ nuotare.

18. Abilità linguistiche

Scrivete quattro cose che sapete già fare (abbastanza) bene in italiano e quattro cose che non sapete ancora fare bene. Poi parlatene in gruppetti e, se possibile, datevi dei consigli per migliorare.

19. Ritorno al testo

a. Completate la frase con le parole che trovate nella lettera di Paolo.

Uno spazio di circa 43 mq ____________ finalmente ________ diventare la mia «casa da single».

b. Confrontatela ora con la seguente frase.

Uno spazio di circa 43 mq **sta** finalmente **diventando** la mia «casa da single».

In quale frase l'azione è già in corso e in quale invece deve ancora cominciare? Parlatene con un compagno e completate la regola.

- Per descrivere un'azione già in corso si usa ____________________________
- Per descrivere un'azione che comincia in un futuro molto vicino si

16 usa ______________________________

▶II 2 20. L'esperienza di una studentessa

a. Ascoltate più volte la conversazione. Dopo ogni ascolto consultatevi con un compagno diverso e confrontate con lui le informazioni capite.

b. Ascoltate un'altra volta e rispondete alle domande.

Dov'è stata Verena?
Come ha trovato casa?
Che cosa consiglia agli studenti che
17 vogliono cercare casa in Italia?

Dove si trovava il suo appartamento?
Com'era l'appartamento?
Com'erano i rapporti con le coinquiline?

21. Occhio alla lingua!

a. Leggete attentamente le seguenti frasi: avete notato che in ognuna ci sono due parti, due «minifrasi» (siccome abitavano …, erano già …)? Secondo voi, quale parte è la frase principale e quale la subordinata? Sottolineatele con due colori diversi.

Le altre, **siccome** abitavano già insieme da anni, erano già organizzatissime.
Le altre erano già organizzatissime **perché** abitavano insieme già da anni.

b. Entrambe le frasi subordinate indicano una causa, ma che cosa cambia nella struttura? Parlatene con un compagno e cercate di formulare la regola.

- La frase causale con ________________ precede la frase principale.
- La frase causale con ________________ segue la frase principale.

c. Ora riformulate le seguenti frasi usando ‹siccome› o ‹perché›.

Sono stanchissimo perché ho lavorato tutto il giorno. ____________________

Siccome è buio, accendo la luce. ____________________

Siccome sono arrivato tardi, non ho visto il film. ____________________

Oggi metto un annuncio sul giornale perché sto cercando casa. ____________________

22. Vita in comune

Condividere l'appartamento con altri studenti: sì o no? Lavorate in piccoli gruppi: elencate vantaggi e svantaggi. Basatevi anche sulla vostra esperienza personale. Un portavoce riferisce poi alla classe.

23. Abitazioni

a. Come si chiamano questi edifici? Abbinate le definizioni alle immagini.

grattacielo   villetta a schiera   casale   condominio   edificio d'epoca   villetta

A 
B 
C 

D 
E 
F 

24. Gli italiani e la casa

a. Secondo voi, quale tipo di abitazione preferiscono gli italiani? Perché? Parlatene con un compagno.

b. Ora leggete rapidamente i seguenti testi: quale tema è trattato in ognuno di essi? Abbinate.

a. La scelta dei mobili
b. Distanza da mamma e papà
c. La casa dei nostri sogni
d. Funzioni della casa ed esigenze
e. La casa nella realtà

☐ Un ruolo decisivo nella scelta di cosa acquistare per l'arredamento della casa spetta alle donne: ben il 74,90 %, rispetto al 50,10 % dei maschi. La soluzione più democratica, «tutti insieme», è indicata solo dal 2,10 % degli intervistati.

☐ Ma che cosa pesa di più nella scelta di una casa? Al primo posto viene «lo spazio abitabile» (per quasi il 30 %), un'esigenza che si fa più pressante tra i 36 e i 45 anni, presumibilmente con l'arrivo dei figli. Ma anche «la buona divisione degli ambienti» (17,80 %) e la vicinanza degli spazi verdi (13,20 %). [...] «Richieste complessivamente ragionevoli. Dagli uomini (12,40 %) proviene un'interessante esigenza: più silenzio. La conferma di una casa dalla funzione anti-stress». Sarà per questo che il 23,40 % di loro dichiara di trascorrere più tempo nello studio; mentre le donne preferiscono la cucina (26 %). Ma in cima alla lista resta il soggiorno: la stanza più «vissuta» per la metà degli intervistati. «Le risposte a questa domanda ci dicono, innanzi tutto, che in molte case degli italiani esiste uno studio: forse perché non si fanno figli? [...]».

☐ Confermato il dato che gli italiani non si allontanano troppo dalla casa dei genitori: la percentuale più alta, il 20,30 %, vive «a meno di due chilometri». Ma non ci sono preclusioni ai trasferimenti: già oggi, per lavoro o per affetti, un italiano su cinque vive tra due case.

☐ Certo, la casa in cui si vive, di una misura mediamente compresa tra gli 81 e i 100 metri quadri (27,80 %) per le fasce di età più alte e tra i 50 e gli 80 metri quadri per i più giovani (27 %) non è proprio quella dei sogni (per il 64,80 %). Ma c'è anche un italiano su tre che si dice soddisfatto. «I più felici sono quelli con qualche anno in più, e soprattutto le donne oltre i 45 anni», dice Joseph Sassoon, direttore di Alphabet-Nextplora: «Segno che con l'età si raggiunge la casa che ci somiglia di più. Le donne, che tendono a fare un investimento emozionale più grande, proprio perché hanno faticato di più, sono le più soddisfatte».

☐ La casa sognata dai maschi non somiglia a quella desiderata dalle donne. Le esigenze sono diverse. Le stanze preferite non coincidono. Gli investimenti emotivi sono sbilanciati. [...] Ma una cosa c'è che mette d'accordo tutti: gli italiani, senza differenze di età e di status, sognano la villetta indipendente fuori città (54,60 %). [...] Un'inversione di tendenza rispetto a qualche anno fa. Che vince sulla casa metropolitana stile loft, con grandi ambienti aperti (scelta da un italiano su quattro). E che la dice lunga sui nuovi lussi: più tempo, più verde, più silenzio, una tavola apparecchiata, un divano da condividere con gli amici.

(da *Sondaggio Ho fatto un sogno: una villa fuori città* di Sabina Minardi, L'espresso Design)

c. Leggete di nuovo i testi e rispondete alle seguenti domande.

Qual è, dunque, l'abitazione preferita dagli italiani?
Che differenze ci sono fra uomini e donne in fatto di casa?
Quali sono gli ambienti preferiti?
Dove vivono gli italiani rispetto alla casa dei genitori?

d. Confrontate le vostre risposte con quelle di due compagni e poi commentate insieme: secondo voi, nel vostro Paese la situazione è simile o diversa? 18

25. Ritorno al testo

a. Nel primo testo a destra si legge «le fasce di età più alte», un esempio di superlativo relativo. Cercate e sottolineate tutte le altre forme di superlativo relativo presenti nei cinque testi.

b. Confrontate il vostro elenco con quello di un compagno e poi riflettete: secondo voi, come si forma questo superlativo? A che cosa serve?

26. Sogni e realtà

a. Intervistate i vostri compagni e cercate di scoprire …

qual è il tipo di abitazione più diffuso attualmente.
qual è il tipo di abitazione più sognato per il futuro.
quali sono le stanze più ‹vissute› oggi e quali le più ‹vissute› da bambini.
qual è la funzione della casa più richiesta dalle ragazze e quella più richiesta dai ragazzi.
qual è il criterio di scelta più importante.
chi abita più vicino ai genitori e chi più lontano da loro.

19, 20 *b. Riunitevi ora in piccoli gruppi e parlatene.*

FONETICA

▶II 3 **1. Rrrrrr...**

Ascoltate questi brani e fate attenzione alla pronuncia della lettera ‹r›.

■ Ah, quindi siete in quattro...
□ Sì, due ragazzi e due ragazze; cioè adesso veramente tre perché uno si è appena laureato... È per questo che si libera un posto.

■ Perfetto. Mi puoi dare l'indirizzo esatto?
□ Allora, noi stiamo in via Narni 5. Sai come arrivare?
■ Mi arrangio, non ti preoccupare.

▶II 4 **2. ‹R› come Roma**

Ascoltate le seguenti parole: secondo voi, come si pronuncia la ‹r›?

radio regalo ristorante rosa ruolo raramente rumoroso restare

La lingua si appoggia □ sul palato. □ sugli alveoli.

Le corde vocali □ vibrano. □ non vibrano.

▶II 5 **3. ‹R› per sempre**

Attenzione: in italiano la ‹r› si pronuncia sempre! Ascoltate e ripetete.

Riccardo	carne	per	porta	perché
purtroppo	persona	scrivania	arredamento	bar
guardaroba	destra	armadio	frigorifero	pronto

4. ‹R› unica o gemella?

▶II 6 *a. Ascoltate e ripetete.*

caro – carro Arabia – arrabbia bara – barra

▶II 7 *b. Ascoltate le parole e segnate la pronuncia come nell'esempio.*

	1	2	3	4	5	6	7	8	9	10
r	X									
rr										

1. I pasti degli italiani

Quali sono, secondo voi, le abitudini alimentari degli italiani? Mettete le crocette e poi confrontate con un compagno.

Secondo voi gli italiani ...			
non seguono più le tradizioni culinarie italiane	□ sì	□ no	□ in parte
dedicano al pranzo	□ molto tempo	□ poco tempo	
nei giorni di lavoro pranzano soprattutto	□ al ristorante	□ a casa	□ sul posto di lavoro
comprano cibi surgelati	□ molto	□ poco	
la sera, a casa, di solito mangiano	□ molto	□ poco	
sono ben informati sulle calorie contenute negli alimenti	□ sì	□ no	
si mettono a tavola soprattutto per	□ mangiare	□ stare insieme	
ai pasti considerano poco educato	□ parlare al cellulare □ non lavarsi le mani □ cominciare a mangiare senza aspettare gli altri		□ guardare la TV

2. Gli italiani a tavola

a. Ora leggete questi trafiletti, estratti da un quotidiano.

1. Da uno studio della società Format per «Salute» di «Repubblica» emerge la fotografia di un Paese che per i suoi pranzi e le sue cene è alla ricerca di una faticosa sintesi tra quello che vuole la tradizione e ritmi e condizioni di vita che cambiano in fretta.

2. La maggior parte degli italiani continua a mangiare tre volte al giorno, ma il 77,8% di loro dedica al pranzo meno di 30 minuti. Ma ben il 66% degli intervistati dichiara di consumare il pranzo a casa anche nei giorni feriali.

3. Gli alimenti principe, secondo il sondaggio, risultano essere, nell'ordine, il pane (il 77% lo mangia tutti i giorni), la frutta (77,3%), la pasta (70,2%) e le verdure (64,9%).

4. Un difficile tentativo di sintesi fra tradizione e modernità emerge anche dai dati sulla scelta di cosa portare in tavola a cena. Malgrado la massiccia promozione pubblicitaria, il 62,7% degli italiani resiste alla scorciatoia dei cibi surgelati già pronti, ma la maggioranza (56,1%) ha ormai rinunciato al tradizionale pasto da tre portate, limitandosi al piatto unico.

5. Quanto alle calorie, per gli italiani, ancora oggi – anche se non è vero – , i cracker e i grissini sono più leggeri del pane, i formaggi freschi sono più magri di quelli stagionati, l'olio di semi è meno grasso di quello d'oliva (peggio ancora se extravergine), il latte disintossica, i dolcificanti sono meno calorici dello zucchero, e così via. Così, spesso li mangiano pensando di diventare snelli, leggeri e scattanti come gli atletici testimonial delle pubblicità.

6. Quanto al significato da dare ai pasti e al loro bon ton, anche qui modernità e tradizione si contaminano: la stragrande maggioranza del campione descrive il rapporto con il cibo come «un momento importante per la famiglia» (87,6%) o come «un momento importante di convivialità» (84%), ma solo una minoranza ritiene sconveniente rispondere al telefono (il 27%) o guardare la televisione (47%) durante questo «momento importante». Resistono invece come elementi di buona educazione il lavarsi le mani prima di sedersi a tavola (93,4%) e l'iniziare a mangiare solo quando tutti sono pronti (88,4%).

(estratto da repubblica.it, 18/04/2005 e 25/10/2005)

b. Abbinate le espressioni ai loro significati.

emerge (t. 1)	momento in cui si mangia e si beve insieme ad altri
consumare (t. 2)	soluzione rapida
principe (t. 3)	non fa più
malgrado (t. 4)	mangiare
massiccia (t. 4)	risulta, viene fuori
scorciatoia (t. 4)	anche se c'è
maggioranza (t. 4)	il gruppo più piccolo
ha rinunciato a (t. 4)	poco corretto
convivialità (t. 6)	principale
minoranza (t. 6)	il gruppo più grande
sconveniente (t. 6)	grande

c. Quali delle vostre ipotesi sulle abitudini alimentari degli italiani corrispondono ai risultati dello studio presentato nei trafiletti? Quali invece no? Parlatene con il compagno del punto 1.

3. Abitudini alimentari

Quali abitudini alimentari citate nei testi al punto 2 esistono anche nel vostro Paese? Quali invece no? E quali avete anche voi? Parlatene in piccoli gruppi.

4. Buono come il pane

a. Trovate e sottolineate nei trafiletti gli aggettivi che si riferiscono al cibo. Poi scriveteli qui sotto.

surgelato ______________________________

____

b. Ecco altre espressioni utili per descrivere il cibo. In piccoli gruppi cercate di indovinare il significato (senza consultare il dizionario). Avete 3 minuti di tempo. Quale gruppo indovina di più?

al dente, amaro, buono, cattivo, condito, cotto, crudo, dietetico, disgustoso, dolce, gustoso, insipido, invitante, calorico, nutriente, pesante, piccante, salato, sano, saporito, scondito, scotto

c. In coppia. Ne conoscete altre? Se sì, aggiungetele e poi abbinate le espressioni raccolte finora alle seguenti pietanze. Sono possibili diversi abbinamenti. Alla fine, riunitevi in piccoli gruppi
1, 2 *e confrontate i vostri abbinamenti.*

5. Ritorno al testo

a. Completate le seguenti frasi con le parole che trovate nel trafiletto 5 al punto 2.

Cracker e grissini sono _____ leggeri ___ pane.

I formaggi freschi sono _______ magri _______ quelli stagionati.

L'olio di semi è ______ grasso ______ quello d'oliva.

I dolcificanti sono _________ calorici ____________ zucchero.

… pensando di diventare leggeri e scattanti ________ gli atletici testimonial delle pubblicità.

b. In coppia. Confrontate e poi riflettete insieme. Nelle frasi del punto a ci sono diversi esempi di comparativo: come si forma? Provate a formulare una regola.

- il comparativo di maggioranza (+) si forma con ____________________
- il comparativo di minoranza (–) si forma con ____________________
- il comparativo di uguaglianza (=) si forma con ____________________

6. Fast food… all'italiana

Ecco alcuni ingredienti consigliati per i panini: paragonateli fra loro in base alle calorie e ai vostri gusti. Scrivete 4 frasi usando ‹più› o ‹meno› e gli aggettivi del punto 4. Poi confrontate le frasi con quelle del vostro vicino.

Alimento	Calorie	Alimento	Calorie
tonno al naturale	103	mortadella	388
prosciutto crudo	218	bresaola	165
prosciutto cotto	412	mozzarella	265
salame	462		

3

7. Occhio alla lingua!

a. Leggete le seguenti frasi e scrivete nella tabella in quale frase si paragonano fra loro …

~~quantità,~~ sostantivi, avverbi, verbi, pronomi, aggettivi, sostantivi preceduti da preposizione.

	Si paragonano tra loro …
Gli italiani mangiano più frutta **che** pasta.	due quantità
Mangiare pane ingrassa meno **che** mangiare cracker.	____________
Tu sei più magro **di** me.	____________
Cracker e grissini sono più leggeri **del** pane.	____________

I cracker sono più pubblicizzati **che** dietetici. ____________________

Gli italiani pranzano più spesso a casa **che** al ristorante. ____________________

Mario cucina più velocemente **che** accuratamente. ____________________

b. Secondo voi, quando si usa ‹di› e quando si usa ‹che› per introdurre il secondo elemento del paragone? Con l'aiuto della tabella del punto a, parlatene con un compagno e completate la regola.

- Si usa **di** per paragonare fra loro ______________________________
- Si usa **che** per paragonare fra loro ______________________________

Adesso Mario cucina più accuratamente **di** prima.

8. Che o di?

Completate le frasi con ‹che› o ‹di› (ed eventualmente con l'articolo).

Secondo gli alimentaristi di «Dimagrire» ...

il pane fresco è più dietetico _______ «sostitutivi».

i grissini sono più gustosi _______ ipocalorici.

mangiare dei grissini non è meno ingrassante _______ gustare un po' di pane.

i formaggi stagionati non sono più grassi _______ quelli freschi.

la cultura alimentare degli italiani rivela più errori _______ idee sane.

4 gli italiani credono più alla pubblicità _______ agli esperti.

9. Occhio alla lingua!

a. Nel trafiletto n. 5 del punto 2 compare la parola ‹peggio›, una forma irregolare di comparativo. Si tratta del comparativo di un avverbio: quale? Discutetene con un compagno e poi completate i seguenti modi di dire.

Di _________ in peggio. Di bene in meglio.

b. Anche alcuni aggettivi hanno un comparativo irregolare: ‹maggiore›, ‹migliore›, ‹minore› e ‹peggiore›. Abbinate ogni comparativo all'aggettivo giusto.

buono → ________________ /più buono

cattivo → ________________ / più cattivo

grande → ________________ / più grande

5 piccolo → ________________ / più piccolo

UNITÀ 10

10. Mi viene l'acquolina in bocca!

Nella scelta del cibo, gli italiani cercano di conciliare tradizione e modernità: e voi? Che cosa vi piace di più: la cucina tradizionale del vostro Paese, la cucina italiana o quella di altri Paesi stranieri? C'è un piatto che vi piace più di tutti gli altri? Lo cucinate voi? C'è un locale in cui mangiate meglio che in tutti gli altri? Quale?

▶II 8 11. Avrei bisogno di un consiglio

a. Ascoltate più volte il dialogo. Dopo ogni ascolto consultatevi con un compagno diverso e confrontate con lui le informazioni capite.

b. Ascoltate un'altra volta e trovate la risposta giusta.

Il dialogo si svolge	□ in panetteria.	□ in erboristeria.	□ in farmacia.
La cliente ha	□ problemi di digestione.	□ un'irritazione sulla pelle.	□ l'emicrania.

Che consigli riceve la cliente? ______________________________

Che cosa decide di fare? ______________________________

c. Confrontate le vostre risposte con quelle di un compagno e poi controllate con un ultimo ascolto.

▶II 9 12. Il corpo umano

a. Quali nomi di parti del corpo mancano nel disegno? Ascoltate di nuovo l'inizio del dialogo e scriveteli al posto giusto.

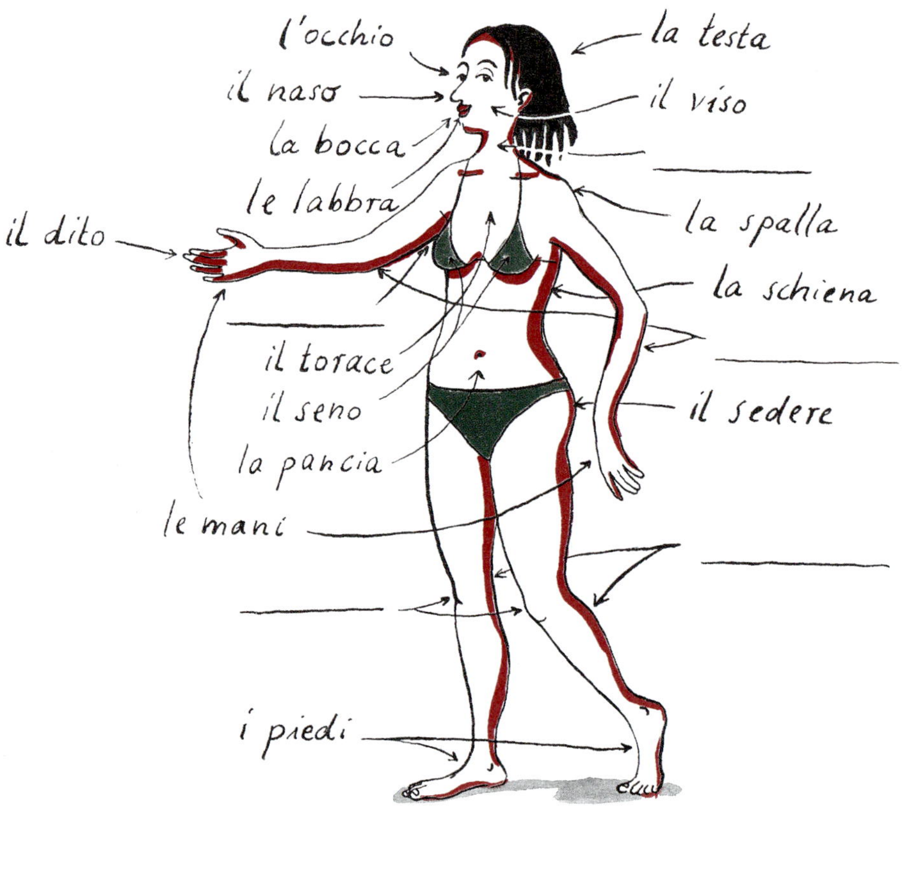

b. In coppia. Osservate con attenzione il disegno a sinistra: secondo voi, quali parti del corpo sono nominate al plurale e quali al singolare? Quali particolarità notate nella formazione del plurale? Cercate di formulare una regola e poi scrivete le forme mancanti (attenzione: ‹dito› e ‹ginocchio›
6 *formano il plurale come ‹labbro›).*

13. Ritorno al testo

10 *a. Ascoltate e completate i seguenti mini-dialoghi.*

□ __________ , io avrei bisogno di un consiglio.

■ Prego, ______ __________ .

□ Lei ha qualche consiglio?

■ Sì, ________ , se vuole nel frattempo potrebbe fare un test per le intolleranze alimentari, ad esempio.

□ Ah, ho capito. Eh, io cosa dovrei fare? Posso venire semplicemente quel giorno...

■ Sì, sì, ________ semplicemente quel giorno e ________ con sé il suo gruppo sanguigno.

□ E nel frattempo cosa posso fare?

■ Se vuole Le potrei consigliare questa pomata alla calendula. ____ _________ spalmandola e lasciandola assorbire bene. Mi raccomando, nel frattempo _____ ____ ___________ al sole, _________ di seguire un'alimentazione equilibrata, _____ _________ fritti ...

b. Inserite le espressioni che avete scritto nella seguente tabella, come nell'esempio.

verbi regolari		verbi irregolari	
infinito	imperativo formale	infinito	imperativo formale
________	________	________	________
________	________	________	________
________	________	esporsi	non si esponga
________	________		
________	________		
________	________		

*c. In coppia. Confrontate e poi riflettete: come si forma l'imperativo formale dei verbi regolari? E quello dei verbi irregolari? Qual è la desinenza dei verbi in **-are**, e quella dei verbi in **-ere** e **-ire**? Dove si mettono i pronomi oggetto e i pronomi riflessivi? Come si forma l'imperativo negativo?*

14. Che cosa mi consiglia, dottore?

Lavorate in gruppi di 4 con ruoli diversi: il paziente, il medico, il farmacista e l'erborista.

Paziente: sei uno/una che di solito chiede consiglio a tante persone e poi fa come vuole lui/lei. Oggi hai uno dei disturbi indicati qui sotto: chiedi consiglio al medico, al farmacista e all'erborista e poi decidi cosa fare.

Medico, farmacista, erborista: ascoltate con attenzione il vostro paziente e, in base ai suoi disturbi, dategli un consiglio ciascuno usando l'imperativo formale.

Poi scambiatevi i ruoli e ripetete la scena con nuovi disturbi e nuovi consigli.

1. essere raffreddato e avere la tosse 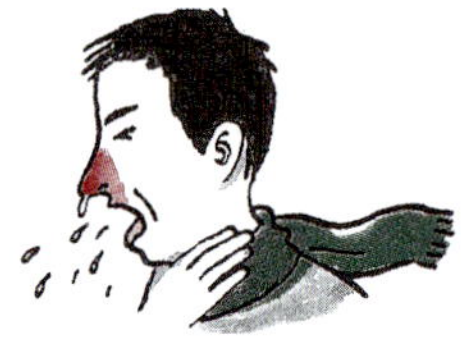

2. avere un eritema solare 

3. avere mal di testa 

4. digerire male 

15. I consigli dell'esperto

Completate i consigli con i verbi all'imperativo formale ed i pronomi mancanti, come nell'esempio.

Le potrei consigliare questa pomata, (mettere) la metta due volte al giorno.

Le consiglio queste pastiglie, (prendere) ______________ sempre dopo i pasti.

Le do questo sciroppo, (bere) ______________ ogni mattina.

Questa è una terapia nuova, (provare) ______________ .

Attenzione ai fritti: (evitare) ______________ .

7, 8, 9 (Fare) ___________ pure un po' di sport, ma non (stancarsi) ________________ troppo.

16. Alimentazione e salute

a. Leggete i seguenti consigli pubblicati da una rivista e sottolineate tutte le forme di imperativo.

Scopri i cibi che non tolleri.
Corri alla pagina seguente e leggi i consigli dei nostri esperti.
Scova i nemici a tavola.
Non eliminare i cibi dalla dieta di testa tua.
Prima fai un test per scoprire se soffri davvero di una o più intolleranze alimentari.
Ti stai chiedendo se la stanchezza dipende dalla mozzarella? Non correre! E soprattutto non fare di testa tua. Sottoponiti prima a un test specifico.

(estratto da *Starbene*, maggio 2005)

b. *Mettete in ordine i consigli come nell'esempio.*

sì: *scopri,* ____

no: ____

c. *In coppia. Confrontate e poi riflettete. Che tipo di imperativo è: formale o informale, plurale o singolare? Come si forma? Discutetene e formulate le regole.*

- Questo è l'imperativo ______________________________.
- La desinenza dei verbi regolari in **-are** è: __________.
- La forma dei verbi in **-ere** e **-ire** e quella dei verbi irregolari è uguale alla ______ persona ______ dell'________________.
- I pronomi riflessivi stanno ______________________________.
- La forma negativa è composta da ______________________________.

d. *Ora trasformate le forme negative del punto 16a in forme positive e viceversa.*

e. *I pronomi oggetto (diretti e indiretti) si comportano come i pronomi riflessivi. Provate a costruire le forme come nell'esempio:*

	sì	no
prendere la chiave	prendila!	non prenderla!
leggere il libro	________	________
pulire i mobili	________	________
guardare le fotografie	________	________

10, 11, 12

17. E inoltre...

Alcuni verbi hanno una forma speciale. Trovate l'infinito di queste forme.

13, 14 15, 16 abbi, di', da', fa', sta', va', sappi, sii

18. Allenamento

a. *In coppia. Abbinate le seguenti attività sportive ai pittogrammi e poi discutete: quali di queste attività si possono praticare in palestra? E quali si praticano, di solito, all'aperto?*

pesi, cyclette, ginnastica, pallacanestro, calcio, sci, nuoto, pallavolo, ciclismo, atletica, pattinaggio

b. Ora leggete il seguente racconto: quali delle attività citate praticano i personaggi e dove?

Ricomincio ad allenarmi con Manlio, nella palestra dove insegna un paio di pomeriggi alla settimana. Quando arrivo, si dedica completamente a me, come personal trainer. Non so come l'ha messa con quelli della palestra, fatto sta che mi salutano tutti con gran sorrisi, tutti espansivi, compresa quella che se ne sta in segreteria, una di quelle bellezze da urlo che i proprietari devono aver scelto per attirare i clienti. Infatti se ne sta in maglietta corta per mostrare il piercing sull'ombelico e pantaloni attillati che mettono in risalto un sedere che sembra appeso alla schiena, uno di quei sederi dove potresti poggiarci un bicchiere senza farlo cadere. Quando non se ne sta in segreteria a controllare le tesserine dei soci e a ticchettare sulla scrivania con le unghie lunghissime e smaltate di bianco, va a torturare certe signore anche un po' attempate in un corso che si chiama spinning, tutte sulle cyclette a pedalare come forsennate a ritmo di musica, sperando di ottenere un sedere di marmo come il suo.

Manlio mi porta in quella che considero la camera della tortura, una stanza con macchinari di ogni tipo, ognuno per una parte precisa del corpo, [...]: bicipiti tricipiti pettorali spalle collo addominali alti e addominali bassi, cinque minuti per ogni macchina, Manlio sceglie i pesi da mettere sui bilancieri, controlla il movimento, a volte mi dà il tempo: – Sei sette otto, altri otto così, vai. Uno, giù, due, giù...

Sudo come un matto, mi passo l'asciugamano più volte sul viso e sul collo, sento il sangue che mi pulsa nelle tempie, e questa sensazione di fuoco che mi circola nel corpo mi esalta, [...].

(da *La linea del traguardo* di Paola Zannoner, Milano 2003)

c. Rileggete il testo e abbinate i disegni alle righe 3–4, 6–10, 10–13, 14–21.

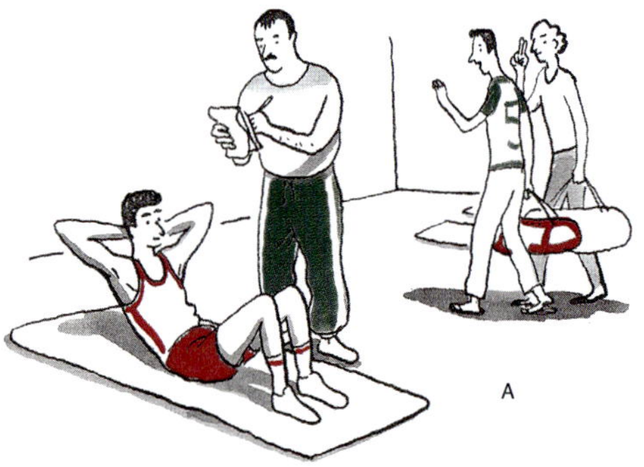

A

B

C

D

d. Trovate nel testo le espressioni equivalenti a quelle che seguono (sono in ordine).

ha spiegato il fatto (r. 1–3)	______________________
sta lì (r. 4–6)	______________________
entusiasmanti, eccezionali (r. 4–6)	______________________
battere ritmicamente con le dita (r. 8–10)	______________________
non più giovani (r. 10–12)	______________________
in modo esagerato, non tranquillamente come persone ragionevoli (r. 10–12)	______________________

19. Tutti sportivi?

a. Voi praticate uno sport? Quale? Come e perché avete cominciato? E se non praticate nessuno sport: perché non lo fate? Scrivetelo in un testo di circa 120 parole.

b. Lavorate in coppia. Correggete insieme i testi che avete scritto.

20. Ritorno al testo

a. Leggete le seguenti frasi, poi trovate nei testi ai punti 18b e 2 (t. 5) le frasi equivalenti e scrivetele qui sotto. Che cosa corrisponde, nelle frasi originali, a ‹perché sperano› e a ‹siccome pensano›?

Pedalano come forsennate sulla cyclette **perché sperano** di ottenere un sedere di marmo come il suo.

____

Siccome pensano di diventare snelli, leggeri e scattanti, li mangiano spesso.

____

b. Rileggete i quattro esempi: secondo voi, il soggetto della frase principale e il soggetto della subordinata sono uguali o diversi? Parlatene con un compagno e provate a completare la regola.

▸ Di solito il gerundio si usa quando il soggetto della frase principale e il soggetto della frase subordinata sono ______________ .

c. Ora riformulate le seguenti frasi usando il gerundio.

1. Sostituiamo il pane con i grissini perché crediamo di dimagrire.

___

2. Siccome voleva dimagrire, Dario ha cominciato ad andare in palestra.

___

3. Ho regalato a Maria questo libro perché immaginavo di farle piacere e invece...

___

4. Siccome sono tolleranti, i tuoi amici rispettano la tua opinione.

___

d. Il gerundio può avere anche altre funzioni. Per esempio, può indicare il modo in cui si fa qualcosa, risponde cioè alla domanda «come?». Per esempio:

Come devo mettere questa pomata? La metta **spalmandola** e **lasciandola** assorbire bene.

Ora rispondete alle seguenti domande. Usate il gerundio dei verbi fra parentesi. Attenzione alla posizione dei pronomi (dove sono presenti)!

■ Come ti tieni in forma?

□ Mi tengo in forma ______________ in palestra. (allenarmi)

■ Dottore, come posso recuperare energie?

□ Lo può fare ______________ molto. (riposarsi)

■ Lei come combatte l'insonnia?

□ So a memoria delle poesie e mi addormento ______________ (recitarle).

■ Come hai imparato a pattinare?

17, 18 □ Da sola, ______________ molta pratica. (fare)

21. Stili di vita

a. In coppia, preparate sei domande per scoprire qual è lo stile di vita dei vostri compagni (Chi fa sport e chi no? Chi conta le calorie di ogni piatto? Chi cucina da solo e chi no?).

b. Ora dividetevi e intervistate i compagni. Usate le domande che avete preparato.

19 *c. Riunitevi in piccoli gruppi, confrontate i risultati e fate una statistica: quanti sono i salutisti? Quanti i godereccі? Quanti i pigri e quanti gli sportivi?*

1. Diversi modi di essere giovani

A coppie. Osservate le fotografie: immaginate la vita delle persone raffigurate.
Quale assomiglia di più alla vostra?
Delle persone raffigurate quale vi sembra più simpatica? Perché?

▶II 11 2. Intervista

a. *Ascoltate più volte l'intervista. Dopo ogni ascolto consultatevi con un compagno diverso e confrontate con lui le informazioni capite.*

b. *Rispondete alle domande e confrontate poi le risposte con un compagno.*

Nell'intervista si parla di un sondaggio: qual è il tema? ______________________

Si nominano due Paesi europei, quali? ______________________

Che cosa hanno in comune questi Paesi? ______________________

I giovani italiani sono soddisfatti della loro situazione? ______________________

Lo Stato italiano aiuta i giovani che vogliono studiare fuori casa? ______________________

c. *Controllate ora con un ultimo ascolto.*

3. E tu?

In piccoli gruppi, raccontate qual è la vostra esperienza: vivete ancora in famiglia?
Se no, a quanti anni avete deciso di andare a vivere da soli? Vi ha aiutato qualcuno? Chi?
Come sono stati i primi mesi?

▶II 12 4. Ritorno al testo

a. Ascoltate il brano dell'intervista e completate.

□ Per esempio, se ____ ________________ ancora un momento su questa insoddisfazione: lei __________ che il modello di altri Paesi europei, per non parlare dell'America, _________ presente alla coscienza dei giovani e delle giovani italiani, oppure non hanno neanche modo di ________________ con quella realtà ipotetica e in parte reale?

■ Mah, io __________ che i giovani italiani ____ ________________ , soprattutto quelli più istruiti, quelli che ______________ , ___________ l'università, vanno via con Erasmus in altri Paesi europei, ____ _________________ in modo crescente con i giovani di altri Stati europei, ad esempio, e quindi _____ ____________ fra di loro la consapevolezza di una specificità che molti ________________ negativa e attribuiscono, in parte realisticamente perché è vero, in parte costruendoci sopra una mitologia, alla debolezza del welfare italiano. Cioè, i giovani dicono: noi non ____________ fare quello che fanno gli altri perché se ____________ , ___________ restare in casa, perché lo Stato non ci dà tutti quegli aiuti che, per esempio, i Paesi nordici danno ai giovani per studiare fuori casa.

□ E questa _______ una mitologia, secondo lei?

■ No, è una realtà.

b. Rileggete il brano del punto 4 a. Ci sono quattro verbi al congiuntivo presente, cercateli e scriveteli qui sotto insieme all'infinito, come nell'esempio.

	congiuntivo presente	infinito
1	sia	essere
2 e 3	________	________
4	________	________

5. Mettiamo in ordine!

a. Compilate la tabella con le forme seguenti.

prenda parliate dormano finiamo dormiamo sia prendiate parlino finiate siamo prendiamo parliamo siate parli finisca dorma dormiate prendano finiscano siano

	parlare	prendere	dormire	finire	essere
(io)					
(tu)	________	________	________	________	________
(lui/lei)					
(noi)	________	________	________	________	________
(voi)	________	________	________	________	________
(loro)	________	________	________	________	________

≝ 1 *b. Insieme a un compagno: da che verbo dipendono le forme al congiuntivo nel brano del punto 4 a?*

6. Occhio alla lingua!

a. Il verbo ‹pensare› serve a esprimere un'opinione; conoscete altri verbi di questo tipo? A coppie fate una lista e confrontate poi in plenum.

b. Tornate ora al brano del punto 4 a: anche l'espressione ‹secondo lei› (riga 14) introduce un'opinione. Che modo si usa con questa espressione?

Secondo me / te / lei / …… + ____________________ .

7. Io credo che …

A coppie. Leggete le seguenti affermazioni: siete d'accordo?
Esprimete la vostra opinione usando le espressioni del punto 6. Attenzione ai modi!

Lo Stato ha il dovere di aiutare gli studenti che non vogliono rimanere in famiglia.
Credo che lo Stato abbia il dovere di …
Oppure: Secondo me lo Stato non ha il dovere di … / Non credo che lo Stato abbia il dovere di …

I giovani non riescono a trovare facilmente un lavoro per essere indipendenti.
Spesso i genitori aiutano troppo i figli.
I giovani decidono di rimanere in famiglia per comodità.
Spesso manca da parte dei giovani la volontà di staccarsi dalla famiglia.
È comodo avere qualcuno che lava, stira, cucina e fa la spesa.
≝ 2, 3 Rimanere in famiglia oltre i 25 anni comporta una perdita d'indipendenza.

8. I pro e i contro

A coppie. **A** *scrive una lista dei vantaggi del rimanere a lungo in famiglia,*
≝ 4, 5, 6 **B** *scrive quella degli svantaggi. Avete 5 minuti di tempo. Vince chi ha la lista più lunga.*

9. Parliamone!

In piccoli gruppi. Secondo voi cosa è meglio: rimanere a lungo in famiglia o cercare di andarsene al più presto? Parlatene e motivate le vostre opinioni con l'aiuto della lista del punto 8.

10. Europei

In una rivista italiana tre ‹europei› si presentano.
a. A gruppi di tre. Ognuno legge un brano e poi lo racconta agli altri due.

Fabio C., 25 anni, Berlino, pizzaiolo

Sono cresciuto a Blera, un paese di 3000 abitanti nel Lazio, un giorno ho capito di essere un uomo molto fortunato: nella mia famiglia sono tutti pizzaioli da generazioni ed è un mestiere che si può fare ovunque nel mondo. Ho abitato a Londra e a Madrid, adesso sono a Berlino da tre anni, ma fra qualche mese andrò a Parigi e so già che troverò lavoro subito. Intanto imparo molte lingue e conosco tante persone interessanti di ogni parte del mondo. Non tutti hanno il privilegio della mia libertà, in alcuni casi effettivamente non ci sono i presupposti, ma spesso è il coraggio di cogliere le opportunità che manca.

Sabine K., 26 anni, Milano, assistente marketing

In Germania amiamo molto l'Italia. I nostri migliori ristoranti sono italiani, per non parlare della vostra moda, dell'arte... Cinque anni fa sono venuta nel Belpaese in vacanza. Poi ho fatto la baby-sitter, la guida turistica, ho trovato l'amore e non me ne sono più andata. Differenze culturali? I tedeschi sono riservati all'inizio, ma poi, se si fa amicizia, è un'amicizia che può durare tutta la vita. Gli italiani, invece, sono tutti subito più spontanei e vivono la vita in modo più intenso. Inoltre, in Germania è normale che i figli vadano a vivere da soli a 19 anni, mentre da voi non sono abituati a diventare autonomi. All'inizio ero un po' disorientata, ma ormai appartengo alle due culture. Anche perché con l'Europa unita e i continui scambi culturali le differenze diminuiscono sempre di più.

Laura M., 24 anni, Lisbona, stagista

Ho studiato Lingue perché viaggiare è sempre stata la mia passione. Già durante l'università sono stata spesso all'estero, sei mesi come ragazza alla pari in Inghilterra e in Francia per un semestre Erasmus. Adesso sto facendo uno stage a Lisbona. Dopo tornerò in Italia, ma non so quanto ci resterò. Vorrei vivere qualche anno a Londra dove ci sono una libertà e una tolleranza che non sempre si trovano nelle città italiane.

andarsene
me ne vado
te ne vai
se ne va
ce ne andiamo
ve ne andate
se ne vanno

b. Leggete adesso gli altri due testi.

c. Completate la tabella.

nome	nazionalità	Paesi in cui ha vissuto	lavoro/lavori
______	______	______	______
______	______	______	______
______	______	______	______

7 *d. Quali caratteristiche hanno in comune i tre giovani?* ______

11. La vostra opinione

A coppie. Condividete le opinioni e le scelte dei giovani del punto 10?
Con quale dei tre vi piacerebbe passare una serata? Perché?

12. Ritorno al testo

a. Nel primo e nel terzo testo del punto 10 ci sono quattro forme di futuro semplice. La prima è ‹andrò›. Cercate le altre tre e scrivetele qui sotto.

	futuro	infinito
1.	andrò	______
2.	______	______
3.	______	______
4.	______	______

b. Le forme del futuro si costruiscono in maniera analoga a quelle del condizionale. A coppie cercate di completare la tabella. Controllate poi in plenum.

	tornare	**prendere**	**sentire**	**preferire**
io	______	______	______	preferirò
tu	______	prenderai	______	______
lui/lei	______	______	sentirà	______
noi	torneremo	______	______	______
voi	______	______	sentirete	______
loro	______	prenderanno	______	______

c. Anche le forme irregolari si comportano in maniera analoga a quelle del condizionale. In piccoli gruppi: ogni gruppo scrive una lista di verbi irregolari alla prima persona del futuro.

13. Quando?

8, 9, 10 *A coppie: rileggete i testi con le forme del futuro. Quando si usa questo tempo verbale?*

14. E adesso è il vostro turno!

Una rivista italiana vi ha chiesto di partecipare a un'inchiesta sui giovani europei. Voi avete accettato. Scrivete quindi un testo di circa 120 parole in cui vi presentate, raccontate le esperienze fatte finora nel campo dello studio e/o del lavoro e i vostri progetti per il futuro.

15. Ritorno al testo

a. Nel secondo testo del punto 10 c'è un verbo al congiuntivo presente. Cercatelo e scrivetelo insieme all'espressione che lo precede.

___ ____________ che i figli __________

b. Facciamo il punto! Finora avete visto due casi in cui si usa il congiuntivo:

1. ____________________

2. ____________________

16. È importante che ...

Fate una piccola inchiesta facendo completare le seguenti frasi a tre compagni diversi. Poi con un compagno diverso confrontate i risultati e scegliete le frasi che vi sembrano più originali.

È importante che l'università ... | È normale che gli studenti ... | È giusto che le donne ...

11, 12 È scandaloso che gli uomini ... | È strano che i genitori ...

17. In macchina? No, a piedi.

a. Guardate la copertina di questo libro. È un libro che potrebbe interessarvi? Avete mai fatto un viaggio simile? Vi piacerebbe farlo? Parlatene con un compagno.

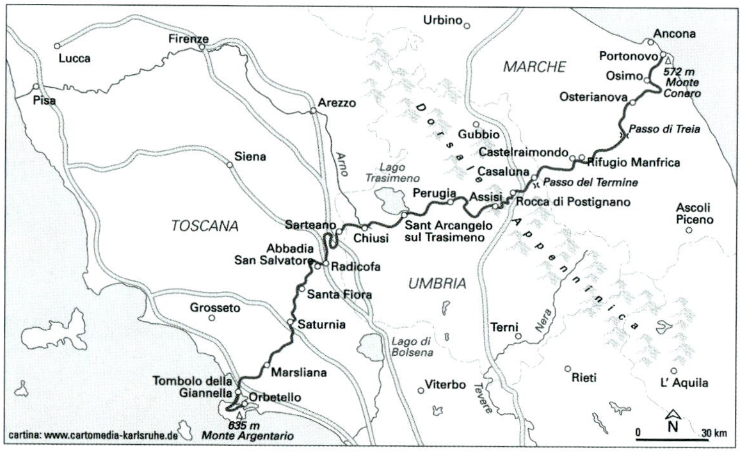

b. Adesso leggete il seguente testo.

«Ci vorranno almeno tre settimane» hai annunciato a tua moglie quando sei riuscito a sistemare ogni cosa ed è arrivato il momento di preparare sul serio lo zaino. «Ventidue giorni, ventitré al massimo. Anche se in fondo non ho mai smesso di sentirmi anarchico, questa volta spero di tornare in tempo per le elezioni.»

Non è stato semplice, spiegarle che volevi realizzare un vecchio sogno prima di compiere trent'anni e trasformarti per sempre in un morto vivente, ma Dina ti è stata ad ascoltare e ha detto che non c'era nessun problema. Nessunissimo proprio.

«Se speri che faccia una scenata, amore, o ti abbracci le ginocchia implorandoti di non andare, sarà per un'altra volta.»

È saltato fuori che anche lei aveva un gran bisogno di cambiare aria, e non hai capito se ce l'aveva con le prime morse della calura o con l'ex appartamento spazioso nel quale ti ostinavi a camminare senza pattine.

Alla fine della prossima settimana andrà al mare con Malcom, nella vecchia casa ai piedi del Conero dove avete trascorso quasi tutte le vostre vacanze da fidanzati.

«Se tu vai a divertirti» ha detto, «finché dura il permesso di maternità porto il piccolo a respirare un po' d'aria buona.»

«D'accordo» hai detto, «io prendo la rincorsa dalla riva opposta e provo a raggiungervi a piedi.»

«Ho sposato un pazzo» ha detto tua moglie, «e prima o poi dovevo aspettarmi qualcosa del genere.»

«Da un mare all'altro. Subito prima di diventare un morto vivente. Come sognavo da piccolo quando guardavo la carta d'Italia appesa in classe.»

«Spero solo non sia un piano per liberarti di noi qualche tempo.»

«Oh no, amore. Per depurarmi, se mai, e tornarvi incontro preparato.»

«Non sei pazzo, sei solo stronzo. Però promettimi che terrai la fede al dito e non andrai con nessuna.»

«Amo-ore» hai sospirato, «saremo in mezzo alla campagna, e non ci sarà nessun motivo di pensare a quelle cose.»

(da *Nessuno lo saprà. Viaggio a piedi dall'Argentario al Conero* di Enrico Brizzi, Milano 2005)

c. A coppie.

Di quante persone si parla nel testo?
Che età hanno, secondo voi?
Che rapporto c'è fra queste persone?
Che cosa vuole fare la persona di cui si narra?

d. Abbinate le espressioni ai loro significati.

ci vorranno (riga 1)	gran caldo
implorandoti (r. 8)	anello matrimoniale
è saltato fuori (r. 10)	saranno necessarie
ce l'aveva (r. 11)	una persona non sana di mente
calura (r. 11)	pregandoti
pazzo (r. 19)	hai scoperto
depurarmi (r. 24)	era arrabbiata
la fede (r. 25)	liberarmi da pensieri negativi

18. Parliamone!

Nel testo del punto 17b l'autore parla di «un morto vivente» (alle righe 6 e 21). Secondo voi, che cosa intende con questa espressione? Parlatene in piccoli gruppi.

19. Ritorno al testo

a. Cercate nel testo del punto 17b le frasi con il verbo ‹sperare› e scrivetele qui sotto.

1. ______________________________
2. ______________________________
3. ______________________________

b. A coppie. In queste frasi ‹sperare› si usa con due modi verbali diversi. Quali? Perché?

20. Esercizio

Completate le frasi con le due varianti, come nell'esempio.

Esempio: Carlo spera di arrivare puntuale.
Carlo spera che Maria arrivi puntuale.

1. Carlo spera ...	Carlo – arrivare puntuale
	Maria – arrivare puntuale
2. Paolo crede ...	Daniela – avere l'influenza
	Paolo – avere l'influenza
3. Tu pensi ...	Giovanni – essere grasso
	tu – essere grasso
4. Maria e Sara sperano ...	Maria e Sara – tornare domani
	voi – tornare domani
5. Io non penso ...	essere troppo tardi
	io – essere in ritardo

13, 14

21. Occhio alla lingua!

a. Leggete le seguenti frasi tratte dal testo del punto 17b.

Se speri che faccia una scenata, [...] **sarà** per un'altra volta.
Se tu **vai** a divertirti, [...] **porto** il piccolo a respirare un po' d'aria buona.

b. Ogni frase esprime un'ipotesi ed è composta da due parti, separate da una virgola.

In quale parte si esprime la condizione? Con quale tempo e modo?

____

In quale la conseguenza? Con quale tempo e modo?

____

c. Leggete adesso i seguenti esempi e scegliete le soluzioni corrette considerando anche le frasi del punto 21a.

Se non vieni, telefonami!
Se avrò tempo, a Firenze andrò al museo degli Uffizi.

Secondo voi, queste ipotesi
- ☐ si possono realizzare.
- ☐ non si possono realizzare.

Si riferiscono
- ☐ al presente.
- ☐ al passato.
- ☐ al futuro.

d. Completate ora la regola considerando tutti e quattro gli esempi.

▸ Ipotesi che ______________________ e si riferiscono al ______________ e al ______________ si esprimono con:

se + ______________ + ______________

se + ______________ + ______________

se + ______________ + ______________

15 se + ______________ + ______________

22. Un ‹morto vivente›? Mai!

Secondo voi, come si diventa un ‹morto vivente›? E cosa si può fare per non diventarlo? In piccoli gruppi fate due liste e poi confrontate con un altro gruppo o in plenum.

Se ______________________ , diventerai un morto vivente.
Invece, se ______________________ , ______________________ .

23. Occhio alla lingua!

a. Leggete ora la frase seguente, presa dal testo del punto 17b.

[...] e non hai capito se ce l'aveva con le prime morse della calura o con l'ex appartamento spazioso [...]

b. Che funzione ha il ‹se› in questa frase? Ha lo stesso significato del ‹se› del punto 21? Parlatene a coppie.

24. Ritorno al testo

a. Tornate alla riga 25 del testo del punto 17b e completate.

Però promettimi che ______________ la fede al dito e non ________________ con nessuna.

▸ Quale tempo si usa dopo il verbo **promettere**? ____________________________

b. Promettimi! A coppie.

A Sei uno studente molto disordinato. Stai cercando una stanza e un tuo amico, che ti conosce bene, avrebbe posto nel suo appartamento. Cerca di convincerlo a prenderti come coinquilino.

B Sei un ragazzo che lavora. Hai un appartamento molto carino in centro, con una stanza libera. Ti farebbe comodo avere qualcuno con cui dividere l'appartamento perché l'affitto è abbastanza alto. Però sei molto metodico e ordinato e sai che il tuo amico, che vorrebbe abitare con te,

16 è al contrario molto disordinato.

25. Inventiamo! Cosa c'era prima? Cosa c'è dopo?

Nel testo del punto 17b si parla di tre persone in un momento della loro vita:

1. ____________ : marito, padre

2. ____________ : ______________

3. ____________ : ______________

Nel testo il personaggio numero 1 non ha un nome: dategliene uno voi.

a. A gruppi di quattro.

A e **B** scrivono la storia prima di questo momento: come si sono conosciuti Dina e il suo futuro marito? Dove? Cosa facevano? Quando hanno deciso di sposarsi? Quando è nato Malcom? Perché gli hanno dato questo nome?
C e **D** scrivono come continua la storia: il marito farà questo viaggio? Cosa succede durante il viaggio? E intanto Dina cosa fa? Quando si ritrovano è cambiato qualcosa?

*b. Adesso **A** parla con **C** e **B** parla con **D**: raccontatevi tutta la storia.*

1. Leggere è ...

Come completereste la frase qui sopra? Scrivete almeno tre cose e poi parlatene con il vostro vicino, motivando le vostre scelte.

2. Incontro con l'autore

a. Osservate la foto: secondo voi, dove si trovano queste persone? Che cosa stanno facendo?

Lo scrittore Giuseppe Culicchia

«Se incontri gli autori, li vedi e li senti parlare, dopo ti vien voglia di leggerli.» (Francesco, visitatore ‹under 25› del Festivaletteratura di Mantova 2004)

b. Leggete l'affermazione a destra della foto: siete d'accordo con Francesco? Conoscete qualche festival della letteratura o qualche fiera del libro? Avete mai partecipato a un'iniziativa del genere? Se sì: vi è piaciuto? Se no: vi interesserebbe? Avete mai incontrato uno scrittore? Conoscete il nome di qualche autore italiano? Parlatene in piccoli gruppi.

3. Qual è il libro che ti ha cambiato la vita?

a. Leggete i seguenti messaggi inviati al sito internet di un quotidiano italiano.

«Cent'anni di solitudine» – avevo circa 20 anni, e fino ad allora non ero mai riuscito a leggere un libro sul serio. Mi annoiavo. Poi l'ho scoperto per caso, ho provato a leggerlo, mi sono scoperto cittadino di Macondo! La prima emozione di un libro. Da allora, leggere è diventata una delle mie passioni più vere! – Claudio, 42

Il libro che mi ha cambiato la vita è la «Poetica» di Aristotele. L'ho letto 4 volte in pochissimi mesi quando frequentavo la quarta liceo. Io avevo iniziato ad avere coscienza della mia passione per la scrittura e quel libro mi ha aiutato a capire cosa volevo dire e come lo volevo dire. A tutt'oggi l'ho letto non so quante volte e lo tengo con grande cura. – Andrea, 26

Christiane F. – «Noi, i ragazzi dello zoo di Berlino». Quando è uscito ero una ragazza abituata a stare con tanti tipi di persone, avevo già capito che la droga fa male ma non come. Ora sono una mamma e, per fortuna, posso solo immaginare cosa prova una persona che ama un drogato; ecco, mi sono ricordata che le sensazioni sentite e sofferte leggendo un libro sono molto vicine a quelle vere. [...] – Maria Elena, 38

Ne ho letti una marea, leggo sempre... Forse però «Jack Frusciante è uscito dal gruppo», di Enrico Brizzi, è stato il più significativo fino ad ora. L'ho letto per la prima volta al liceo e poi l'ho riletto non so quante volte, tra cui una in Irlanda, durante una vacanza studio, a letto, la sera dopo il pub, con tanto di matita in mano per sottolineare i passi che mi chiamavano in causa direttamente... È stato il libro della mia adolescenza. – Maria Chiara, 27

Il libro che mi ha cambiato la vita è «Ti prendo e ti porto via» di N. Ammaniti. Un libro stupendo e scorrevole come tutti gli altri del grande Ammaniti. – Francesco, 26

Tutti i libri che ho letto mi hanno un po' cambiato, ma di getto direi «Fahrenheit 451», letto tutto d'un fiato più e più volte. – Luca, 22

una marea = tantissimi

b. Rileggete e completate la seguente tabella come nell'esempio.

	Quale libro gli/le ha cambiato la vita?	Perché? (dove è possibile)
Claudio	*Cent'anni di solitudine*	*Leggere è diventata una sua passione.*
Andrea	____________	____________
Maria Elena	____________	____________
Maria Chiara	____________	____________
Francesco	____________	____________
Luca	____________	____________

c. Cercate nei messaggi gli aggettivi usati per descrivere i libri. Ne conoscete altri? Insieme a due compagni cercate di completare in più modi possibile la frase «Un libro può essere ...»

d. E adesso provate voi! C'è un libro che ha cambiato la vostra vita o che vi ha colpito in modo particolare? Quale? Perché? Spiegatelo in un'e-mail, immaginando di inviarla al quotidiano
1 *del punto 3a.*

4. Ritorno al testo

*a. Nel primo messaggio trovate un tempo verbale nuovo, il trapassato prossimo: «non **ero** mai **riuscito**». Cercate e sottolineate gli altri due verbi al trapassato prossimo che trovate nei messaggi.*

b. Insieme a un compagno completate e scegliete la soluzione giusta. Poi confrontate in plenum.

Il trapassato prossimo si forma con ____________ + ____________ .

Il trapassato prossimo esprime un'azione passata che si svolge ☐ prima di ☐ dopo un'altra azione, anche questa al passato.

5. Passato o trapassato? A voi la scelta!

Scegliete la forma verbale corretta come nell'esempio.

Martedì *sono andata*/~~*ero andata*~~ in libreria a comprare il libro di cui mi *hai* tanto *parlato*/*avevi* tanto *parlato*. Purtroppo non l'*ho trovato*/l'*avevo trovato*, ma in compenso *ho incontrato*/*avevo incontrato* Giovanni: lui e Paolo *sono tornati*/*erano tornati* dalle vacanze il giorno prima e naturalmente Giovanni mi *ha raccontato*/*aveva raccontato* tutte le loro avventure. Poi mi *ha mostrato*/*aveva mostrato* il libro che *ha* appena *comprato*/*aveva* appena *comprato*: sembrava interessante e così l'*ho comprato*/l'*avevo comprato* anch'io.

2, 3

▶II 13 6. Un libro per ogni lettore

a. *Ascoltate più volte l'intervista. Dopo ogni ascolto consultatevi con un compagno diverso e confrontate con lui le informazioni capite.*

b. *Ascoltate un'altra volta e trovate la soluzione corretta.*

Ultimamente gli italiani leggono ☐ di più. ☐ di meno.

I clienti di questa libreria scelgono i libri soprattutto in base

☐ alla pubblicità. ☐ alla moda.
☐ ai gusti personali. ☐ ai consigli del libraio.

Quali generi cita la libraia?

☐ Saggi ☐ Manuali ☐ Avventura
☐ Narrativa ☐ Libri per bambini ☐ Libri di storia
☐ Libri rosa ☐ Libri gialli (thriller) ☐ Libri di cucina
☐ Biografie ☐ Libri di fantascienza ☐ Romanzi storici

Quali generi preferiscono i giovani? E quali i meno giovani?

____

La libraia cita, tra l'altro, due autori e un libro indicati qui sotto. Quali?

☐ Niccolò Ammaniti, «Io non ho paura»
☐ Melania Mazzucco, «Vita»
☐ Federico Moccia, «Tre metri sopra il cielo»
☐ Margaret Mazzantini, «Non ti muovere»
☐ Sebastiano Vassalli, «La morte di Marx»
☐ Italo Calvino, «Marcovaldo»
☐ Aldo Nove, «Amore mio infinito»
☐ Sandro Veronesi, «Caos Calmo»

c. *Confrontate le vostre risposte con quelle di un compagno e poi controllate con un ultimo ascolto.*

7. E voi che lettori siete?

a. Compilate il questionario.

Siete lettori ☐ forti. ☐ medi. ☐ occasionali.

Che cosa leggete?

☐ Quotidiani ☐ Riviste ☐ Romanzi
☐ Saggi ☐ Manuali ☐ Testi teatrali ☐ altro: ______________

Un romanzo vi resta impresso per

☐ la trama ☐ lo stile ☐ i personaggi
☐ l'ambientazione ☐ altro: ______________

Come decidete di comprare un libro per voi stessi? Vi basate su

☐ passaparola ☐ recensioni ☐ scelta diretta in libreria
☐ Internet ☐ autore ☐ televisione ☐ altro: ______________

Come scegliete un libro da regalare? ____________________________

Vi ricordate qual è il primo libro che avete letto per intero da soli? ______________

4, 5 *b. Confrontate le vostre risposte con quelle di due compagni e parlatene.*

8. Un incontro a Buenos Aires

a. Leggete l'inizio di questa storia. La persona che racconta ha un problema: quale? E secondo voi come lo risolverà? Parlatene con un compagno.

Un'estate di alcuni anni fa, durante un giro di conferenze in America Latina, mi fermai per qualche giorno a Buenos Aires.
Una sera, alla vigilia della partenza, lasciai l'albergo per fare una breve passeggiata e, a una certa ora, entrai in una *piola* per mangiare qualcosa. Al momento di chiedere il conto, però, mi accorsi che non avevo più il portafogli. [...]

durante un giro di conferenze = mentre giravo per conferenze

piola = osteria

b. Ora leggete come continua la storia. Avete indovinato?

Mi sosteneva la tenue speranza di averlo lasciato in camera. Prima di uscire, infatti, mi ero cambiato d'abito e il portafogli poteva essermi scivolato di tasca. Spiegai al proprietario la mia situazione, ma questi mi rassicurò dicendo che, in ogni caso, la consumazione era offerta da lui [...]. Corsi in albergo, distante pochi isolati, entrai nella mia stanza e, con grande sollievo, lo vidi lì, in bella mostra sul pavimento, ai piedi del letto. Con una certa euforia, tornai alla *piola* per saldare il conto, ma il proprietario non ne volle sapere. Per sdebitarmi in qualche modo, pensai di offrire da bere a quanti stavano seduti attorno al banco di mescita ed erano al corrente dell'accaduto. Fu così che conobbi José Maria Kokubu.

Figlio di un diplomatico giapponese e di una cantante argentina, era nato a Berlino e vi era rimasto fino al completamento degli studi. Subito dopo la laurea in medicina si era trasferito a Buenos Aires, dove aveva aperto uno studio dentistico. Non dimostrava più di cinquant'anni. [...] Oltre al giapponese, parlava correntemente una mezza dozzina di lingue, tra le quali l'italiano, che stava studiando in omaggio alla memoria della bisnonna materna. Dopo aver brindato alla mia salute, José Maria si accese un *habana*, offrendone uno anche a me. Cominciammo a parlare di sigari, mi chiese se conoscevo i Maria Mancini, quelli prediletti da Castorp, nella *Montagna incantata*. Dal fumo alla letteratura, nel giro di tre o quattro bicchieri di whisky dissertavamo con disinvoltura di religioni orientali e occidentali, [...].

Si era fatto tardi. [...] José Maria insistette per accompagnarmi. Per strada mi pregò di seguirlo fino al suo studio, poco lontano da lì, perché aveva in mente di consegnarmi qualcosa. Percorremmo fino in fondo una traversa e arrivammo a una corte rotonda, [...]. Lo studio era situato al pianoterra di una vecchia palazzina. Mi fermai all'entrata. Lo sentii rovistare in una stanza lì accanto e subito dopo tornò porgendomi una grossa busta, [...].

(da *L'uomo scarlatto* di Paolo Maurensig, Milano 2001)

c. Rileggete il testo e rispondete alle domande. Poi confrontate con un compagno.

Quante persone nomina l'autore?
Chi sono e che cosa fanno queste persone nel racconto?

d. In coppia. Secondo voi, il protagonista accetta la busta? E che cosa c'è dentro la busta? Parlatene insieme, poi dividetevi e riferite le vostre supposizioni ognuno ad un compagno diverso.

9. Numeri

a. Cercate nel testo al punto 8 la parola che manca in questa frase e trascrivetela.

Parlava correntemente una mezza ___________ di lingue.

una __________ = (circa) 12   una mezza ____________ = (circa) 6

b. Mettete ora i seguenti numeri collettivi al posto giusto.

trentina – decina – centinaio – ventina – quindicina – migliaio – cinquantina

(circa) 10 = una _________   (circa) 20 = una _________   (circa) 50 = ___________

(circa) 15 = una _________   (circa) 30 = una _________   (circa) 100 = un ___________

(circa) 1000 = un _________

c. Come si formano i numeri collettivi?
6 *Parlatene con un compagno e poi decidete come si dice circa 40, 60, 70, 80, 90.*

10. Ritorno al testo

a. *Nel racconto l'autore usa un nuovo tempo verbale, il passato remoto, che può sostituire il passato prossimo quando si racconta un fatto successo molto tempo fa. Maurensig scrive, per esempio, «**mi fermai** qualche giorno a Buenos Aires» invece di «mi sono fermato». Cercate e sottolineate tutti i verbi del testo che secondo voi sono al passato remoto. Poi trascriveteli sul quaderno insieme all'infinito, come nell'esempio.*

Esempio:	passato remoto	infinito
	mi fermai	*fermarsi*

b. *Ora completate la tabella dei verbi regolari con le forme che avete trovato nel testo. Poi riflettete: come si forma il passato remoto di questi verbi? Quali somiglianze e quali differenze notate fra le desinenze delle tre coniugazioni? Parlatene con un compagno.*

	tornare	insistere	sentire
io	__________	insistei / insistetti	__________
tu	tornasti	insistesti	sentisti
lui / lei	__________	insisté / __________	sentì
noi	tornammo	insistemmo	sentimmo
voi	tornaste	insisteste	sentiste
7 loro	tornarono	insisterono/insistettero	sentirono

c. *In coppia. Considerate nuovamente i verbi al passato remoto del punto a: quali vi sembrano regolari e quali irregolari? Fate due liste e poi provate a coniugare i verbi regolari che avete trovato.*

d. *Ora provate a completare la seguente tabella che contiene alcuni verbi irregolari. Inserite prima le forme che avete trovato nel testo e poi completate la coniugazione con quelle che trovate qui sotto.*

facesti chiesero dissi chiedemmo dicesti ebbi chiesi chiedeste dissero conosceste vide ebbero correste foste vedemmo videro corsero dicemmo furono ebbe faceste conoscesti corse fece feci corremmo avesti fecero fui conobbe aveste vedesti fosti fummo disse conoscemmo correste conobbero vedeste diceste avemmo chiedesti facemmo

	io	tu	lui/lei	noi	voi	loro
correre						
vedere						
essere						
conoscere						
chiedere						
dire						
avere						
fare						

e. Osservate con attenzione la tabella dei verbi irregolari: quali somiglianze e quali differenze notate tra le forme delle tre coniugazioni? Parlatene con un compagno e completate la regola.

▸ Sono irregolari la ________ e la ________ persona singolare e la ________ persona plurale.

▸ Sono regolari la ________ persona singolare, la __________ e

8, 9 la __________ persona plurale.

11. E vissero felici e contenti

Giocate in piccoli gruppi con un dado. L'insegnante vi darà una busta con un ‹mazzo› di verbi all'infinito: mettetelo sul banco con la scritta verso il basso. A turno, un giocatore prende un verbo dal mazzo e tira il dado: il numero uscito sul dado corrisponde alla persona da coniugare al passato remoto (p. es. 1 = I persona singolare). Tutti scrivono sul quaderno la forma richiesta, ogni forma corretta vale un punto. Vince chi alla fine ha più punti. 10, 11

12. Passati a confronto

Tornate al testo del punto 8 e riflettete insieme a un compagno sull'uso del passato remoto e dell'imperfetto.

13. Mai due volte nella stessa città

a. Leggete ora l'inizio di un altro racconto e scegliete il tempo giusto.

Si lasciarono / Si lasciavano a Largo Argentina, Roma. Lei *salì / saliva* su un taxi, lui *rimase / rimaneva* in piedi a guardarla. Lo sportello *fu / era* già chiuso e lui *mosse / muoveva* le labbra lentamente per farsi capire, mentre *sillabò / sillabava*: «CI-RI-VE-DRE-MO?». Lei *abbassò / abbassava* il finestrino mentre l'auto *partì / partiva* e nel traffico *rispose / rispondeva*: «Mai due volte nella stessa città».

(da *Mai due volte nella stessa città* di G. Romagnoli, *la Repubblica*/Speciale San Valentino 2002)

b. Come potrebbe continuare la storia? In coppia, scrivete un finale usando l'imperfetto e il passato remoto.

12, 13 *c. Formate ora delle nuove coppie e raccontatevi a vicenda il finale che avete inventato.*

14. Occhio alla lingua!

a. Leggete con attenzione la seguente frase, tratta dal testo del punto 8. Secondo voi, quale forma corrisponde al pronome relativo ‹cui›? Sottolineatela.

Parlava correntemente una mezza dozzina di lingue, tra le quali l'italiano, che stava studiando in omaggio alla memoria della bisnonna materna.

b. Confrontate con un compagno e insieme riflettete:
a che parola si riferisce questo pronome relativo? E come si forma?

c. Sostituite ‹cui› e ‹che› con ‹il/la quale› o ‹i/le quali›. Attenzione alle preposizioni.

Tornai nella stanza in cui avevo perso il portafogli.

____

Spiegai la situazione al proprietario dell'osteria che mi rassicurò.

____

José Maria rovistò in un cassetto da cui tirò fuori una busta.

____

Pensai di offrire da bere agli altri che accettarono con piacere.

____

d. Ora rileggete le frasi e riflettete: con che funzioni si usa il pronome relativo ‹il quale›?

14, 15 □ soggetto □ oggetto diretto □ oggetto indiretto (= con preposizione)

15. Ritorno al testo

a. Completate il seguente brano con i verbi che trovate nel testo del punto 8.

Al momento di chiedere il conto, però, mi accorsi di non avere più il portafogli. Mi sosteneva la tenue speranza di ____________ lasciato in camera.

Il portafogli poteva ____________ scivolato di tasca.

Per ____________ in qualche modo pensai di offrire da bere…

José Maria insistette per ____________. Per strada mi pregò di ____________ fino al suo studio […] perché aveva in mente di ____________ qualcosa.

b. Confrontate con un compagno e insieme riflettete: a chi o a che cosa si riferiscono i pronomi oggetto presenti nelle frasi? E che cosa notate riguardo alla posizione di tali pronomi?

16. Correzione di bozze

Stampando un articolo il tipografo ha dimenticato i seguenti pronomi: ‹la, li, li, li, li, mi, si, ti, ti›. Aiutatelo a inserirli al posto giusto! Attenzione alla desinenza dell'infinito.

Si possono acquistare libri per ____ lasciare____ intonsi sugli scaffali del salotto. Si possono leggere libri senza necessariamente ____ acquistare____

Stefania ha 17 anni e precisa: «I libri? Non vado mai in libreria. Se non ____ trovo____ in casa faccio un salto alla biblioteca comunale che ha quasi tutto».

Martina e Isabella dicono: «... i libri costano troppo, è logico che se hai 5 euro vai a ____ prendere____ un panino al Mc, perché quello almeno ____ riempie____ lo stomaco».

Giada, di Como, studia Scienze politiche, è una gran lettrice [...] e ringrazia sua zia di ____ avere____ accompagnata a Mantova.

Il diciannovenne Daniele lavora come cameriere a Roma, ma ha deciso di ____ prendere____ una settimana di ferie per venire a Mantova da volontario. «Compro libri solo se ____ trovo____ a basso prezzo; non posso ____ permettere____ di dire che un libro è mio».

(estratto da *In biblioteca è meglio: cambiano gli Under 25, Corriere della sera*, 11/9/2004)

b. Biblioteca o libreria? Fate anche voi come Stefania, Daniele, Martina e Isabella?
16 *Parlatene con il vostro vicino.*

17. Raccontate un libro in 25 parole

a. In coppia. Leggete i seguenti riassunti e provate ad abbinarli all'opera giusta. Avete due minuti di tempo.

1

2

3

4

- ☐ «Un sacco di uomini combattono dieci anni per una donna che non gli appartiene»
- ☐ «Un uomo impiega dieci anni a tornare a casa dalla guerra di cui sopra, e la moglie lo accoglie con inaspettata comprensione.»
- ☐ «Tre sorelle russe vogliono andare a Mosca. Non ci vanno.»
- ☐ «Quattro amici in marcia dal Tirreno all'Adriatico. Da costa a costa per realizzare un sogno.»

b. Controllate ora insieme a tutta la classe: quale coppia ha più abbinamenti corretti?

c. Ora provate voi! Lavorate in piccoli gruppi. Scegliete un libro che conoscete tutti e provate a riassumerlo usando al massimo 25 parole. Ognuno di voi scrive il suo riassunto; poi leggete
17, 18, 19 *tutti i riassunti uno dopo l'altro e decidete quale vi piace di più.*

1. Chi sono?

a. Guardate la fotografia e con l'aiuto delle seguenti espressioni descrivete le due persone.

magro – grasso
vecchio, anziano – giovane
alto – basso
brutto – bello
robusto – snello, slanciato
calvo
biondo – moro

ha gli occhi chiari/scuri
ha i capelli lunghi/corti, lisci/ricci
ha la barba, ha i baffi

b. A coppie e poi in plenum. Secondo voi:

Che cosa stanno facendo le due persone della fotografia?
Dove sono?
Di che cosa stanno parlando?
1, 2, 3 Che rapporto c'è tra i due?

2. Andiamo al cinema!

Ecco la trama di tre film. Da quale è tratto il fotogramma del punto 1a?

1. Due anni dopo la fine della II guerra mondiale a Ciancaldo, un paese siciliano, il cinema è l'unico divertimento. Alfredo, il proiezionista, adotta come un padre Salvatore, detto Totò, un ragazzino di dieci anni, portandolo ogni giorno ad osservare il suo lavoro in cabina di proiezione. Per Totò quel mondo diventa magico: un rifugio dove impara i segreti del mestiere e vive il passaggio dall'infanzia all'età adulta. Dopo trent'anni Salvatore, diventato un famoso regista, torna al paese per partecipare al funerale di Alfredo: trova tutto cambiato e il cinema della sua infanzia è ormai vecchio e fuori uso.

2. Rosalba è una casalinga di Pescara in gita con marito e due figli con una comitiva di compaesani. Durante una sosta in autostrada Rosalba si attarda alla toilette e il torpedone riparte senza di lei. Dopo il primo smarrimento la donna fa l'autostop e si ritrova a Venezia, dove non è mai stata. Decide di prendersi una vacanza dalla famiglia e dalla routine. Conosce un cameriere filosofo che le dà ospitalità, fa amicizia con la vicina di casa di lui, massaggiatrice, trova lavoro da un vecchio fioraio anarchico e bisbetico, e infine trova posto in questa eterogenea compagnia di nuove amicizie - e nuovi amori [...]. Rosalba tornerà, sì, a casa: ma per ripartire subito dopo per la sua nuova vita.

(da kataweb.it/cinema)

3. Giovanna e Filippo sono sposati da nove anni e hanno due figli. Giovanna lavora come contabile in una polleria industriale, mentre Filippo si arrangia con lavori precari. Giovanna tra i mille impegni e problemi giornalieri trascorre, infelicemente, una vita che immaginava diversa. Alla sera, per pochi istanti, con la luce spenta, scruta dalla finestra uno sconosciuto e affascinante vicino di casa. Un mattino entra in scena un anziano uomo sconosciuto, senza memoria né documenti. Proprio lui riuscirà a spezzare la monotona esistenza di Giovanna.

(da centraldocinema.it)

3. Chi cerca trova.

Trovate per ogni significato l'espressione corrispondente nei testi, come negli esempi.

testo	espressione	significato
1	*proiezionista*	persona che lavora nella cabina di proiezione di un cinema
1		posto dove uno si sente sicuro
1		cerimonia che si svolge quando muore qualcuno
1		non più usato
2		gruppo di persone
2		persone che abitano nello stesso paese
2		corriera
2		confusione mentale
3	*precari*	non sicuri
3		minuti
3		osserva
3		rompere

4. E il titolo?

a. Ecco i titoli dei tre film di cui avete letto la trama: quale titolo corrisponde a quale film?

Pane e tulipani	Nuovo Cinema Paradiso	La finestra di fronte
Trama n° _____	Trama n° _____	Trama n° ____

b. A coppie. Quale dei film del punto 2 vi piacerebbe vedere? Perché?

5. Un film fantastico!

a. Rileggete le trame dei film.

Come sono descritti i personaggi? In quali righe? Come sono descritte le situazioni e i fatti? Che tempi si usano?

b. Ed ora scrivete la trama di un film che vi è piaciuto molto.
Pensate alla struttura che avete analizzato al punto a.

▶II 14 6. Parliamo di cinema!

a. Ascoltate più volte l'intervista. Dopo ogni ascolto consultatevi con un compagno diverso e confrontate con lui le informazioni capite.

b. Ascoltate un'altra volta e trovate l'informazione giusta.

Quali dei seguenti registi nomina Emilia?

□ Silvio Soldini	□ Nanni Moretti	□ Roberto Benigni
□ Giuseppe Tornatore	□ Paolo Virzì	□ Ferzan Ozpetek
□ Gabriele Muccino	□ Federico Fellini	□ Michelangelo Antonioni

Nell'intervista si parla di quattro film. Quali sono i titoli e i registi?

1. ______________________ di ______________________

2. ______________________ di ______________________

3. ______________________ di ______________________

4. ______________________ di ______________________

Quale di questi film, secondo Emilia, rappresenta di più l'Italia dei nostri giorni?

____

Quale regista piace di più a Emilia?

____

Quale film degli ultimi anni le è piaciuto in modo particolare?

____

Di questo film Emilia dice che:

la storia è	□ avvincente □ interessante □ attuale	i personaggi sono	□ singolari □ geniali □ convincenti
la trama è	□ coinvolgente □ complicata □ appassionante	la musica è	□ piacevole □ bella □ trascinante

7. Contrari

A coppie. Formate con i seguenti aggettivi e quelli del punto 6b il maggior numero di coppie di contrari.

4 brutto semplice noioso datato improbabile monotono

8. Intervista

a. A coppie. Preparate quattro domande da fare a un compagno sulle sue preferenze in fatto di cinema.

5 *b. Formate nuove coppie e intervistatevi a vicenda.*

9. Ritorno al testo

▶II 15 *a. Ascoltate e completate il seguente brano dell'intervista.*

□ Se ti ____________________ di scegliere il film che più rappresenta l'Italia dei nostri giorni, quale ____________________? E perché?

■ Beh, ____________________, è una scelta del tutto soggettiva, naturalmente, però ____________________ «La vita è bella» di Roberto Benigni.

Il primo verbo della domanda, ____________________, è una forma di congiuntivo imperfetto.

b. A coppie provate a completare la seguente tabella con le forme del congiuntivo imperfetto. Attenzione: le desinenze delle tre coniugazioni si differenziano solo nella vocale!

	parlare	chiedere	partire
io			partissi
tu		chiedessi	
lui/lei	parlasse		
noi			partissimo
voi		chiedeste	
loro	parlassero		

6

10. Se fossi ...

a. La domanda del punto 9a esprime un'ipotesi: con quali modi e tempi verbali si forma? Parlatene con un compagno e scrivetelo qui sotto.

se + ____________________ , ____________________

b. Leggete i seguenti esempi e considerate anche la domanda del punto 9a. Secondo voi, queste ipotesi sono certe, possibili e quindi realizzabili o impossibili? E si riferiscono al presente, al passato o al futuro? Parlatene con un compagno e scrivete la risposta accanto a ogni frase.

1. Se nascessi un'altra volta, non mi sposerei. ________________
2. Se vincessi un milione al lotto, mi comprerei una Ferrari. ________________
3. Potrei fare più sport, se avessi più tempo. ________________
4. Se fossi un animale, mi piacerebbe essere una farfalla. ________________

≡✓ 7

11. Che cosa faresti, se ...

a. Che cosa fareste, se vi trovaste nelle seguenti situazioni? Scrivete delle frasi come nell'esempio.

Esempio: Al supermercato vedi una persona che ruba.
Se al supermercato vedessi una persona che ruba, probabilmente le direi di pagare alla cassa la cosa che ha appena rubato.

1. Sei al ristorante e ti accorgi di non avere il portafogli.
2. Vuoi conoscere il tuo vicino/la tua vicina di casa perché ti sembra simpatico/-a.
3. Vuoi organizzare un viaggio con un/a amico/-a, ma ti mancano i soldi.
4. I tuoi amici ti fanno un regalo per il tuo compleanno, costoso ma orribile.
5. In treno il tuo vicino/la tua vicina non la smette di parlare al cellulare ad altissima voce.

≡✓ 8, 9, 10, 11, 12

b. Ora in piccoli gruppi confrontate quello che avete scritto e scegliete per ogni situazione la soluzione che vi piace di più.

12. Indovinate!

a. Leggete il seguente titolo.

«Da Rossini ai Rolling Stones»

Secondo voi di che cosa si tratta?
È il titolo di un saggio sulla musica. ☐
È il titolo di un libro di ricordi. ☐
Altro ________________

b. Adesso leggete.

Il mio primo concerto risale più o meno al 1970. Erano altri tempi, e mio padre mi lasciò uscire dopo cena solo perché ero con i miei fratelli più grandi. Space Electronic: Atomic Rooster. Per me ragazzino, nato in una famiglia medio borghese, fu una serata memorabile. Una specie di garage pieno di ragazzi e ragazze vestiti in modo «libero», tutti più grandi di me. Sul palco, delle persone in carne e ossa che saltavano e suonavano a volume altissimo. Quello che entrava nelle orecchie non era musica, sembrava il motore di un aereo. Non si distingueva la batteria dalla chitarra, e mi domandavo: «Saranno tutti così i concerti? Speriamo di no». Ma nonostante tutto sentivo che stavo vivendo qualcosa di molto emozionante. [...]

Tornai allo Space Electronic qualche settimana dopo, a vedere i Fields. Questa volta il suono era magnifico, sembrava di sentire un disco, e cominciai a capire che i concerti non erano tutti uguali. Ricordo anche che da quella sera mi misi in testa di fare collezione di bacchette spezzate dei batteristi (e in dieci anni riuscii a procurarmene diverse, anche quelle di Keith Moon, Phil Collins, Guy Evans).

Cominciai a comprare LP, ovviamente al Sala Disco di via Zannetti, dove si potevano ascoltare i dischi in una cabina quasi insonorizzata. Tornavo a casa con la mia paga settimanale trasformata in vinile, mettevo un disco sul piatto, mi sdraiavo sul tappeto e... ascoltavo. Erano tempi diversi: si ascoltava musica senza mai usarla da sottofondo, senza fare altro... e magari anche in gruppo. I dischi venivano vissuti quasi come concerti privati. Capitava ogni giorno che qualcuno andasse a casa di un altro con una busta di dischi, solo per ascoltarli e parlarne. Musica e basta. [...]

Quelli erano anche i tempi – appunto a ridosso del '68 – in cui la politica entrava in tutte le cose e sotto mille forme... e dilagò la convinzione che i concerti dovessero essere gratis. Chiedere soldi per quel «cibo» necessario era da fascisti, e in molti cercavano di «sfondare» (insomma, molta «energia» era stata spostata dalle piazze ai concerti). Io mi sentivo un po' confuso. Mi ricordo che invidiavo chi faceva la colletta per racimolare il prezzo dell'ingresso, ed entrare con il biglietto mi faceva un po' vergognare. Avrei voluto non avere soldi per avere un motivo indiscutibile per esigere di entrare senza pagare. Sul mio Diariovitt, accanto a «I love Anna Maria» e «I love Susanna» scrivevo «Ten Years After», «Bob Dylan» e «Peace Love and Music».

c. Abbinate le espressioni ai loro significati.

risale al 1970 (riga 1)	subito dopo
memorabile (r. 3–4)	decisi
emozionante (r. 9)	raccogliere
mi misi in testa (r. 12)	che si ricorda a lungo
insonorizzata (r. 16)	è del 1970
a ridosso (r. 22)	appassionante
dilagò (r. 23)	senza rumori esterni
racimolare (r. 26)	si diffuse

d. Rispondete alle domande e confrontate poi con un compagno.

Come ricorda il suo primo concerto Marco Vichi?
Che cosa ha cominciato a collezionare dopo il suo secondo concerto?
Come si ascoltava la musica in quegli anni?

13. C'è musica e musica

A coppie. Raccontate il vostro rapporto con la musica. Quale tipo di musica vi piace?
13 Andate ai concerti? Comprate molti CD? Possedete un iPod?

14. Ritorno al testo

a. Nella prima parte del testo del punto 12 (r. 1-9) c'è una frase con un verbo al futuro. Cercatela e scrivetela qui sotto.

« ______________________________ »

b. A coppie. Secondo voi, che cosa esprime il futuro in questa frase: un fatto che si svolge al futuro o qualcosa di diverso? Parlatene con un compagno e poi in plenum.

15. Mah...

a. Rispondete alle seguenti domande come nell'esempio.

■ Qual è il cantante italiano più famoso nel mondo?
□ Mah, sarà Eros Ramazzotti...

Secondo te ...

quanto costa un cappuccino a Roma? ______________________

quanti anni ha il tuo / la tua insegnante d'italiano? ______________________

dove va in vacanza la maggioranza degli italiani? ______________________

qual è l'automobile più venduta in Italia? ______________________

qual è il regista italiano più conosciuto all' estero? ______________________

14 b. Confrontate adesso le vostre risposte in gruppi di tre.

16. Occhio alla lingua!

a. Leggete la seguente frase tratta dal testo del punto 12.

Avrei voluto non avere soldi per avere un motivo indiscutibile per esigere di entrare senza pagare.

b. Leggete anche i seguenti esempi. Come si forma il condizionale composto? Che cosa esprime? Parlatene con un compagno e formulate la regola.

L'anno scorso **sarei andato** volentieri al mare, ma i miei genitori hanno preferito la montagna.
Da bambina **avrei giocato** sempre fuori.

▸ Il condizionale composto si forma con ______________ + ______________

15 ed esprime ________________ che non si è realizzato.

17. L'avrei fatto volentieri

a. Giorgio racconta quello che gli sarebbe piaciuto fare da bambino. Coniugate i verbi alla forma del condizionale composto.

(volere) imparare a giocare a rugby

(alzarsi, mai) presto

(mangiare) solo quello che piace a me

(fare, mai) i compiti

(bere) solo Coca-Cola.

b. E adesso scrivete quattro frasi che riguardano voi: che cosa avreste o non avreste voluto fare da bambini?

18. Occhio alla lingua!

a. Al punto 10b avete letto l'aggettivo ‹realizzabile›. Completate.

realizzabile	viene dal verbo	*realizzare*	e significa	*che si può realizzare*
immaginabile		__________		________________
vendibile		__________		________________
definibile		__________		________________

suffisso = Suffix, Nachsilbe

▸ Gli aggettivi derivati dai verbi in **-are** prendono il suffisso ______
▸ Gli aggettivi derivati dai verbi in **-ere** e **-ire** prendono il suffisso ______

b. E ora provate a formare gli aggettivi partendo dai seguenti verbi.

prevedere ____________________

credere ____________________

mangiare ____________________

discutere ____________________

leggere ____________________

sostituire ____________________

Attenzione!

fattibile
bevibile
possibile
memorabile

19. ‹in›, ma non sempre!

a. Nel testo del punto 12b (r. 29) avete trovato l'espressione ‹un motivo indiscutibile›. Completate.

indiscutibile = che non ____________________

▸ Il prefisso **in-** ha un valore ____________________ .

b. Leggete i seguenti aggettivi e formulate la regola.

immangiabile, imbattibile, irrealizzabile, illeggibile, imperdonabile

in-		im-		_____, _____, _____.
in-	diventa	ir-	davanti a	_____.
in-		il-		_____.

c. Ed ora trovate gli aggettivi che corrispondono alle seguenti definizioni.

un posto che non si può raggiungere ____________________

una bevanda che non si può bere ____________________

un fatto che non si può dimenticare ____________________

una notizia che non si può credere ____________________

una persona che non si può sostituire ____________________

un caos che non si può sopportare ____________________

20. Un concerto indimenticabile...

16 *A gruppi di tre raccontatevi qual è stato un concerto per voi indimenticabile.*

1. Messaggini

Leggete i messaggini qui sotto: a quali vocaboli o simboli corrispondono le seguenti parole?

comunque tutto per che cellulare sempre sei

≡ 1

2. E voi?

Siete appassionati scrittori di sms? Quanti ne scrivete al giorno? A chi?
≡ 2 *Usate abbreviazioni? Quali? Parlatene in piccoli gruppi.*

3. Sì, no, forse...

a. Dividetevi in due gruppi. Un gruppo legge l'articolo A, l'altro l'articolo B.

A. «Il messaggino aiuta a pensare»

Sorpresa, gli sms sono ‹buoni›, in genere svolgono bene il loro compito – comunicare in poche parole, selezionandole con cura – e non solo non impoveriscono il linguaggio dei giovani ma potrebbero addirittura migliorarlo. L'opinione, rafforzata proprio in questi giorni da una ricerca realizzata a Cambridge, è condivisa da semiologi, linguisti, filosofi. [...] E Paolo Vinçon, linguista, aggiunge: «Non sono i nuovi strumenti a far crescere l'ignoranza tra i giovani. Al contrario, ogni nuovo mezzo che deve imporre le proprie regole, nel caso degli sms ad esempio la brevità, impone anche un nuovo approfondimento, perfino una nuova cultura. Se l'istruzione in Italia è oggi devastata non è certo per colpa delle nuove forme di comunicazione giovanile, semmai dell'uso eccessivo che altre generazioni fanno di altri mezzi, come la televisione».

(da *Il messaggino aiuta a pensare* di Vera Schiavazzi, *repubblica.it*, 11/11/2005)

B. E tu di che italiano sei?

È capitato a una signora. Mandando un sms al figlio adolescente per sapere se stava bene, ha ricevuto la seguente risposta: «ok kiss». Era contenta quella mamma, pensando, che carino, a sedici anni mi manda ancora i bacini. Poi ha scoperto che kiss nel linguaggio delle chat e degli sms è una sigla, e sta per «keep it simple stupid», ossia, non farla difficile stupidotto/a. Il mondo va così. E l'italiano non si sa dove vada. [...] «Il nostro linguaggio soffre di una duplice malattia: da una parte c'è la ricerca di termini eccessivamente tecnici, dall'altra la caduta in forme un po' sciatte», dice Francesco Sabatini, presidente dell'Accademia della Crusca. Commenta Alessandro Amadori, psicologo, specialista in semiologia: «Secondo una ricerca del linguista Tullio De Mauro, oggi il nostro vocabolario di base arriva al massimo alle cinquemila parole. Escludendo i termini scientifici, il dizionario italiano contiene circa 60 mila lemmi, quindi noi ci esprimiamo con un linguaggio che si avvicina a quello di un bimbo di quattro anni». Peggio le comunicazioni tra i giovani che utilizzano al massimo 600 termini.

(da *E tu di che italiano sei?*, *Vera magazine*, n° 180 maggio 2005)

b. Consultatevi con un compagno che ha letto lo stesso testo e scambiate con lui le informazioni capite.

c. Adesso lavorate con un compagno che ha letto un testo diverso dal vostro: ognuno racconta all'altro il contenuto del suo articolo.

d. Leggete l'articolo che non avete ancora letto. Poi consultatevi di nuovo con il compagno del punto c.

e. E ora abbinate le parole ai significati e poi confrontate con il compagno del punto c.

Articolo A	impoveriscono (r. 2)	livello culturale
	imporre (r. 6)	ma
	approfondimento (r. 7)	in cattive condizioni
	istruzione (r. 8)	analisi attenta
	devastata (r. 8)	rendono più povero
	semmai (r. 9)	pretendere il rispetto
Articolo B	è capitato (r. 1)	parole
	duplice (r. 6)	non eleganti
	termini (r. 6)	è successo
	sciatte (r. 7)	vocaboli spiegati in un dizionario
	escludendo (r. 10)	doppia
	lemmi (r. 11)	non considerando

4. Chi dice cosa?

Mettete la crocetta al punto giusto e poi confrontate con un compagno diverso da quelli del punto 3.

Quale dei due articoli dice che …

	articolo A	articolo B
la lingua dei giovani si è impoverita.	□	□
gli sms sono un esempio dell'impoverimento della lingua.	□	□
gli sms possono essere un arricchimento della lingua.	□	□
nell'italiano di oggi si notano diverse tendenze.	□	□

5. Forum

E voi che ne pensate? Con quale articolo siete più d'accordo e perché? Discutetene in piccoli gruppi. Poi preparate una breve esposizione delle vostre opinioni e un portavoce riferirà alla classe.

6. Formazione delle parole

a. *Nel primo articolo al punto 3 e nelle frasi al punto 4 ci sono tre sostantivi e tre verbi che derivano dagli aggettivi qui sotto. Cercateli e scriveteli nella tabella.*

aggettivi	**sostantivi**	**verbi (coniugati)**	**infinito**
povero			
migliore			
profondo		—	
ricco		—	arricchire

b. *Ora insieme a un compagno completate la tabella e la seguente regola.*

Qual è il suffisso dei sostantivi? ____________________

- I sostantivi formati con questo suffisso indicano □ un processo. □ uno stato.
- I verbi in **-ire** derivati da un aggettivo hanno al presente ________________

7. Facciamo una gara!

A coppie completate la seguente tabella. Vince la coppia che finisce per prima.

aggettivi	**sostantivi**	**verbi**
peggiore		
	chiarimento	
		invecchiare
	ringiovanimento	
		dimagrire
	ingrassamento	

3

8. L'uso del vocabolario

a. Leggete la seguente voce tratta da un vocabolario italiano.

magro A agg. 1 Scarno, sottile: *corpo m.; un uomo m.* **CONTR.** Grasso. 2 Povero di grassi: *brodo, condimento m.* 3 *(fig.)* Povero, scarso: *cena, annata, raccolta magra;* 4 *(fig.)* Debole, insufficiente, inadeguato, meschino: *una magra scusa; una magra consolazione.* || **magramente, avv.** *Scarsamente, poveramente.* **B s.m.** Parte magra della carne alimentare: *comprare tre etti di magro.*

b. A coppie rispondete alle seguenti domande.

Quante e quali categorie grammaticali trovate nella voce? Come sono abbreviate?

Della seguente lista di parole ed espressioni due compaiono nella voce del punto a. Quali sono e come sono abbreviate?

sostantivo femminile _____	contrario _____	familiare _____
sinonimo _____	volgare _____	figurato _____

Secondo voi come sono le abbreviazioni delle parole ed espressioni rimanenti?

▶II 16

9. L'italiano del terzo millennio

a. Ascoltate più volte l'intervista al professor Patota. Dopo ogni ascolto consultatevi con un compagno diverso e confrontate con lui le informazioni capite.

b. Ascoltate un'altra volta e completate il questionario.

Il professor Patota sostiene che …	sì	no
la lingua usata negli sms costituisce un pericolo per l'italiano.	☐	☐
la soluzione grafica ‹k› per ‹ch› non è una novità di oggi.	☐	☐
l'italiano è una lingua che mette insieme diversi influssi.	☐	☐
si deve avere paura della modernità.	☐	☐

10. Neologismi

a. Nell'intervista il professor Patota fa un esempio di neologismo che combina diverse culture.

Qual è il neologismo? ______________________________

Quali sono le due culture? ______________________________

b. Vi vengono in mente alcuni neologismi nella vostra lingua? In piccoli gruppi fate una lista. Poi in plenum mettete insieme le diverse proposte e raggruppatele per settori (nuove tecnologie, musica, ecc.).

4, 5 *Quante di queste parole sono internazionalismi e si usano probabilmente anche in italiano?*

11. Ritorno al testo

▶II 17 *a. Ascoltate e completate.*

Questa parola ______________________ in italiano da pochi anni, dal 2000.

b. La forma verbale che avete scritto è un passivo. Cercate nell'articolo A del punto 3 la costruzione passiva corrispondente alla frase «... semiologi, linguisti, filosofi condividono l'opinione» e scrivetela qui sotto.

____

c. Leggete le frasi qui sopra e insieme a un compagno formulate la regola.

- Il passivo si forma con ______________ + ____________________ .
- La persona o la cosa che fa l'azione (complemento d'agente) è introdotta dalla preposizione _____ .
- La persona o la cosa che fa l'azione
  ☐ è sempre specificata.
  ☐ non è sempre specificata.
- Quando si usa la forma passiva si vuole evidenziare
  ☐ l'azione.
  ☐ la persona o la cosa che fa l'azione.
- Il verbo essere è coniugato allo stesso ________ e ________ del verbo della forma attiva.

≡ 6
- Il participio deve concordare con il ____________________ .

12. Che mi dite delle chat?

Navigate in Internet? Avete mai chattato? Se no, perché? Se sì, avete poi incontrato la persona
≡ 7, 8, 9 *con cui eravate in contatto? È stata un'esperienza interessante? Parlatene in piccoli gruppi.*

13. Puzzle

a. Nella seguente chat le battute sono in disordine. Mettetele in ordine insieme a un compagno.

<orso75>	Però avete l'aria buona!:-))
<newage78>	Te l'avevo detto! Siamo neanche 4.000, qui!
<orso75>	Ho cercato Rocca Crea sull'atlante.
<newage78	Sì! È un puntino!
<orso75>	Ah sì!:-)))
<newage78>	E l'hai trovata?:-o

b. Confrontate con un compagno diverso da quello del punto a e poi rispondete alle domande.

Secondo voi, chi è <orso75>? Quanti anni ha? Chi è <newage78>? Quanti anni ha?
È la prima volta che chattano?

c. Adesso leggete tutto il racconto.

SMARRITA

<orso075> Ho cercato Rocca Crea sull'atlante.
<newage78> E l'hai trovata?:-o
<orso075> Sì! È un puntino!
<newage78> Te l'avevo detto! Siamo neanche 4.000, qui!
<orso075> Però avete l'aria buona!:-))
<newage78> Ah sì!:-)))

Sorrise. L'aveva conosciuta in chat pochi giorni prima. E non l'aveva mai vista, neanche in foto. [...] Una volta, dopo aver chattato, s'erano scambiati i numeri di cellulare e gli indirizzi di posta elettronica, e adesso, oltre a chattare, si scambiavano brevi messaggi sul cellulare e via e-mail; però non s'erano mai sentiti per telefono. Tuttavia, lei gli piaceva. [...] Chiuse la chat. Lui restò collegato altri venti minuti, durante i quali non successe proprio nulla. Alle sei si scollegò e andò in palestra.
Quando uscì, fuori era già sceso il buio, e a illuminare Roma c'era solo la luce dei lampioni. Accese il cellulare. Meno di trenta secondi dopo arrivò un messaggio.
Lo aprì.
Era di mezz'ora prima.
Lo lesse. «Ops!» c'era scritto «S'è fatto buio prima del previsto e io sono ancora sulla via del ritorno...»
Era lei. Quello che aveva scritto era a dir poco preoccupante, e lui decise di chiamarla. Quindi, fece qualcosa che non aveva mai fatto prima: cercò il suo numero in rubrica e la chiamò.
Lei rispose dopo tre squilli.
«Ciao...» esordì lui, un poco rasserenato.
«Ciao!» rispose lei «Sei tu... oddìo, avrei preferito sentirti in un momento più tranquillo...»
«Dove sei?»
«Ancora in campagna...» aveva il fiatone; lui la sentì tesa e allarmata «Qui è quasi buio... E ho come l'impressione di essere seguita...» ridacchiò nervosamente; lui la sentì deglutire. «Sta arrivando qualcuno...» disse poi; e lui avvertì molta paura nella sua voce. Cercò le parole per rassicurarla e poi, magari, chiederle che cosa stesse succedendo, ma proprio nel corso della ricerca cadde la linea. Provò a richiamarla, ma lei non era più raggiungibile.
Passò la serata in stato di paranoia: provò a ricontattarla; controllò la posta elettronica decine di volte; monitorò la chat fino a tardi. Niente.
Alle due si coricò a letto. Prima di spegnere la luce sistemò il cellulare sul comodino. [...]
All'alba era ancora sveglio; [...]. Stava meditando di alzarsi, quando s'addormentò. Si svegliò alle nove per abitudine, visto che, per andare a lavoro, si svegliava tutte le mattine a quell'ora. Si alzò. [...] Si connetté, aprì la casella e scaricò la posta.
Un tuffo nel cuore. Eccolo, accidenti. Il nome di lei tra quelli dei mittenti dei messaggi in arrivo. Provò un gran sollievo.
Gli tremavano le mani, e dovette esercitare un alto controllo affinché la destra tenesse saldo il mouse e dirigesse il puntatore sul messaggio di lei. Finalmente, ci arrivò. Cliccò. [...] Il testo apparve sullo schermo. Lo lesse.

Ciao maschio!

Scusa per ieri, ma mentre parlavamo s'è scaricato il cell ed è caduta la linea! Cmq, come tentavo di dirti prima che il cell si spegnesse, proprio mentre ero nel mezzo della campagna [...], è arrivata una jeep. Sopra c'era uno zio che tornava a Rocca: m'ha offerto un passaggio e io ho accettato. Tutto OK, insomma!

A presto!

P. S. Hai una bella voce. Più tardi ti chiamo!

Sorrise. Si sentiva felice.

Chiuse la posta, si disconnetté, spense il computer e andò a farsi la doccia.

(da *Smarrita* di Maria Paulucci, terzo classificato del concorso «Scrivere web: webmania» (2004/05) indetto dal Premio Grinzane Cavour)

14. Mettiamo in ordine!

A coppie mettete in ordine cronologico le frasi seguenti, in modo da ottenere un riassunto del racconto che avete letto. Attenzione: nelle frasi ci sono quattro informazioni sbagliate, correggetele! Confrontate poi il risultato con un compagno diverso.

☐ Mentre stanno parlando si interrompe la comunicazione: lui si preoccupa perché ha sentito nella voce della ragazza una certa paura.

☐ La mattina, in ufficio, controllando la posta elettronica, vede che la ragazza gli ha scritto un' e-mail. La legge e si tranquillizza.

☐ Un ragazzo e una ragazza, entrambi di Roma, si sono conosciuti attraverso una chat.

☐ Non riesce più a contattarla: né in chat, né col cellulare. È nervoso e passa tutta la notte a chattare con altre persone.

☐ Una sera al ragazzo arriva un'e-mail di lei e allora decide di chiamarla.

☐ Non si sono mai visti, ma si sono già scambiati i numeri di cellulare e gli indirizzi di posta elettronica.

15. Ritorno al testo

a. Completate le seguenti frasi tratte dalla seconda parte del racconto (da «Passò la serata...»).

1. _______ ____ _____________ la luce sistemò il cellulare sul comodino.

2. Come tentavo di dirti ________ ____ il cellulare _____ ______________ .

b. A coppie. Leggete le frasi e riflettete sull'uso dei modi verbali. Completate poi la regola.

	è lo stesso	non è lo stesso
▸ Prima _____ + _____________ si usa quando nelle due parti della frase il soggetto	☐	☐
▸ Prima _____ + _____________ si usa quando nelle due parti della frase il soggetto	☐	☐

16. Facciamo una ricerca!

a. Rileggete il racconto, cercate tutti i termini che si riferiscono al computer e al cellulare e scriveteli.

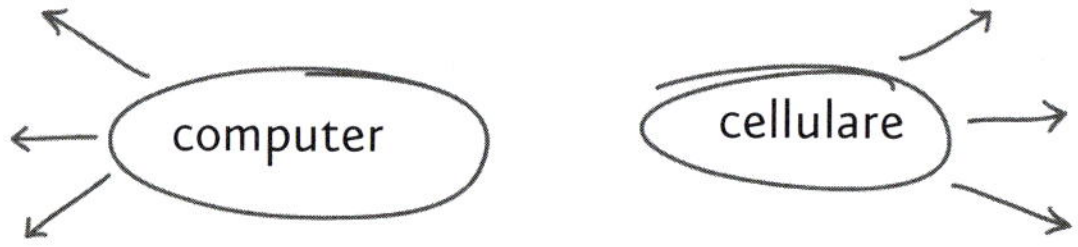

≝ 10, 11, 12 *b. Ne conoscete altri? Aggiungeteli alla lista e poi confrontate con un compagno.*

17. Computer o cellulare?

Se doveste rinunciare per una settimana intera al computer o al cellulare, che cosa scegliereste? E perché? Parlatene in piccoli gruppi.

18. Occhio alla lingua!

a. Rileggete l'inizio del racconto.

<orso75> Ho cercato Rocca Crea sull'atlante.
<newage78> E l'hai trovata?:-o
<orso75> Sì! È un puntino!
<newage78> Te l'avevo detto!

b. «Te l'avevo detto!» significa «ti avevo detto questo!»

▸ **Te l'** (= lo) è un esempio di pronome combinato, cioè che mette insieme due pronomi. A che cosa si riferiscono i singoli pronomi?

c. Adesso cercate di completare la seguente tabella. Poi confrontate con un compagno.

	lo	la	li	le
mi	me lo			
ti		te la		
gli/le			glieli	
ci				ce le
vi			ve li	
gli		gliela		

d. A coppie. Osservate la tabella e completate la regola.

mi		______			
ti	diventano	______	e si scrivono	☐ uniti al	pronome diretto
ci		______		☐ separati dal	
vi		______			

gli e le diventano ______ e si scrivono ☐ uniti al / ☐ separati dal pronome diretto

19. Che significherà?

a. Leggete le seguenti frasi. Cercate poi a destra quelle che hanno lo stesso significato. A volte sono possibili diverse soluzioni. Confrontate le soluzioni con un compagno e poi in plenum.

1. Me l'ha regalato Roberto.
   - Roberto mi ha regalato i fiori.
   - Ho regalato a Roberto il libro.
   - Roberto mi ha regalato il libro.

2. Gliel'ho detto.
   - L'ho detto a Carla.
   - Carla l'ha detto a Giovanni.
   - L'ho detto a Giovanni e Carla.

3. Ve le hanno mandate per posta.
   - Marco e Lucia ci hanno mandato la foto per posta.
   - Vi ho mandato le foto per posta.
   - Marco e Lucia vi hanno mandato le foto per posta.

4. Glieli hai già dati?
   - Hai già dato le informazioni ad Andrea e Elisabetta?
   - Hai già dato i CD ad Andrea?
   - Hai già dato gli appunti a Elisabetta?

b. In coppia. Fatevi delle domande e rispondete come nell'esempio.

13, 14, 15, 16

□ Scusa, mi presti il libro ?
■ Sì, ma non adesso, te lo do dopo.

□ Scusa, mi presti la penna?
■ Mi dispiace, non te la posso dare: è l'unica che ho!

20. I connettivi

A coppie leggete il brano seguente tratto dal racconto del punto 13c e collegate le parole in verde alla loro funzione nel testo, come nell'esempio.

Sorrise. L'aveva conosciuta in chat pochi giorni prima. **E** non l'aveva mai vista, neanche in foto. [...] **Una volta**, dopo aver chattato, s'erano scambiati i numeri di cellulare e gli indirizzi di posta elettronica, e **adesso**, oltre a chattare, si scambiavano brevi messaggi sul cellulare e via e-mail; **però** non s'erano mai sentiti per telefono. **Tuttavia**, lei gli piaceva. [...]
Chiuse la chat. Lui restò collegato altri venti minuti, durante i quali non successe proprio nulla. Alle sei si scollegò e andò in palestra.
Quando uscì, fuori era già sceso il buio, e a illuminare Roma c'era solo la luce dei lampioni. Accese il cellulare. Meno di trenta secondi dopo arrivò un messaggio.
Lo aprì.
Era di mezz'ora prima.
Lo lesse. «Ops!» c'era scritto «S'è fatto buio prima del previsto e io sono ancora sulla via del ritorno...»
Era lei. Quello che aveva scritto era a dir poco preoccupante, e lui decise di chiamarla. **Quindi**, fece qualcosa che non aveva mai fatto **prima**: cercò il suo numero in rubrica e la chiamò.
Lei rispose dopo tre squilli.
«Ciao...» esordì lui, un poco rasserenato.
«Ciao!» rispose lei «Sei tu... oddìo, avrei preferito sentirti in un momento più tranquillo...»
«Dove sei?»
«Ancora in campagna...» aveva il fiatone; lui la sentì tesa e allarmata «Qui è quasi buio... E ho come l'impressione di essere seguita...» ridacchiò nervosamente; lui la sentì deglutire. «Sta arrivando qualcuno...» disse **poi**; e lui avvertì molta paura nella sua voce.

17, 18

- indica che un'azione si svolge in un momento successivo rispetto a un'altra
- introduce e mette nel passato un evento che si sta per raccontare
- indica un rapporto di contemporaneità
- introduce una conseguenza
- unisce due frasi senza aggiungere significati alla loro relazione
- introduce un'informazione che è in contrapposizione con un'altra espressa in precedenza
- introduce un'informazione che è in contrapposizione con un'altra espressa in precedenza, è usata spesso dopo un punto
- indica che un'azione si svolge in un momento precedente rispetto a un'altra
- introduce un'azione che si svolge nel tempo presente

21. Tutti scrittori!

Immaginate di essere la protagonista femminile del racconto del punto 13c: riscrivetelo partendo dal suo punto di vista. Se volete, potete cominciare così:

«Ho conosciuto <orso75> in chat, ma non l'ho mai visto, non ci siamo mai incontrati ...»

1. Ultima pratica sexy: usare il congiuntivo

*a. Questo è il titolo di un articolo tratto da Internet.
Che cosa afferma e, secondo voi, perché? Discutetene con un compagno.*

b. Ora leggete il testo: avevate indovinato?

Ho assistito alla ‹giornata dell'orientamento› in un istituto tecnico. Non è, come il nome lascia pensare, un incontro in cui alcuni girano bendati (i futuri geometri), altri con la bussola (gli aspiranti ragionieri), cercando l'uscita della scuola. È, invece, un buon servizio che alcuni istituti offrono. Ex alunni ed esperti arrivano, un sabato mattina, e presentano i vari sbocchi universitari e professionali.

Non essendo un ex alunno, né un esperto, sono rimasto ad ascoltare [...]. Ero in un'aula, seduto dietro al solito banco acquamarina, che è il colore dei ricordi per milioni di noi [...]. Stavano parlando tre ex alunne, ora ventenni: Laura, che lavora in un'assicurazione; Simona e Alessandra, impiegate come programmatrici in azienda. A un certo punto, sono rimasto di stucco. Laura ha detto: «Non pensavo mi assumessero...». Simona ha spiegato: «Se non avessi studiato qui...». Alessandra ha concluso: «Spero che quello che ho appena detto vi abbia interessato». Sbalorditivo: tre italiane su tre che usavano i congiuntivi.

Ora, io non vorrei sembrare snob, né pedante come i vecchi professori di liceo [...]. Ma vi assicuro che se quello fosse stato un colloquio di lavoro, le avrei assunte tutt'e tre. Usare il congiuntivo vuol dire infatti avere il cervello con le marce: è più facile salire, qualunque sia la montagna. Badate bene: Simona, Alessandra e Laura non erano zitelle malinconiche. Avevano le treccine africane d'ordinanza, il maglioncino con la cerniera, [...]. Laura aveva anche il piercing nel naso. Credevo fosse incompatibile col periodo ipotetico, ma mi sbagliavo. [...] Ora che tutto si compra, infatti, sta diventando prezioso quello che s'impara. Fidatevi, ragazzi: conosco ragazze che considerano un congiuntivo più sexy dell'orologio di lusso e del pantalone firmato. Non fate quella faccia: sono pure carine.

(da *Ultima pratica sexy: usare il congiuntivo* di Beppe Severgnini, Italians febbraio 2001)

c. Leggete ancora un paio di volte il testo. Dopo ogni lettura consultatevi con un compagno diverso e scambiate con lui le informazioni capite.

d. Trovate nel testo le espressioni equivalenti a quelle che seguono (sono in ordine).

sono stato presente come spettatore
con gli occhi coperti da un pezzo di stoffa
strumento che indica il nord
che desiderano diventare
possibilità di studio o di lavoro dopo la scuola
colore verde-azzurro, come il mare
incredibile
non importa quale
fate attenzione
donne non sposate, non più giovani e non molto belle
di grande valore

e. Che significato hanno, nel testo, le seguenti espressioni? Scegliete le soluzioni e poi confrontatele con quelle di un compagno.

sono rimasto di stucco (r. 9–10)
- ☐ mi sono sorpreso molto
- ☐ sono rimasto fermo

avere il cervello con le marce (r. 15)
- ☐ avere in testa la melodia di una marcia
- ☐ avere la testa che funziona molto bene

d'ordinanza (r. 17)
- ☐ conformi alle regole della moda
- ☐ molto ordinate

f. Adesso leggete il testo ancora una volta e rispondete alle domande.

Che cos'è una ‹giornata dell'orientamento›?

____

Che cosa ha trovato sorprendente l'autore in questa giornata?

____

Perché, secondo l'autore, è sempre meglio saper usare il congiuntivo?

____

2. Il mondo della scuola

In coppia. Rileggete il testo, sottolineate tutte le espressioni che riguardano la scuola e fate una lista. Poi riflettete: ne conoscete altre? Se sì, aggiungetele alla lista.

3. Scelte di vita

Avete partecipato anche voi a una ‹giornata dell'orientamento›? Su quali informazioni vi siete basati per scegliere università e corso di laurea? Siete soddisfatti della vostra scelta?
1 *Se poteste tornare indietro, la rifareste? Parlatene in piccoli gruppi.*

4. Occhio alla lingua!

a. Nel testo del punto 1b Alessandra dice:

«Spero che quello che ho appena detto vi **abbia interessato**».

▸ Il verbo evidenziato è un congiuntivo passato: secondo voi, come si forma?

Il congiuntivo passato si forma con ________________ + ________________.

b. In coppia. Leggete ora con attenzione le seguenti frasi: a che tempo è coniugato il verbo della frase principale? E secondo voi, in quali frasi l'azione espressa dal verbo al congiuntivo è contemporanea (C) al verbo della frase principale? Dove invece è anteriore (A)? E dove può essere riferita al futuro (F)? Parlatene e completate la regola.

	A	C	F
Se **speri** che **faccia** una scenata ...	□	□	□
Spero solo che non **sia** un piano per liberarti di noi.	□	□	□
Spero che quello che ho appena detto vi **abbia interessato**.	□	□	□

anteriore = precedente

▸ Il congiuntivo passato esprime un fatto che si svolge □ insieme a / □ prima di / □ dopo quanto espresso dal verbo della frase principale al tempo ____________________ .

5. Che dire?

Che cosa dite nelle seguenti situazioni? Scrivete delle frasi iniziando, se volete, con le espressioni indicate qui sotto. Usate il congiuntivo passato. Poi confrontate le vostre frasi con quelle di un compagno e, se necessario, correggetele insieme.

Spero / speriamo che ... Mi auguro che ... Credo che ... Ho l'impressione che ...
Ho paura che ... Mi pare che ... Può darsi che ...

Esempio: Oggi c'è un esame importante, ma un vostro compagno, che lo deve fare e che è un tipo smemorato, non è ancora arrivato. Voi pensate ... *Speriamo che non si sia dimenticato anche dell'esame!*

1. Un amico italiano vi aveva chiesto di trovare per lui alcune informazioni sulla vostra università. Voi l'avete fatto. Qualche tempo dopo vi informate sull'utilità dei dati forniti e gli dite ...

____

2. Siete andati alla stazione a prendere un amico. Il treno arriva, ma l'amico non c'è. Voi pensate ...

____

3. Un compagno di studi italiano, insieme al quale avete studiato qualche giorno fa, vi telefona perché non trova più degli appunti. Voi gli dite ...

____

4. Un conoscente vi chiede notizie di amici comuni: ha telefonato più volte a casa loro, ma non risponde mai nessuno. Voi dite ...

2, 3, 4

____

UNITÀ 15

6. Ritorno al testo

a. Completate le seguenti frasi con i verbi che trovate nel testo del punto 1b.

«Se non ____________________ qui...» (Simona)

«Se quello ______________ un colloquio di lavoro, le _____________ tutt'e tre.» (Severgnini)

b. Il primo verbo di ogni frase è un congiuntivo trapassato: come si forma?

▸ Il congiuntivo trapassato si forma con ______________ + ______________.

c. In coppia. Le frasi del punto 6a esprimono delle ipotesi. Secondo voi, si tratta di ipotesi realizzabili o irrealizzabili? E si riferiscono al presente o al passato? Parlatene tenendo bene presente il racconto in cui queste frasi compaiono. Poi completate.

▸ Si tratta di ipotesi _______________ che si riferiscono al _______________.

d. Quali modi e quali tempi si usano per esprimere questo tipo di ipotesi?

▸ Un'ipotesi _______________ riferita al _______________ si costruisce con se + _______________, + _______________.

e. Completate ora, liberamente, la frase iniziata da Simona:

«Se ____ »

7. Se ...

a. Lavorate in piccoli gruppi. A turno, fatevi le domande e rispondete partendo dalle situazioni date, come nell'esempio. Usate la struttura analizzata al punto 6.

Esempio:
Eri presente alla ‹giornata d'orientamento› al posto di Beppe Severgnini.
□ Che cosa avresti fatto, se fossi stato presente alla giornata dell'orientamento al posto di B. S.?
■ Se fossi stato presente alla giornata dell'orientamento, avrei fatto un sacco di domande.

Non ti sei iscritto all'università.
Non hai trovato casa nella città in cui studi.
Sei nato nel 1600.
Hai potuto scegliere dove nascere.
Ti hanno proposto di partecipare ad un quiz televisivo.
Hai scoperto l'elisir di lunga vita.

b. Ora inventate voi! Ognuno di voi inventa una situazione e la scrive su un foglietto usando il periodo ipotetico dell'irrealtà: formulate delle domande come nell'esempio al punto a. Poi mettete i foglietti sul banco con la scritta verso il basso. A turno, ognuno prende un foglietto (diverso dal suo!) e risponde alla domanda.

5, 6, 7

▶II 18 8. L'università italiana

a. Ascoltate più volte la registrazione. Dopo ogni ascolto consultatevi con un compagno diverso e confrontate con lui le informazioni capite.

b. Ascoltate un'altra volta e trovate la soluzione corretta.

La persona intervistata è	□ professore ordinario	□ professore associato	□ ricercatore
e insegna alla facoltà di	□ giurisprudenza.	□ lettere e filosofia.	□ economia.

Come funziona il sistema universitario italiano?

____

____

____

Quali sono, secondo l'intervistata, i vantaggi e gli svantaggi di questo sistema?

vantaggi: ____________________

svantaggi: ____________________

Quali consigli dà l'intervistata agli studenti stranieri?

1. ____________________
2. ____________________
3. ____________________

Quali sono, secondo l'intervistata, i problemi principali dell'università italiana?

1. ____________________
2. ____________________

c. Confrontate le vostre risposte con quelle di un compagno e poi controllate con un ultimo ascolto.

9. Pianeta università

▶II 18 *a. Ecco alcune espressioni utili per ‹orientarsi› nelle università italiane. Ascoltate ancora una volta l'intervista e segnate con una crocetta quelle che vengono citate.*

□ tesi di laurea	□ conseguire un titolo di studio	□ matricola
□ dare un esame	□ corpo docente	□ rettore
□ voto	□ piano di studio	□ credito formativo universitario (CFU)
□ bacheca	□ programma Erasmus	□ ateneo
□ appello	□ libretto	□ offerta didattica
□ frequenza	□ dottorato di ricerca	□ laurea specialistica (o magistrale)

b. Conoscete il significato di tutte le espressioni elencate al punto a? Sapreste spiegarlo?
8 *Parlatene con i compagni e con l'insegnante.*

10. Come funziona l'università

Il sistema universitario italiano funziona come quello del vostro Paese? Quali differenze e quali somiglianze ci sono? Parlatene in piccoli gruppi,
9 *se possibile con persone provenienti da Paesi diversi.*

11. Ritorno al testo

▶II 19 *a. Provate a completare le frasi, tratte dall'intervista, inserendo al posto giusto le seguenti espressioni. In alcuni casi esistono diverse possibilità. Poi ascoltate e controllate.*

innanzi tutto, dunque (2x), sia … sia, in secondo luogo, non solo, ma anche, prima di tutto, sia … che, cioè

«__________, ci sono ________ vantaggi ________ svantaggi rispetto al sistema che era in vigore fino a qualche anno fa.»

«Abbiamo numerosi studenti stranieri, ______ studenti di Paesi europei, _______ studenti del Terzo Mondo.»

«Mah, _______________ , mi sentirei _________________ di consigliargli di curare molto bene lo studio della lingua … ___________________ consiglierei a questi studenti di evitare di fare quello che fanno i loro colleghi italiani e ________ di non venire a lezione.»

«I problemi che a me sembrano più urgenti sono, _______________ , la scarsità del corpo docente.»

«L'Italia è indietro _____________ rispetto agli Stati Uniti, ____________ rispetto a molti Paesi europei.»

b. Rileggete ora le frasi e indicate quali espressioni usa la persona intervistata per …

iniziare un discorso: ________________

mettere in relazione due informazioni di pari importanza: _________ / _________ / _________

introdurre l'informazione più importante: ________________ / ________________

aggiungere ancora un'informazione: ________________

≡ 10, 11 specificare o spiegare meglio qualcosa: ________________

12. Con Erasmus in Italia

a. Lavorate in piccoli gruppi. Avete vinto una borsa di studio Erasmus e fra poco partirete per l'Italia. Secondo voi, quali sono le cose più importanti da fare prima della partenza? Raccogliete le idee, aiutandovi anche con altre esperienze già fatte all'estero, e scrivete poi una lista di almeno cinque cose mettendole in ordine d'importanza. Alla fine, un portavoce riferirà al resto della classe.

b. Tempo fa avete conosciuto uno studente italiano Erasmus che proviene dall'università dove studierete. Questo studente è già rientrato in Italia. Scrivetegli un'e-mail in cui gli raccontate i vostri progetti e gli chiedete le informazioni che vi servono. Scrivete da soli e poi correggete

≡ 12, 13 *insieme a un compagno.*

13. Prima degli esami

Come vi preparate agli esami? Segnate le risposte adatte a voi e poi intervistate i vostri compagni: chi ha le abitudini più simili alle vostre?

Di solito studiate	☐ da soli	☐ insieme a uno o più compagni	☐ altro: ____________
	☐ a casa	☐ all'università	☐ in biblioteca
	☐ altro: ____________		
Dedicate allo studio	☐ tutta la giornata	☐ da 1 a 5 ore al giorno	☐ altro: ____________
Per concentrarvi avete bisogno di	☐ silenzio assoluto	☐ una musica di sottofondo	
	☐ molto caffè	☐ altro: __________	
Temete di più	☐ gli esami scritti	☐ gli esami orali	☐ entrambi allo stesso modo
Per combattere lo stress da esame	☐ fate sport	☐ fate yoga	☐ portate a spasso il cane
	☐ altro: ____________		
La sera prima di un esame	☐ uscite con gli amici	☐ andate a letto presto	
	☐ guardate la tv	☐ studiate fino a notte fonda	
	☐ vi rilassate ascoltando musica	☐ altro: ____________	
La mattina dell'esame	☐ vi alzate presto per ripassare	☐ vi alzate con calma e cercate di rilassarvi	
	☐ altro: ________		
Andate ad un esame	☐ vestiti come tutti i giorni	☐ vestiti meglio del solito	

14. La mattina dell'esame

a. Leggete il racconto di Walter. Secondo voi, a che facoltà è iscritto?

La mattina dell'esame mi presentai all'università totalmente stravolto. Nell'ultima settimana per studiare non avevo praticamente dormito. Mi ero preparato in più di tre mesi. Una volta davanti alla commissione constatai di essere l'unico esaminando con i jeans e le scarpe da tennis. Gli altri poeti filosofi avevano pensato bene di ripulirsi. Erano tutti in giacca e cravatta, mentre le ragazze sfoggiavano per l'occasione minigonne cortissime. Io una giacca e una cravatta non le possedevo del tutto. Quanto alle gambe sarebbero risultate comunque troppo pelose.

Ripassai fino all'ultimo, poi venne il mio turno. Mi sedetti e posai il mio libretto sul tavolo. L'assistente del professore gli diede un'occhiata.

«Lei proviene da un istituto tecnico per geometri?», mi chiese, guardandomi negli occhi.

«Sì».

Ebbe uno strano sorriso.

«Vediamo come si studia la storia della filosofia nei cantieri edili», disse.

Sorrise anche il professore. Io no.

«Mi parli del paragrafo cinque della seconda edizione dell'*Estetica trascendentale* di Kant, riguardo all'esposizione trascendentale del concetto di tempo».

Rimasi di pietra. Di che cosa stava parlando? Qual era il paragrafo cinque? Non c'era nessun paragrafo cinque riguardante l'esposizione trascendentale del concetto di tempo sul libro che avevo studiato.

«Allora? Che cosa mi dice?».

«Be', per la verità non ho studiato nulla del genere».

«Che cosa?».

I poeti filosofi trattenevano il fiato.

«Non c'era nessun paragrafo cinque sull'esposizione trascendentale del concetto del tempo nel testo indicato nel programma d'esame», dissi.

Il professore prese la *Critica della ragion pura* che avevo appoggiato sul tavolo. La esaminò.

«Dove ha preso questo volume?».

«Alla Biblioteca Nazionale».

«In questa edizione manca il paragrafo cinque. Kant lo ha aggiunto nella ristampa successiva. Non pensavo che avessero tradotto anche la prima versione. Lei dovrà ridare l'esame».

Io non dissi niente.

«Avanti il prossimo», disse l'assistente.

(da *Tutti giù per terra* di Giuseppe Culicchia, Milano 1994)

b. Vero o falso? Rileggete il testo e scegliete la soluzione corretta. Poi consultatevi con un compagno.

	v	f
Walter dà un esame scritto.	□	□
Per quest'esame Walter ha studiato molto.	□	□
Walter si presenta all'esame vestito come gli altri studenti.	□	□
Prima dell'università, Walter ha frequentato un liceo.	□	□
Walter ha studiato sul libro sbagliato.	□	□

c. Abbinate le seguenti espressioni ai loro significati.

stravolto (r. 1)	in ogni caso
una volta (r. 3)	posti in cui si sta costruendo per esempio un edificio
constatai (r. 3)	se consideriamo le
esaminando (r. 3)	guardò con molta attenzione
sfoggiavano (r. 5)	quando mi trovai
quanto alle (r. 6)	notai
comunque (r. 7)	in relazione all'
cantieri edili (r. 13)	stanchissimo e nervoso
riguardo all' (r. 16)	persona che deve fare un esame
esaminò (r. 26)	portavano mettendole in mostra

d. Che significato hanno, nel testo, le seguenti espressioni?
Scegliete le soluzioni e poi confrontatele con quelle di un compagno.

avevano pensato bene di (r. 4)
☐ avevano riflettuto a lungo ☐ avevano creduto adatto alla situazione

gli diede un'occhiata (r. 9)
☐ lo guardò rapidamente ☐ lo guardò a lungo

rimasi di pietra (r. 17)
☐ fui così sorpreso che non sapevo che cosa dire e che cosa fare ☐ fui felice di sentire quella domanda

15. Occhio alla lingua!

a. In coppia. Leggete con attenzione le seguenti frasi: a che tempo è coniugato il verbo della frase principale? E secondo voi, in quale frase l'azione espressa dal verbo al congiuntivo è contemporanea (C) al verbo della frase principale? In quale invece è anteriore (A)? Parlatene e completate la regola.

	A	C
Non pensavo mi assumessero.	☐	☐
Credevo fosse incompatibile col periodo ipotetico.	☐	☐
Non pensavo che avessero tradotto anche la prima versione.	☐	☐

▸ Quando la frase principale ha il verbo al tempo ________________, nella frase subordinata si usa ________________ per esprimere la contemporaneità e ________________ per esprimere l'anteriorità.

b. Completate ora, liberamente, le seguenti frasi e poi confrontatele con quelle di un compagno.

Non pensavo che l'università ________________________________

14, 15 Pensavo che l'italiano ________________________________

16. Ritorno al testo

a. Leggete la seguente frase, poi trovate nel testo del punto 14 la frase equivalente e scrivetela qui. Che cosa corrisponde, nella frase originale, a ‹mentre mi guardava›?

«Lei proviene da un istituto tecnico per geometri? », mi chiese, **mentre mi guardava** negli occhi.

____

b. Rileggete le due frasi e scegliete la soluzione corretta. Poi confrontate con un compagno.

Il gerundio ha, qui, funzione
□ modale (= come?) □ temporale (= quando?) □ causale (= perché?)

c. Abbinate ora le domande alle risposte e completate le frasi con il gerundio. Attenzione alla posizione dei pronomi (dove sono presenti)!

1. Hai già fatto la spesa?
2. Quando hai conosciuto Piero?
3. Hai visto che hanno aumentato le tasse?
4. È vero che hai perso il portafogli?
5. Hai visto Chiara? ≝ 16

a. Eh, sì! L'ho scoperto ieri (iscriversi) ____________ .
b. Sì, sì, l'ho incontrata (uscire) ____________ dall'università.
c. No, la farò (tornare) ____________ a casa.
d. (preparare) ____________ il mio primo esame: abbiamo studiato insieme.
e. Sì, l'ho notato (fare) ____________ la spesa.

17. Il primo esame non si scorda mai

Vi ricordate il primo esame? Che esame era? Come sono andate le cose?
≝ 17 *Parlatene in piccoli gruppi e… sfogatevi!*

1. Il mestiere dei miei sogni

Ecco i dieci mestieri preferiti dagli studenti delle scuole superiori italiane. Quali differenze notate fra le preferenze dei ragazzi e quelle delle ragazze? Come ve le spiegate? Parlatene con un compagno.

Voto desiderabilità (da 0 a 10)

Ragazzi		Ragazze	
Esperto di grafica computerizzata	6,2	Attrice teatrale o di cinema	7,0
Progettista di siti internet	6,2	Stilista di moda	6,9
Manager di un'impresa multinazionale	6,1	Manager di un'azienda discografica	6,1
Manager di un'azienda discografica	6,0	Direttrice di un villaggio turistico	6,0
Allenatore di una squadra sportiva	6,0	Giornalista per un quotidiano nazionale	5,8
Capo ufficio studi di una grande banca	6,0	Regista televisiva	5,6
Ingegnere delle telecomunicazioni	5,6	Interprete di lingue straniere all'Onu	5,6
Regista televisivo	5,5	Manager di un'impresa multinazionale	5,5
Attore teatrale o di cinema	5,4	Capo ufficio studi di una grande banca	5,5
Giornalista per un quotidiano nazionale	5,1	Ricercatrice universitaria	5,2

(da Giancarlo Gasperoni e Marco Trentini, Le nuove generazioni tra orientamento, studio e lavoro. Ragazze, ragazzi e istruzione secondaria superiore in Emilia-Romagna, Bologna, Istituto Cattaneo (collana «Misure / Materiali di ricerca dell'Istituto Cattaneo»), 2005)

2. Per lui e per lei

a. Completate la tabella con i nomi di professione che trovate al punto 1.

♂	♀	♂ ♀
impiegato	impiegata	medico
__________	esperta	__________ (ufficio)
ricercatore	__________	interprete
direttore	__________	ingegnere
__________	allenatrice	__________ (televisivo/a)
__________ (teatrale)	__________ (teatrale)	__________
dottore	dottoressa	__________
poeta	poetessa	geometra
studente	studentessa	insegnante
ragioniere	ragioniera	cantante

b. In coppia. Osservate attentamente la tabella dei nomi che hanno due desinenze diverse: come si forma il femminile? Parlatene e provate a completare la regola.

maschile	→	femminile	esempio
in -o	→	_____	________________
in -a	→	_____	________________
in -e	→	_____ / _____	________________
in -tore	→	_____	________________

eccezione: ________________

Attenzione!
professore → professoressa

c. In coppia. Osservate ora la tabella dei nomi di professione che hanno una sola desinenza per tutti e due i generi. Quali categorie riuscite a individuare?

categoria	esempio
nomi stranieri	manager
desinenza _____	__________
desinenza _____	__________
desinenza _____	__________
desinenza -ista	__________
desinenza -ante	__________

d. Avvocata, avvocatessa o semplicemente avvocato?
Per alcune professioni esiste soltanto il nome maschile, per alcune altre – anche se esiste una forma femminile – si preferisce usare la forma maschile anche per le donne. Secondo voi, perché? Conoscete altri esempi in italiano?
E com'è la situazione nella vostra lingua? Parlatene prima con un compagno, poi confrontatevi con il resto della classe e con l'insegnante.

1, 2

3. Da grande io ...

Qual è la professione dei vostri sogni? È quella che sognavate già da bambini o con il tempo i vostri sogni sono cambiati? È quella che ha determinato il vostro percorso di studio o no? Parlatene in piccoli gruppi.

4. AAA collaboratore cercasi

a. Leggete i seguenti annunci.
In quali si offre un lavoro e in quali un periodo di apprendistato?

1 **Stagista per la selezione del personale. Rif. aziendale: stagjesi**

Posizione: La candidata verrà formata per il ruolo di ricerca e selezione del personale.
Requisiti: Diploma di laurea in facoltà umanistiche-letterarie, attitudine ai rapporti interpersonali, capacità di problem solving, flessibilità e determinazione. Non si esclude la possibilità di un'assunzione diretta successivamente al periodo di tirocinio.
Luogo di lavoro: Marche, Jesi (AN), durata: 6 mesi, retribuzione: 400 mese

2 Studio di consulenza assicurativa ricerca avvocato e/o laureato in giurisprudenza con buona conoscenza della lingua inglese per propria sede in Roma.
Inviare CV al numero 0687549911.

3 Uno stage di sei mesi viene offerto da un'azienda di spedizioni a un laureato/a marketing o comunicazione o simili con buona conoscenza di office e della lingua inglese.
Domiciliato a Bergamo o dintorni. **Età massima:** 29 anni.
Sede di lavoro sarà Bergamo. **Il codice:** SS2005/17.

4 La biblioteca di Scienze della Comunicazione cerca uno/a stagista per un periodo di 6 mesi.
Inviare il proprio CV a **ufficiostage.scom@uniroma1.it** indicando nell'oggetto: STAGE BIBLIOTECA

b. Completate la tabella con le informazioni (dove è possibile).

annuncio	1	2	3	4
sede	______	______	______	______
durata	______	______	______	______
settore	______	______	______	______
titolo di studio	______	______	______	______
altri requisiti	______	______	______	______
	______	______	______	______

5. Ritorno al testo

a. Negli annunci 1 e 3 compaiono delle forme passive diverse da quelle che conoscete già. Trovatele e sottolineatele.

b. Come si forma questo tipo di passivo?

____________________ + ____________________

c. Nei seguenti esempi, secondo voi, in quali frasi si evidenzia più uno stato e in quali più un'azione? Parlatene con un compagno e poi completate la regola.

La biblioteca è chiusa.
La biblioteca viene chiusa alle 19.00.
Le uova sode che si mangiano a Pasqua sono dipinte.
Le uova sode vengono dipinte dai bambini la sera prima.

▸ Il passivo con l'ausiliare ____________ evidenzia più ___________________

▸ Il passivo con l'ausiliare ____________ evidenzia più ___________________

d. Leggete infine le seguenti frasi, tratte dalle lezioni precedenti. Completate poi la regola, considerando anche gli esempi dei punti 4 e 5c, e confrontate con un compagno.

«Sì, fra gli autori italiani soprattutto dai giovani è stato molto amato Moccia [...] Sebastiano Vassalli è amato perché scrive dei libri che ...» (Unità 12)
«... molta ‹energia› era stata spostata dalle piazze ai concerti» (Unità 13)

3, 4 ▸ Nei tempi composti il passivo si forma solamente con __________________.

▸II 20 6. Intervista a un amministratore delegato

a. Ascoltate più volte la conversazione. Dopo ogni ascolto consultatevi con un compagno diverso e confrontate con lui le informazioni capite.

b. Ascoltate un'altra volta e rispondete alle domande.

Di quale tipo di collaboratori si parla?
Come vengono contattati questi collaboratori?
Quali requisiti devono avere?
Quale requisito è particolarmente importante per i collaboratori stranieri?
Che retribuzione è prevista per questi collaboratori?

c. Confrontate le vostre risposte con quelle di un compagno e poi controllate con un ultimo ascolto.

7. Esperienze

Avete mai fatto un tirocinio / uno stage? Dove? Per quanto tempo? In che modo l'avete trovato?
5 *Com'è stata l'esperienza? Oppure avete intenzione di farne uno in futuro? Parlatene in piccoli gruppi.*

8. Una candidatura

a. Completate la lettera con le seguenti espressioni.

Egregi signori — cordiali saluti — presso — attraverso — tirocinio — svolti — come seconda lingua — cortese attenzione — fare esperienza

Laura Fischer
Karlstr. 35
80333 Monaco di Baviera
GERMANIA
E-Mail: laura.fischer@web.de
München, 25.01.2006

______________________,

sono una studentessa tedesca con una grande passione per l'Italia e anche per la letteratura. Per questo, dopo la maturità, ho deciso di iscrivermi alla Facoltà di Lingue e letterature straniere e ho scelto l'italiano ______________________________. Ora, quasi alla fine dei miei studi, desidero mettere in pratica le nozioni teoriche che ho acquisito.

Le esperienze fatte negli ultimi due anni in diversi ambiti culturali confermano il mio desiderio di lavorare all'estero, preferibilmente in Italia, Paese in cui posso immaginare di vivere per sempre.

Vorrei quindi fare uno stage ________ una biblioteca italiana, anche perché, ____________ mia madre, conosco il lavoro del bibliotecario e lo ritengo adatto a me. Sono capace di lavorare insieme ad altre persone e, grazie a diversi lavoretti ___________ in passato, sono abituata al contatto con il pubblico. Il mio primo _____________, svolto l'anno scorso, mi ha inoltre permesso di ________________ nell'ambito delle pubbliche relazioni e nel management culturale. Adesso spero mi venga data la possibilità di compiere un tirocinio presso la Vostra Istituzione.

Confidando nella Vostra disponibilità, Vi ringrazio per la __________________________ e Vi porgo i miei più _________________________.

Laura Fischer

Allegato: curriculum vitae

b. Quali annunci del punto 4 possono essere interessanti per Laura? Perché? Parlatene con un compagno.

c. Rileggete la lettera di Laura e abbinate le seguenti funzioni alle righe del testo indicate più sotto.

Laura...

a. indica le esperienze di lavoro fatte.

b. spiega quale tirocinio vorrebbe fare e motiva la sua scelta.

c. spiega che tipo di esperienza lavorativa desidera fare e indica dove.

d. si presenta.

e. indica alcune capacità e competenze personali.

r. 1–3: _____ r. 5–9: _____ r. 10–11: _____ r. 11–13: _____ r. 13–15: _____

d. Trovate nella lettera di Laura le espressioni che si possono usare per iniziare e concludere una lettera formale.

____

6 ______________________________

9. Il CV di Laura

Laura sta preparando il curriculum vitae da allegare alla sua lettera.
Aiutatela inserendo le informazioni che ha annotato in ordine sparso qui sotto.

Karlstr. 35

Laura Fischer

Diploma di maturità (Allgemeine Hochschulreife) conseguito presso il Liceo scientifico e linguistico ‹Lise-Meitner› di Unterhaching nell'a.s. 2002/03 con la votazione di 2,0 (buono)

Buona conoscenza dei programmi Word e Excel.

Tedesca

tel.089 83 398 15 – cell. 0170 32218794

laura.fischer@web.de

a.a. 2003/04 iscrizione alla ‹Ludwig-Maximilians-Universität› di Monaco di Baviera, Facoltà di Lingue e letterature straniere

Inglese: ottima conoscenza della lingua parlata e scritta (livello europeo C1)

Italiano: buona conoscenza della lingua parlata e scritta (livello europeo B 2)

80333 Monaco di Baviera

GERMANIA

Febbraio/Aprile 2005 tirocinio presso l'Assessorato alla cultura del Comune di Unterhaching

Unterhaching, 18.07.1983

CURRICULUM VITAE

Informazioni personali	
Nome	
Indirizzo	
Telefono/Cell.	
E-Mail	
Nazionalità	
Luogo e data di nascita	
Istruzione e formazione	
Esperienza lavorativa	
Lingue straniere	
Competenze informatiche	

7

10. La vostra candidatura

8 *Rispondete a uno degli annunci del punto 4. Allegate alla candidatura il vostro CV.*

11. Trovare lavoro

a. A chi ci si può rivolgere per trovare un lavoro? Raccogliete le idee insieme ai compagni.

b. In coppia. Osservate la foto: secondo voi, chi sono queste persone? Che cosa stanno facendo? Di che cosa stanno parlando? Fate delle ipotesi.

12. Un colloquio all'agenzia interinale

a. Leggete alcune volte il testo. Dopo ogni lettura consultatevi con un compagno diverso e confrontate con lui le informazioni capite.

«Ettore Saleri?» si sistema gli occhiali con gesti lenti e affettati, la vedo dallo spiraglio della porta socchiusa.

«Sì, eccomi» rispondo. Entro e mi siedo davanti a lei. [...]

«Dottor Saleri...» la voce è come la faccia, spigolosa e secca, «il suo curriculum mi è piaciuto molto».

«Grazie, troppo gentile» rispondo, [...].

«Laureato in storia con 101, complimenti» dice a voce alta la Dott. Crispino osservando un foglio, che riconosco subito come quello su cui è scritto il mio curriculum.

«Sì, ho fatto una tesi sull'evoluzione tecnologica nell'esercito romano».

«Ah, però... » dice, voltandosi verso la psicologa. Non capisco se mi sta prendendo per il culo, ma non mi sembra il caso di approfondire.

«Lei quindi è disponibile per ogni tipo di lavoro?» [...]

«Come ho scritto nel curriculum, un lavoro vale l'altro. Semmai la differenza la farebbe lo stipendio, ma so già che le cifre bene o male sono abbastanza simili... per questo più dura e meglio è». [...]

«Senta... » dice tornando a guardare il curriculum «qui leggo che lei conosce bene l'inglese. Ha fatto qualche viaggio studio?»

«Sono stato un paio di volte in Inghilterra, ma non ho fatto dei veri e propri viaggi studio. Però lo parlo abbastanza bene».

«E per quanto riguarda l'informatica, ha qualche conoscenza di programmi per computer?»

«A dire il vero non tante, so utilizzare il computer per quanto riguarda le parti più importanti... non so se si possa dire così... navigo su Internet e mi servo di qualche programma, quelli che mi interessano».

«Capisco, glielo chiedevo perché abbiamo tantissime richieste per web designer e web engineer, ma devono essere almeno un po' formati».

«Certo» le do ragione e mi viene spontaneo pensare a tutti quei discorsi sentiti alla televisione e letti sui giornali riguardo all'importanza della formazione. Peccato che poi nella pratica vogliano solo persone già formate e per il tempo che va bene a loro.

«Leggo che ha molte esperienze lavorative alle spalle, bene, bene... questo è importantissimo... » dice ancora «un giovane che sa cos'è il lavoro, e lo conosce molto bene come lei, è sempre particolarmente gradito alle aziende».

«Sì, l'esperienza non mi manca» rispondo, [...].

«E nonostante l'università e il lavoro... » mi dice alzando lo sguardo dal mio curriculum con l'espressione di chi ha trovato quello che cercava, «ha trovato il tempo per praticare uno sport... leggo che ha giocato a rugby, del resto si vede, ha un bel fisico da atleta» aggiunge sorridendo. Ride anche la psicologa, e rido anch'io, un po' imbarazzato.

«Bene, Dottor Saleri, sono convinta che per un giovane di qualità come lei non mancheranno le proposte [...]. Sono sicura che tra poco la contatteranno per un impiego».
«Speriamo» rispondo e inizio a sentirmi finalmente un po' più leggero.
«Sì, non si preoccupi. Adesso comunque può andare» dice la Dott. Crispino.
«Il colloquio è terminato? »
«Sì, può andare e in bocca al lupo». Si alza e mi tende la mano. Mi alzo anch'io e gliela stringo. Faccio lo stesso con la psicologa, che è schizzata su dalla sedia e mi indirizza un mezzo sorriso.

(da *Chi ha ucciso Silvo Berlusconi* di Giuseppe Caruso, Milano 2005)

b. Di quali argomenti parla la dottoressa Crispino con Ettore Saleri?

studi, ____

13. La concordanza dei tempi all'indicativo (I)

a. Completate con i verbi che trovate nel testo.

__________ che lei ____________ bene l'inglese.

__________ che ________ molte esperienze lavorative alle spalle.

__________ che ____________________ a rugby.

_____ convinta che per un giovane di qualità come lei non ________________ le proposte.

__________ sicura che tra poco la ______________ per un impiego.

b. In coppia. Rileggete le frasi con attenzione: sono tutte formate da una principale e una subordinata, divise da ‹che›. Analizzatele e provate a rispondere alle seguenti domande.

A che tempo è coniugato il verbo della frase principale? ____________________

In quali casi la frase subordinata è anteriore alla principale? ____________________

In quali casi è contemporanea? ____________________

In quali casi è posteriore? ____________________

c. Riflettete ora sull'uso dei tempi verbali e completate la regola.

frase principale	frase subordinata
	anteriorità: verbo al ______________
verbo ______________	contemporaneità: verbo al ______________
	posteriorità: verbo al ______________

9, 10, 11

14. Un colloquio di lavoro

Lavorate in coppia. **A** *è un selezionatore di un'agenzia interinale,* **B** *è una persona che ha inviato il suo curriculum ed è stata invitata ad un colloquio. Prendetevi qualche minuto di tempo per prepararvi:* **A** *formula alcune domande e* **B** *riflette su come presentarsi al meglio.*
12 *Poi fate il colloquio. Alla fine cambiate partner e ruolo.*

15. Occhio alla lingua!

a. *Confrontate fra loro i seguenti periodi, tratti dal testo del punto 12. Quale dei due esprime un dubbio e quale una certezza? Parlatene con un compagno.*

So già che le cifre bene o male sono abbastanza simili. ____________________

Non so se si possa dire così. ____________________

b. *Rileggete con attenzione: quale modo si usa, nella frase subordinata, per esprimere una certezza e quale per esprimere un dubbio? E quali congiunzioni uniscono principale e subordinata?*

- certezza = ________ + congiunzione ______ + verbo al ________________
- dubbio = ________ + congiunzione ______ + verbo al ________________

16. Caccia al congiuntivo

a. *Nel testo del punto 12 c'è ancora una frase con il congiuntivo. Riuscite a trovarla? Da quale espressione è introdotto il verbo?*

____

b. *Facciamo il punto: quali casi di uso del congiuntivo conoscete finora?*
13, 14 *Parlatene con i compagni.*

17. La concordanza dei tempi al congiuntivo (I)

a. *Riformulate le frasi del punto 13 cominciando con «Penso che ...».*

__________ che lei ____________ bene l'inglese.

__________ che __________ molte esperienze lavorative alle spalle.

__________ che ____________________ a rugby.

__________ che per un giovane di qualità come lei non mancheranno le proposte.

__________ che tra poco la contatteranno per un impiego.

b. Riflettete ora sull'uso dei modi e dei tempi verbali e completate la regola.

frase principale	**frase subordinata**
	anteriorità: verbo al ____________________
verbo al ______________	contemporaneità: verbo al _______________
	posteriorità: verbo al ___________________

15

18. Una nuova collega

Claudia scrive un'e-mail alla sua collega Francesca, che è malata, e le parla di una nuova impiegata. Completate coniugando al modo e tempo opportuno i verbi fra parentesi.

Cara Francesca, come va? Spero che tu (stare) ________ meglio. Intanto qui i lavori procedono: oggi ho conosciuto la nuova collega e mi ha fatto una buona impressione. Credo che (trasferirsi) ________________ qui pochi mesi fa e penso che (conoscere) ______________ poco la città perché (chiedere) ______________ un sacco di informazioni. In compenso ha raccontato poco di sé. Non so nemmeno se (avere) __________ figli, però so che (essere) __________ sposata. Beh, del resto è normale che uno non (raccontare) ______________ subito tutta la sua vita. Comunque mi pare che (fare) ______________ già molte esperienze nel nostro campo e che (essere) __________ simpatica e alla mano. Sono convinta che (andare / noi) ______________ d'accordo. Per oggi è tutto. Riguardati!

Alla prossima

16, 17 Claudia

19. Posto fisso oppure no?

a. Leggete le opinioni riportate qui sotto: con chi siete più d'accordo?
Parlatene in piccoli gruppi. Raccogliete le idee e preparate poi una breve sintesi.
Alla fine, formate nuovi gruppi e riferite i risultati della discussione.

«Decisamente il posto fisso. Per quanto mi riguarda, ciò che più conta è l'indipendenza, la libertà assoluta di non dover più chiedere aiuto ai genitori per sostenersi.» (Giorgia)

«Penso che la cosa più importante sia fare ciò che piace. Non apprezzo, invece, chi rinuncia ai propri sogni per un'entrata sicura.» (Cosimo)

b. Esponete ora la vostra opinione personale in un testo di circa 120 parole.
18 *Scrivete da soli e poi correggete insieme a un compagno.*

1. La tua vacanza ti dà benessere?

a. Scoprite che cosa cercate nelle vacanze! Leggete la seguente lista di parole e mettete per ogni coppia una crocetta più vicina alla parola che vi rappresenta meglio. La posizione di mezzo indica che nessuna delle due parole vi rappresenta. Confrontate poi con un compagno.

1. Riposo	□	□	□	Movimento
2. Sicurezza	□	□	□	Novità
3. Tranquillità	□	□	□	Rischio
4. Continuità	□	□	□	Cambiamento
5. Regolatezza	□	□	□	Sregolatezza
6. Calma	□	□	□	Velocità
7. Riflessione	□	□	□	Trasgressione
8. Organizzazione	□	□	□	Avventura

b. Adesso leggete i profili: vi riconoscete?

Profilo 1
Maggioranza di: ■ □ □

Per voi la vacanza è un momento per rilassarvi e riposarvi, per dimenticare i problemi della vita quotidiana e per recuperare energie positive.

Profilo 2
Maggioranza di: □ ■ □

Per voi la vacanza è una pseudovacanza, non lontana dalla routine quotidiana, può sembrare una copia dello stile di vita usuale: non siete capaci di staccare dai soliti ritmi di vita.

Profilo 3
Maggioranza di: □ □ ■

Per voi la vacanza è una vera vacanza solo se è occasione di rottura e cambiamento dalle abitudini e dai ritmi di vita quotidiani. Cercate l'evasione e la trasgressione.

(basato su *La tua vacanza ti dà benessere?* a cura di Brunella Gasperini, *la Repubblica - Salute*, 30/06/2005)

2. Oltre il test

In piccoli gruppi raccontatevi che cosa significa davvero per voi andare in vacanza, che cosa cercate nelle vacanze, che cosa vi fa dire se una vacanza è stata bella o meno.

3. Derivazione

a. Leggete di nuovo le parole del punto 1a e raggruppatele (quando è possibile) per suffissi.

-mento	-ità	-ezza	-ione
________	________	________	________
________	________	________	________
________	________	________	________
________	________	________	________

b. A coppie. Trovate le parole da cui derivano i vocaboli del punto 1a. Potete usare il dizionario. A quale categoria appartengono: sono verbi, sostantivi o aggettivi? Potete notare delle regolarità nella derivazione? Le parole cambiano? E se sì, come? Parlatene poi in plenum.

c. È possibile derivare altre parole dalle coppie che avete trovato? Quali?

1 Esempio: sicurezza-sicuro → assicurare, assicurazione

4. In viaggio: organizzazione o avventura?

a. Leggete il seguente articolo.

Viaggiando si impara. Non solo a conoscere il mondo ma anche, e soprattutto, se stessi. Ogni volta che si parte bisognerebbe però ricominciare da zero. Fare come se fosse la prima volta. Tornare un po' bambini. Le vere scoperte si fanno lasciando a casa i consigli delle guide, ciò che si è visto nei documentari, le dritte degli amici. Perché il viaggio è sinonimo di libertà. E, parlando per metafore, per essere davvero liberi bisogna portarsi dietro una valigia leggera: troppe aspettative rovinano la sorpresa. Così come troppa organizzazione rischia di ripiombarci in quella gabbia di impegni e di orari che vorremmo lasciarci alle spalle.

Una volta la libertà del viaggio era un lusso per pochi, oggi si può andare ovunque con cifre ragionevoli. È una bella opportunità. Ma come tutte le opportunità è necessario saperle sfruttare bene. Ci vuole rispetto per i posti che si visitano, per la natura, per le tradizioni locali. Eppure diffido sempre un po' di quei viaggiatori per cui la vacanza deve essere per forza un «incontro culturale» [...].

Si può conoscere «l'altro» o il «nuovo» anche in modo leggero, conservando sì il proprio spirito critico, ma senza però darsi troppe arie da viaggiatore ottocentesco e soprattutto senza sentirsi in dovere di condividere ogni costume o usanza che si incontra. [...]

Mi piace il turista intelligente, che studia e prepara il viaggio da casa ma che lascia spazio anche all'imprevisto [...].

Mi piace considerare le mie esperienze in giro per il mondo l'università della mia vita. Non amo però quelli che cercano l'avventura a tutti i costi, né quelli che ti giudicano dal numero dei paesi che hai visitato. Non si fa collezione di viaggi come se fossero trofei. I viaggi sono una cosa intima, una preziosa risorsa che ognuno dovrebbe vivere e soprattutto custodire a modo suo.

(da *All'avventura o nel villaggio purché un po'«impreparati»* di Licia Colò, *Corriere della Sera*, 18/02/ 2006)

b. Abbinate le seguenti parole ai loro significati.

guide (r. 4)	consigli	ragionevoli (r. 10)	utilizzare
dritte (r. 4)	farci tornare	opportunità (r. 10)	tenere con cura
aspettative (r. 6)	cose che si devono fare	sfruttare (r. 11)	ricchezza
ripiombarci (r. 7)	speranze	imprevisto (r. 18)	possibilità
gabbia (r. 7)	libri che danno consigli	risorsa (r. 22)	accettabili
impegni (r. 7)	posto chiuso da cui non si può uscire	custodire (r. 23)	cosa che non si può prevedere

2

5. Ritorno al testo

a. Cercate nell'articolo le espressioni ‹bisogna, bisognerebbe, ci vuole›: che cosa significano? Da che cosa sono seguite?

Bisogna/bisognerebbe + ____________________

Ci vuole + ____________________

b. E adesso completate.

3 Ci vogliono + ____________________

6. Sì o no?

a. Nell'articolo del punto 4 la giornalista elenca una serie di cose che bisognerebbe o non bisognerebbe fare quando si viaggia. Quali? Completate le seguenti liste usando le espressioni del punto 5 e poi confrontate con un compagno.

Sì	No
____________________	____________________
____________________	____________________
____________________	____________________
____________________	____________________

b. Siete d'accordo con la giornalista? Ci sono altre cose importanti che vorreste aggiungere? Se sì, scrivetele nelle liste qui sopra e poi confrontate in piccoli gruppi motivando le vostre affermazioni.

7. Non si può essere ...

Leggete la seguente frase. Secondo voi l'autore che intende dire? Siete d'accordo con lui o no? Scrivetelo in un testo di circa 100 parole.

«Non si può essere viaggiatori preoccupandosi ogni
4 volta di costruire una casa nei posti dove ci si ferma.»
(citato da *Il grande Boh!* di Jovanotti)

non si può essere viaggiatori

8. Occhio alla lingua!

a. Leggete la seguente frase tratta dall'articolo del punto 4.

I viaggi sono una cosa intima, una preziosa risorsa che **ognuno** dovrebbe vivere e soprattutto custodire a modo suo.

▸ **Ognuno** è un pronome indefinito e significa ____________________ .

b. Nel corso delle lezioni avete visto altri aggettivi e pronomi indefiniti, cioè che non determinano con precisione una quantità. Leggete le seguenti frasi e decidete se gli indefiniti contenuti sono aggettivi o pronomi, variabili o invariabili.

Intanto imparo molte lingue e conosco tante persone interessanti di ogni parte del mondo. (Unità 11, attività 10)

Manlio mi porta in quella che considero la camera della tortura, una stanza con macchinari di ogni tipo, ognuno per una parte precisa del corpo. (Unità 10, attività 18)

Trieste ha sette confessioni religiose diverse, ognuna con la sua chiesa, ognuna col suo quartiere. (Unità 4, attività 2)

Un'estate di alcuni anni fa, durante un giro di conferenze in America Latina, mi fermai per qualche giorno a Buenos Aires. (Unità 12, attività 8)

Poi ci sono alcune cose, tipo utilizzare particolari software [...] che vengono imparate. (Unità 16, attività 6)

Tornai allo Space Electronic qualche settimana dopo, a vedere i Fields. (Unità 13, attività 12)

	aggettivo	pronome	variabile	invariabile
ogni	□	□	□	□
ognuno	□	□	□	□
alcuni	□	□	□	□
qualche	□	□	□	□

c. Che cosa notate nell'uso di ***qualche*** *e* ***alcuni/e****?*

d. Anche ***nessuno*** *è un indefinito che può essere usato come aggettivo o come pronome. Leggete le seguenti frasi: come si comporta* ***nessuno*** *quando è usato come aggettivo?*

Dina ti è stata ad ascoltare e ha detto che non c'era nessun problema. Nessunissimo proprio. Promettimi che terrai la fede al dito e non andrai con nessuna. [...] Saremo in mezzo alla campagna, e non ci sarà nessun motivo di pensare a quelle cose. (Unità 11, attività 17)

5, 6, 7 Quindi, nessuna paura della modernità. (Unità 14, attività 9)

▶II 21 9. E tu, come viaggi?

a. Ascoltate la seguente conversazione. Dopo ogni ascolto consultatevi con un compagno diverso e confrontate con lui le informazioni capite.

b. Adesso segnate con una crocetta le informazioni esatte e verificate con un ultimo ascolto.

		in Paesi esotici.	in posti vicini.
I viaggi di Massimo	prima erano	□	□
	ora sono	□	□

A Massimo piacciono
- □ i viaggi organizzati.
- □ le vacanze individuali.

Che cosa fa Massimo prima di partire?

- □ Guarda film sul Paese che visiterà.
- □ Legge guide sul Paese che visiterà.
- □ Controlla se ha bisogno di valigie nuove.
- □ Programma gli itinerari.
- □ Chiede informazioni agli amici.

Durante una vacanza Massimo
è stato piacevolmente sorpreso:
8 in quale Paese? ___________

10. Che viaggiatori siete?

A coppie preparate alcune domande da fare a un compagno sulle sue vacanze: dove va in genere, come si organizza, come si informa, ecc. Poi cambiate coppia e intervistate il nuovo compagno.

11. Che vacanza!

In un testo di circa 120 parole descrivete una vacanza che vi è piaciuta particolarmente.

12. Viaggio in India

a. Leggete il seguente brano e mettete la crocetta alle informazioni esatte. Confrontate poi con un compagno.

La mia guida sosteneva che il migliore ristorante di Madras era il Mysore Restaurant del Coromandel, e io ero molto curioso di verificarlo. Alla boutique del pianoterra acquistai una camicia bianca, all'indiana, e un paio di pantaloni eleganti. Salii in camera e feci un lungo bagno per lavare via tutte le scorie del viaggio. [...]

Finii per scendere molto più tardi di quello che avrei voluto, ma tanto il Mysore restava aperto fino a mezzanotte. [...] Il cameriere mi guidò fra i tavoli e fu molto premuroso nel consigliarmi le vivande. Mi concessi tre piatti e bevvi succo di mango fresco. I clienti erano quasi tutti indiani, ma al tavolo vicino al mio c'erano due signori inglesi dall'aria professorale che parlavano di arte dravidica. [...] Sono curiose le conversazioni ascoltate per caso: li avrei detti vecchi colleghi d'università, e solo quando ciascuno di loro si confidò che avrebbe rinunciato al volo dell'indomani per Colombo capii che si erano conosciuti quel giorno. Uscendo fui tentato di fermarmi all'English Bar dell'atrio, ma poi considerai che la mia stanchezza non aveva bisogno di un aiuto alcolico e salii in camera.

Quando suonò il telefono mi stavo lavando i denti. [...] era la portineria. «Mi scusi, signore, c'è una signora che desidera parlare con lei».

«Come ha detto, prego?», risposi con lo spazzolino fra i denti.

«C'è una signora che desidera parlare con lei», ripeté la voce del telefonista. Sentii lo scatto del commutatore e una voce femminile, bassa e ferma, disse: «sono la persona che occupava la sua stanza prima di lei, ho assoluto bisogno di parlarle, mi trovo nell'atrio».

«Se mi concede cinque minuti la raggiungo all'English Bar», dissi, «dovrebbe essere ancora aperto».

«Preferisco salire io», disse senza darmi il tempo di replicare, «è una cosa della massima urgenza».

Quando bussò avevo appena finito di rivestirmi. Dissi che la porta era aperta e lei aprì sostando un attimo a guardarmi. Il corridoio era in penombra. Vidi solo che era alta e che portava un foulard sulle spalle. Entrò chiudendosi la porta dietro. [...]

«Ho semplicemente lasciato in camera sua alcune cose che mi appartengono», disse con calma. «Sono venuta a riprenderle».

«Immaginavo che sarebbe ritornata», dissi io [...].

(da *Notturno indiano* © Antonio Tabucchi 1984. Prima edizione Sellerio Editore, 1984)

Chi racconta è	□ un uomo.	□ una donna.
È una persona che	□ conosce il posto.	□ non conosce il posto.
Viaggia	□ da solo.	□ in comitiva.
È	□ in una pensione.	□ in un hotel.

b. Scegliete per ogni punto la frase che corrisponde al racconto e confrontate poi con un compagno diverso da quello del punto a.

1. □ Un uomo si trova in una città indiana. Prima di andare in hotel fa shopping.
   □ Un uomo è nell'hotel di una città indiana. Fa un bagno prima di scendere a cena.

2. □ Al ristorante il cameriere lo consiglia sui piatti da scegliere.
   □ Al ristorante ordina tre portate e poi beve un digestivo.

3. □ Si sta lavando i denti quando riceve una telefonata dalla vicina di camera.
   □ È già svestito quando riceve una chiamata dalla portineria.

4. □ Si incontra nell'atrio con la signora che occupava la camera prima di lui.
   □ Una signora viene a riprendere delle cose che ha dimenticato in camera.

13. La concordanza dei tempi all'indicativo (II)

a. Leggete le seguenti frasi tratte dal brano del punto 12. A coppie definite in quale relazione sta il verbo della frase subordinata rispetto a quello della frase principale.

	anteriorità	contemporaneità	posteriorità
1. Capii che si erano conosciuti quel giorno.	☐	☐	☐
2. Considerai che la mia stanchezza non aveva bisogno di un aiuto alcolico.	☐	☐	☐
3. Vidi solo che era alta e che portava un foulard.	☐	☐	☐
4. Immaginavo che sarebbe tornata.	☐	☐	☐

b. Considerate adesso i tempi e i modi dei verbi e completate il seguente schema.

Tutti i verbi delle frasi principali sono al ☐ presente ☐ passato.

frase principale	**frase subordinata**
	anteriorità: verbo al _______________
verbo al _______________	contemporaneità: verbo al _______________
	posteriorità: verbo al _______________

9, 10

14. Massimo in Turchia

Completate le seguenti frasi coniugando i verbi all'infinito. Attenzione ai tempi e ai modi.

Prima di partire per la Turchia Massimo non sapeva che la vacanza (essere) ___________ ___________ molto piacevole e che (loro / vedere) _______________________ tanti posti interessanti. Solo sulla barca si è reso conto che sua moglie (organizzare) ___________ ___________ molto bene il viaggio e che (avere) _________________ ragione a voler fare una vacanza di quel genere. Viaggiando in barca inoltre ha constatato che la vacanza (essere) ______________ un misto di vacanza rilassante e vacanza culturale, che non solo (esserci) ___________________ l'occasione di visitare siti archeologici interessantissimi ma

11 che (loro / potere) _______________ anche nuotare in baie bellissime.

15. Che testa!

a. Secondo voi chi è e che cosa ha dimenticato la donna in camera? Parlatene in piccoli gruppi.

b. Avete mai dimenticato qualcosa in una camera d'albergo o da qualche altra parte (all'università, in treno, ecc.)? Che cosa avete fatto? Formate nuovi gruppi e raccontate.

16. La concordanza dei tempi al congiuntivo (II)

a. Leggete le seguenti frasi e riflettete: in quale relazione sta il verbo della frase subordinata rispetto a quello della frase principale?

	anteriorità	contemporaneità	posteriorità
1. Non pensavo che avessero tradotto anche la prima versione.	□	□	□
2. Pensavo fosse incompatibile, ma mi sbagliavo.	□	□	□
3. Lo scrittore pensava che la donna sarebbe tornata.	□	□	□

b. Considerate adesso i tempi e i modi dei verbi e completate il seguente schema.

Tutti i verbi delle frasi principali sono al □ presente □ passato.

frase principale	**frase subordinata**
	anteriorità: verbo al _______________
verbo al _______________	contemporaneità: verbo al _______________
	posteriorità: verbo al _______________

≡ 12, 13, 14

17. A spasso per l'Italia

a. Siete mai stati in Italia? Se sì, quali città e regioni conoscete? Avete visto dei monumenti? Vi sono piaciuti? Se non ci siete mai stati, c'è un posto che vorreste assolutamente vedere? Perché? Parlatene in piccoli gruppi.

b. Adesso leggete il seguente testo e scambiate le informazioni capite con un compagno.

Sabato 25 e domenica 26 marzo il Fai, Fondo per l'ambiente italiano, organizza la quattordicesima Giornata di Primavera, che, come ogni anno, vede l'apertura straordinaria di splendidi monumenti, solitamente chiusi al pubblico durante l'anno. Quest'anno sarà possibile visitare, gratuitamente o versando una piccola offerta, 410 monumenti in 190 città italiane. Con una novità: oltre ai volontari (sono più di seimila) che rendono possibile l'apertura di così tanti luoghi, ci saranno 7600 studenti-«Cicerone», che faranno da guida ai visitatori. Oltre ai singoli beni la Giornata Fai di primavera propone itinerari tematici artistici e culturali.
Ecco una scelta dei ‹teatri› che ospitano la Giornata Fai:

Le delizie della villeggiatura, ville, giardini e luoghi di vacanza in Liguria – quando la vacanza era un'arte: le residenze estive di famiglie e uomini illustri, dalla cinquecentesca Villa Honesto Otio a Ventimiglia a Villa Cambiaso a Savona, che ha ospitato tra gli altri Napoleone e Pio VII, fino alla casa di Carlo Levi, ritrovo di artisti e intellettuali.

Le biblioteche storiche – un percorso tra Cesena e la sua provincia alla scoperta di preziosissime biblioteche come quella Malatestiana, iscritta nella Memoria del Mondo dell'Unesco per l'unicità e l'importanza dei beni conservati, quella musicale Corelli, con i suoi 6000 documenti tra spartiti, partiture e manoscritti.

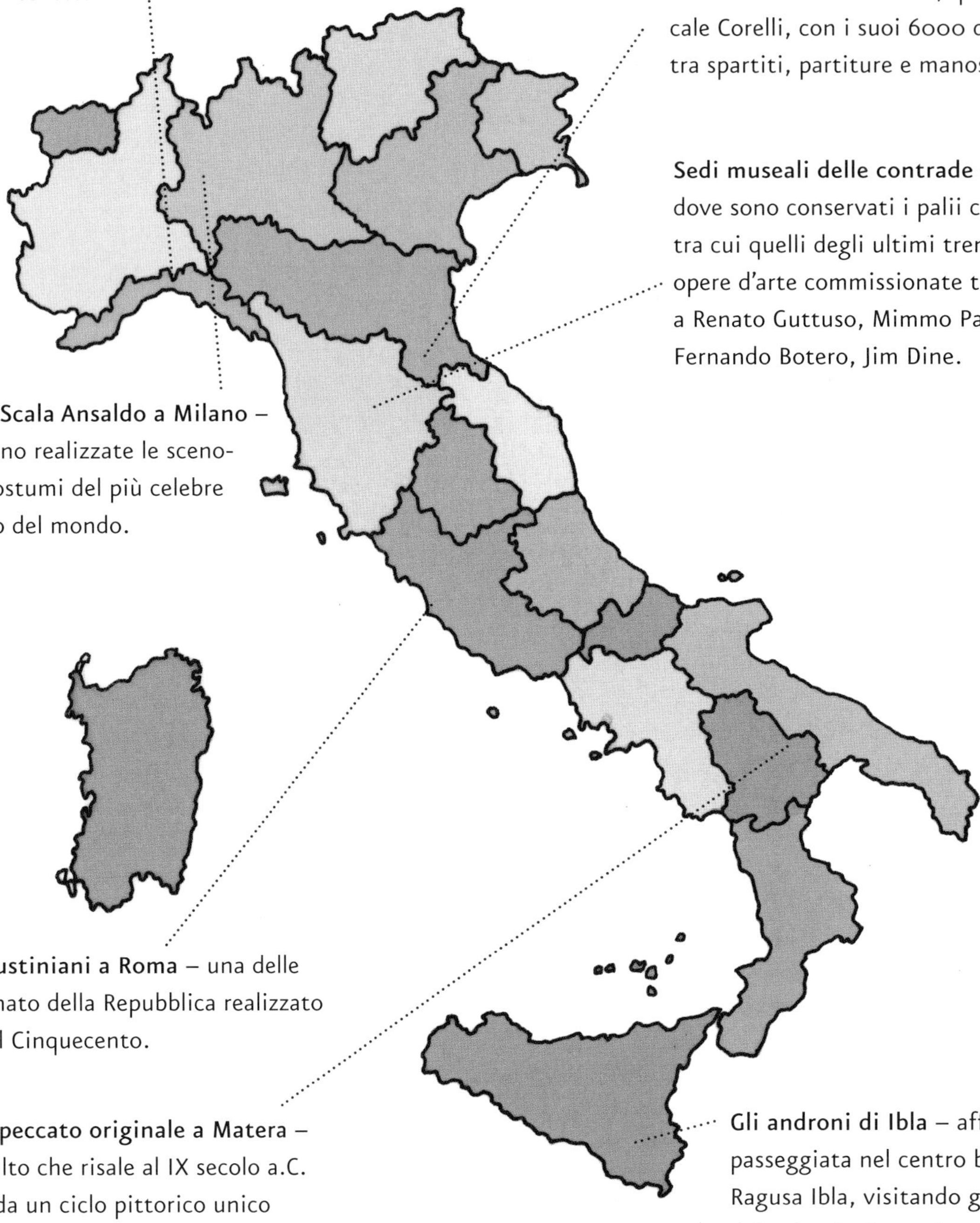

Sedi museali delle contrade di Siena – dove sono conservati i palii conquistati, tra cui quelli degli ultimi trent'anni, vere opere d'arte commissionate tra gli altri a Renato Guttuso, Mimmo Paladino, Fernando Botero, Jim Dine.

Laboratori Scala Ansaldo a Milano – dove vengono realizzate le scenografie e i costumi del più celebre teatro lirico del mondo.

Palazzo Giustiniani a Roma – una delle sedi del Senato della Repubblica realizzato alla fine del Cinquecento.

Cripta del peccato originale a Matera – luogo di culto che risale al IX secolo a.C. arricchito da un ciclo pittorico unico nella pittura parietale rupestre dell'Italia meridionale.

Gli androni di Ibla – affascinante passeggiata nel centro barocco di Ragusa Ibla, visitando gli androni dei palazzi più rappresentativi del periodo successivo al «grande terremoto del 1693», ricostruiti tra i primi del '700 e i primi dell'800.

(da *Studenti-«Cicerone» per il Fai dalle scuole oltre 7000 volontari* di Daniele Semeraro, *la Repubblica*, 24/03/2006, e FAI - Fondo per l'Ambiente Italiano, www.fondoambiente.it)

≡ 15

18. Nei secoli dei secoli

a. Nel testo del punto 17b i secoli sono definiti in diversi modi. Cercateli e scriveteli nello schema seguente.

899–800 a.C. = il __________

1500–1599 = il __________ (il '500) = il XVI secolo

1700–1799 = il Settecento (______) = il XVIII secolo

1800–1899 = l'Ottocento (______) = il XIX secolo

b. Completate adesso il seguente schema.

1200–1299 = ________________ (_____) = ________________

1300–1399 = ________________ (_____) = ________________

1400–1499 = ________________ (_____) = ________________

1600–1699 = ________________ (_____) = ________________

1900–1999 = ________________ (_____) = ________________

16 2000–2099 = il XXI secolo

19. Operazione porte aperte

Che cosa pensate dell'iniziativa del Fai? La trovate interessante?
Se ne aveste la possibilità, quali dei posti descritti vorreste visitare e perché?
17 *Conoscete manifestazioni simili nel vostro Paese? Parlatene in piccoli gruppi.*

1. I simboli del Belpaese

Quali sono, per voi, i simboli più rappresentativi dell'Italia?
Parlatene con alcuni compagni: insieme fate una classifica dei primi tre simboli in ordine d'importanza. Alla fine, un portavoce riferirà al resto della classe.

Roberto Benigni
La canzone Volare
Il Colosseo
La Divina Commedia
1 La Ferrari

Il vino
La moda
La pizza
La Scala
Leonardo da Vinci

Pompei
Gli spaghetti
Venezia
La Vespa
altro: __________

(da *repubblica.it*, 10/01/06)

2. Un turco... italiano

a. Leggete alcune volte il seguente brano, tratto da un'intervista a Ferzan Ozpetek. Dopo ogni lettura consultatevi con un compagno diverso e confrontate con lui le informazioni capite.

«L'Italia per me è stata una trappola meravigliosa: sono arrivato che ero un ragazzo, pensavo di fermarmi poco: sono passati 26 anni e sono felice di essere ancora qui». Ferzan Ozpetek, un italiano per scelta, è nato a Istanbul, vive a Roma, ha il nostro passaporto. Fa il regista di cinema, il suo *Le fate ignoranti* è stato un successo. [...] «Qua mi sento come fossi a casa mia; nelle pieghe, mi è rimasto un retrogusto di ospite, credo che mi aiuti a vedere con un po' di distacco e a rispettare di più le cose».

«Avevo appena finito il liceo e il proposito in famiglia era che raggiungessi i miei fratelli negli Stati Uniti per studiare come loro all'università. Ma all'ultimo momento cambiai idea, mi interessava il cinema, venni a Roma: mi sarei fermato quattro anni e sarei poi tornato in Turchia. Non mi sono più mosso. Studiavo alla Sapienza, frequentavo l'Accademia di arte drammatica. Andavo in giro, a occhi stupefatti, come traversando una straordinaria miniera a cielo aperto: ogni posto è diverso, anche il paese più piccolo ha un palazzo, una chiesa, una piazza che sono una gioia per chi guarda. In Sicilia mi capitò per caso di entrare in una pasticceria, c'erano venti o trenta tipi di dolci. [...]

Sono nato e cresciuto in un quartiere abitato da greci, armeni, turchi; mio padre – un costruttore di successo – aveva molti amici americani. Ne ho ricavato l'abitudine a vedere le cose da angoli diversi e a sentirle più che a scomporle con la ragione, un impasto di colori suoni emozioni dai significati mobili e tenuto insieme dal filo della memoria. Anche per questo mi piace l'Italia, fai un passo e ti imbatti in un frammento di storia, trovi uno stimolo alla fantasia e al ricordo. Qui è passato di tutto ed è come se nell'aria ne fosse rimasto il sentore. [...] Così, ho sempre l'impressione che sui muri degli edifici, nelle pareti delle stanze, sia restata una traccia delle cose che hanno visto, degli uomini e delle donne che sono passati. Nessuno muore, se c'è qualcuno a ricordarlo. Degli italiani amo l'inclinazione a spremere il buono anche dalle vicende tristi o fastidiose». [...]

«Sono tornato di recente a Istanbul, a trovare mio padre. [...] Sta male, non riesce più ad alzarsi dal letto. Mi ha raccontato che talvolta va a trovarlo Beatrice, quella di Dante, ed è bellissima, vestita di bianco; o che ha appena finito di guardare la televisione insieme a un gruppo di talebani, che sono andati via rubandogli le coperte. [...]»

(da *Il talento e la passione. Ritratti italiani* di Aldo Carboni, Roma-Bari 2006)

b. Rispondete alle domande.

Quando è arrivato in Italia Ozpetek?
Perché ci è andato?
Qual è stata la sua prima impressione del Paese?
Qual è il suo rapporto con l'Italia?
Quali aspetti dell'Italia e degli italiani gli piacciono di più?

Il regista Ferzan Ozpetek

c. Trovate nel testo le espressioni equivalenti a quelle che seguono (sono in ordine).

meccanismo o posto in cui si resta bloccati ______________________
sapore che resta in bocca, sensazione ______________________
posto in cui si trovano in abbondanza cose preziose ______________________
mescolanza ______________________
(tu) incontri per caso ______________________
odore ______________________
segno ______________________
tendenza / capacità ______________________
2 ottenere / ricavare ______________________

3. Vivere all'estero

Andreste a vivere all'estero come ha fatto Ozpetek? Se sì, dove?
3 *E perché? Parlatene in piccoli gruppi.*

4. Ritorno al testo

a. Completate le seguenti frasi con le parole che trovate nell'intervista a Ferzan Ozpetek.

Qua mi sento ______________________.

Qui è passato di tutto ed è ______________________.

b. In coppia. Rileggete con attenzione le frasi e rispondete alle domande.

Quali modi e tempi verbali sono usati nelle parti che avete trascritto?

____

Da quale espressione dipendono i verbi che avete trascritto?

____

Quando si usa un tempo e quando l'altro?

____

5. Quale tempo?

Completate le frasi usando la struttura che avete analizzato al punto 4. Attenzione ai tempi!

Ferzan Ozpetek si è ambientato bene in Italia, è ______________ (nascere lì).

Nei primi tempi Ozpetek andava in giro per l'Italia ______________
(attraversare una miniera a cielo aperto).

Adesso invece tutto gli è familiare ______________
(non vivere mai altrove)

Ozpetek gira film di ambiente italiano ______________
(essere la cosa più naturale)

Completate liberamente usando la stessa struttura. Poi confrontate con due compagni.

Oggi mi sento ______________.

4 Quando vado in Italia / all'estero ______________.

6. Mi ha raccontato che ...

Nell'intervista Ferzan Ozpetek riferisce quello che gli ha raccontato suo padre:

Mi ha raccontato che talvolta va a trovarlo Beatrice, quella di Dante, ed è bellissima, vestita di bianco; o che ha appena finito di guardare la televisione insieme a un gruppo di talebani, che sono andati via rubandogli le coperte.

a. Quali possono essere le parole che il padre ha detto personalmente al figlio? Provate a ricostruirle insieme a un compagno.

«Talvolta viene a trovarmi ______________ bianco.»

«______________

______________.»

b. Consultatevi con il resto della classe e con l'insegnante, se necessario correggete.

c. Confrontate ora il brano scritto da voi con quello originale: che cosa è cambiato nel passaggio dal discorso diretto a quello indiretto? Che cosa, invece, è rimasto uguale? Parlatene con un compagno e poi con il resto della classe.

d. Trovate ora nell'intervista la frase che corrisponde alla seguente e riflettete: che cosa è cambiato ancora nel passaggio dal discorso diretto al discorso indiretto?

Ferzan Ozpetek dice / ha detto che là si sente come fosse a casa sua.

Originale: « ______________.»

e. Secondo voi, quali altri verbi si possono usare per introdurre il discorso indiretto?

____

7. Ferzan Ozpetek dice/ha detto che ...

Trasformate al discorso indiretto le seguenti frasi pronunciate da Ozpetek nell'intervista.

«L'Italia per me è stata una trappola meravigliosa: sono arrivato che ero un ragazzo, pensavo di fermarmi poco: sono passati 26 anni e sono felice di essere ancora qui.»

____

____

«... il proposito in famiglia era che raggiungessi i miei fratelli negli Stati Uniti.»

____

«Mi interessava il cinema, venni a Roma: mi sarei fermato quattro anni...»

5, 6 ____

8. «Dell'Italia amo ...»

Nell'intervista che avete letto F. Ozpetek spiega quali aspetti dell'Italia ama particolarmente.
E voi? Quali sono gli aspetti di questo Paese che vi piacciono di più e quelli che vi piacciono di meno?
7 *Parlatene in piccoli gruppi.*

Lo scrittore e giornalista Beppe Severgnini

▶II 22 9. I come Italia

a. *Ascoltate più volte l'intervista a Beppe Severgnini. Dopo ogni ascolto consultatevi con un compagno diverso e confrontate con lui le informazioni capite.*

b. *Ascoltate un'altra volta e trovate la soluzione corretta.*
Quali sono le tre caratteristiche degli italiani che piacciono di più a Severgnini? Quali le tre caratteristiche che gli piacciono di meno? Segnatele con un ‹+› o un ‹-› accanto alle parole.

disciplina	intelligenza	opportunismo	gioia di vivere
intuizione	tolleranza	individualismo	indulgenza
generosità	creatività	pigrizia	gusto
superficialità	genio	umorismo	capacità di arrangiarsi

Quale aspetto degli italiani, secondo Severgnini, è rimasto costante nel tempo?
l'attaccamento alla famiglia ☐   la rassegnazione al peggio ☐   l'ottimismo ☐

Qual è l'aspetto degli italiani che Severgnini ritiene nuovo?
la solidarietà ☐   il pessimismo ☐   l'orgoglio civico ☐   l'affidabilità ☐

8, 9 c. *Confrontate le vostre risposte con quelle di un compagno e poi controllate con un ultimo ascolto.*

10. Severgnini ha detto che ...

▶II 22 *a. Immaginate di essere dei giornalisti: dovete riferire al vostro caporedattore quello che ha detto Beppe Severgnini. Riunitevi quindi con un ‹collega› (non il compagno del punto 9!) e scambiatevi le informazioni che avete raccolto finora. Poi ascoltate di nuovo l'intervista per raccoglierne altre. Potete prendere appunti. Alla fine scegliete le due informazioni che ritenete più interessanti e trasformatele al discorso indiretto.*

b. Formate ora delle nuove coppie. Uno di voi è il giornalista, l'altro il caporedattore: il giornalista riferisce le informazioni al caporedattore usando il discorso indiretto (e senza leggere). Poi cambiate partner e ruolo.

c. Il caporedattore ha trovato interessanti le informazioni che gli avete riferito, perciò vi ha dato l'incarico di scrivere un trafiletto per l'edizione di domani. Per farlo, utilizzate gli appunti che avete preso durante le attività 9 e 10a.

▶II 23 11. Ma non è tutto

a. Ascoltate adesso più volte la seconda parte dell'intervista. Dopo ogni ascolto consultatevi con un compagno diverso e confrontate con lui le informazioni capite.

b. Severgnini dà alcuni consigli a chi vuole andare in Italia. Quali?

____

____

12. Ritorno al testo

▶II 24 *a. Ascoltate il brano dell'intervista e completate.*

«Che cosa consiglia allora a chi voglia venire nel nostro Paese per motivi di lavoro o di studio?

Due cose ______ _______ , due cose ______ _________ .»

b. Riflettete ora sulle espressioni che avete scritto e insieme a un compagno completate.

Cose _____ _____________ significa cose che ________________________ .

Cose _____ _____________ significa cose che ________________________ .

≡ 10 La costruzione _____ + ___________ esprime l'idea di _________________ .

13. Com'è stato per voi?

Quando e come è avvenuto il vostro primo ‹incontro› con l'Italia? Il vostro impatto con questo Paese è stato come ve l'aspettavate oppure avete avuto qualche sorpresa?
≡ 11 *I consigli di Severgnini avrebbero potuto esservi utili? Parlatene in piccoli gruppi.*

14. Una lettera

Un vostro amico italiano ha deciso di passare un periodo di tempo piuttosto lungo nel vostro Paese. Lo conosce però solo superficialmente. Scrivetegli una lettera o un'e-mail in cui gli date dei consigli per aiutarlo a capire più profondamente la realtà in cui si troverà a vivere.

15. Occhio alla lingua!

a. Leggete le seguenti frasi tratte dall'intervista dei punti 9 e 11.

... tre ‹i› che però vanno spiegate.
Credo che i Paesi vadano amati prima di essere giudicati.

b. Adesso riflettete: nelle due frasi c'è lo stesso tipo di costruzione, quale? Che cosa esprime? Parlatene con un compagno e completate.

____________________ + ____________________

esprime
- ☐ una necessità, un dovere espressi al passivo.
- ☐ un'intenzione riferita al futuro.

16. Questo va fatto! C'è ancora molto da fare!

A coppie. Degli amici vengono a trovarvi per il fine settimana: fate una lista di cinque cose che dovete fare prima del loro arrivo. ***A*** *scrive la lista usando la struttura analizzata al punto 12,* ***B*** *la struttura del punto 15.*
Quando avete finito, scambiatevi le liste e trasformate le frasi come nell'esempio.

12 Esempio: c'è ancora molto da fare ← → va fatto ancora molto

17. Quale Italia?

a. Leggete il seguente brano tratto da un racconto.

Quando avevo sei anni ci fu il terremoto. Ero figlia unica, scappai a piedi nudi sotto l'arco di una porta, tra i miei genitori . «Questa è la trave portante», disse mio padre con l'aria da architetto, «qui è tranquillo».[...] Tre mesi dopo, una famosa maga del quartiere indicò alla popolazione il giorno e l'ora della prossima scossa. La gente dormiva con la valigia sotto il letto, e sulla maga non c'era da sbagliarsi, così quando arrivò il giorno X tutti cominciarono a scendere in strada.
Accesero i falò.

b. Secondo voi in quale regione italiana si svolge la scena? In quale periodo, in quali anni? Parlatene in piccoli gruppi motivando la vostra opinione.

c. Leggete adesso alcune volte la continuazione del racconto. Dopo ogni lettura consultatevi con un compagno diverso e confrontate con lui le informazioni capite.

Io avevo sentito della profezia a scuola e vedevo dal balcone i falò accesi.

«Mamma, perché non scappiamo?»

«Ma che scemenza: i maghi non esistono, la magia non esiste, nessuno può prevedere niente, perché quello che deve ancora succedere non si sa come succederà».

Io vidi Katia scendere nel cortile.

«Mamma, Katia è scesa, c'ha anche la cartella».

[...] La signora Russo con un completino da rifugio antiaereo ci venne a bussare.

«Signò, vi volete muovere?»

«Ma signora, per favore non diciamo sciocchezze, sedetevi che vi faccio un caffè».

«Ma quale caffè? Voi dovete scappare!»

«Signora, ragioniamo: che probabilità c'è che venga una scossa mo'? Allora dovremmo stare sempre in mezzo alla strada?»

«Ma la maga ha detto mo', tra mezz'ora».

«E voi credete alla maga? Siete una donna così coraggiosa, faticate dalla mattina alla sera, e credete a questi buffoni che si vogliono fare i soldi con la vostra superstizione?»

«Signò, [....] fate come volete, ma almeno questa povera creatura me la dovete dare a me».

Io seguivo la conversazione, quando disse povera creatura capii che parlava di me, e andai nella stanzetta a prendere la cartella. Mia madre vedendomi allontanare disse: «Avete visto? L'avete fatta spaventare!»

Tornai nell'ingresso e tesi la mano verso la signora Russo.

Mia madre aveva la tristezza del fallimento negli occhi e l'attesa della rivincita nel cuore.

Corremmo giù: io e Katia ci trovammo vicino al falò, e per venti minuti facemmo i compiti. [...]

All'ora X ci fermammo tutti, la signora Russo mi prese in braccio. Ci avvolse un silenzio totale, poi la terra scricchiolò, le case ondeggiarono un poco. Ci muovevamo restando fermi. Polacchine e jeans, i miei genitori correvano sconvolti fuori dal palazzo.

(da *Quello che non ricordo più*, racconto tratto da *Mosca più balena* di Valeria Parrella, Roma 2003)

d. La madre della persona che racconta e la signora Russo hanno opinioni diverse riguardo a un argomento. Qual è l'argomento e quali sono le opinioni?

e. Abbinate le espressioni ai loro significati.

cartella (r. 6)	insuccesso
superstizione (r. 15)	scarpe alte invernali
fallimento (r. 21)	fece un rumore come se stesse per rompersi
rivincita (r. 21)	credere in fatti soprannaturali e magici
scricchiolò (r. 25)	traumatizzati
polacchine (r. 26)	borsa in cui si mettono libri, quaderni, penne, ecc.
sconvolti (r. 26)	possibilità di vincere dopo aver perso

18. Mille Italie, mille lingue

a. Nel testo del punto 17 avete letto la parola ‹signò› (r. 8) che è una parola dialettale.
Sapete che cosa significa?
Cercate adesso nel testo altre espressioni regionali corrispondenti alle seguenti parole e confrontate poi con un compagno.

ora, adesso ____________________

lavorate ____________________

bambina ____________________

b. Nello stesso testo potete constatare un altro regionalismo. Le due signore non si danno del tu:
13, 14 *quale persona verbale usano? Qual è la differenza rispetto all'italiano standard?*

19. A proposito di maghi...

Ne volete sapere di più? Leggete il seguente testo tratto da Internet.

Secondo un' indagine condotta dal Telefono Antiplagio i maghi e gli astrologi reclamizzati in Italia sono 7250. [...]
A dispetto di quanto si possa pensare correndo dietro ai luoghi comuni è il Nord l'area geografica più soggetta alle tentazioni di filtri e fatture. Questa la ripartizione percentuale: Nord 43%, Centro 30%, Sud e Isole 27%, mentre le regioni dove è più alto il numero di fattucchiere, maghi e astrologi sono Lombardia, Lazio, Piemonte, Campania, Sicilia. Milano
15 la città che ne detiene il primato, seguita da Roma, Napoli, Torino, Palermo.

(da *Truffe miliardarie grazie alla voglia di occulto* di Anna Gabbrini, axiaonline.it)

20. Siete come la signora Russo?

Com'è la situazione nel vostro Paese? Ci sono maghi? E voi, siete superstiziosi?
Conoscete qualcuno che lo è? Avete delle credenze particolari?
16 *Il numero 13 per voi ha un significato particolare? E il 17? Parlatene in piccoli gruppi.*

21. Ritorno al testo

a. Trovate nel testo del punto 17 le frasi al discorso diretto che corrispondono al seguente testo.

______________________	Mio padre disse che quella era la trave
______________________	portante e che lì era tranquillo. [...]
______________________	Chiesi a mia madre perché non scappavamo
______________________	e lei mi rispose che era una scemenza, che
______________________	i maghi non esistevano, la magia non
______________________	esisteva; che nessuno poteva prevedere
______________________	niente perché quello che doveva ancora
______________________	succedere non si sapeva come sarebbe
______________________	successo. Io vidi Katia scendere nel cortile
______________________	e dissi a mia madre che anche lei era
______________________	scesa e aveva anche la cartella. Quando la
______________________	signora Russo venne per chiederci di
______________________	scendere, mia madre le disse di non dire
______________________	sciocchezze, di sedersi che le avrebbe
______________________	fatto un caffè.

b. Confrontate adesso il testo di destra con le frasi che avete scritto e insieme a un compagno rispondete.

A che tempo è il verbo che introduce il discorso indiretto?

____

Come sono cambiati i verbi nei modi e nei tempi?

____

Che cosa è cambiato ancora?

____

22. Lasciare l'Italia?

a. Il racconto del punto 17 continua con l'annuncio dei genitori alla ragazza che passeranno tre anni all'estero:

«Sono solo tre anni: imparerai l'inglese, ti servirà. E poi, in questa città, o sei camorrista, o tieni le conoscenze, o fai il mago per televisione: non ci perdiamo niente».

tenere (regionale) = avere

b. Insieme a un compagno riscrivete il brano alla forma indiretta. Controllate poi con un compagno diverso. Cominciate così:

17, 18 I miei genitori mi dissero che/mi annunciarono che ...

23. La parola ‹fine›

Complimenti, siete arrivati alla fine del libro!
In questo corso avete avuto modo non solo di imparare la lingua, ma anche di approfondire le vostre conoscenze dell'Italia e degli italiani. Le vostre aspettative sono state soddisfatte? C'è qualcosa che vi è piaciuto, che vi ha colpito o che vi ha stupito particolarmente? Parlatene in piccoli gruppi.

19. Progettiamo Piazza Unità

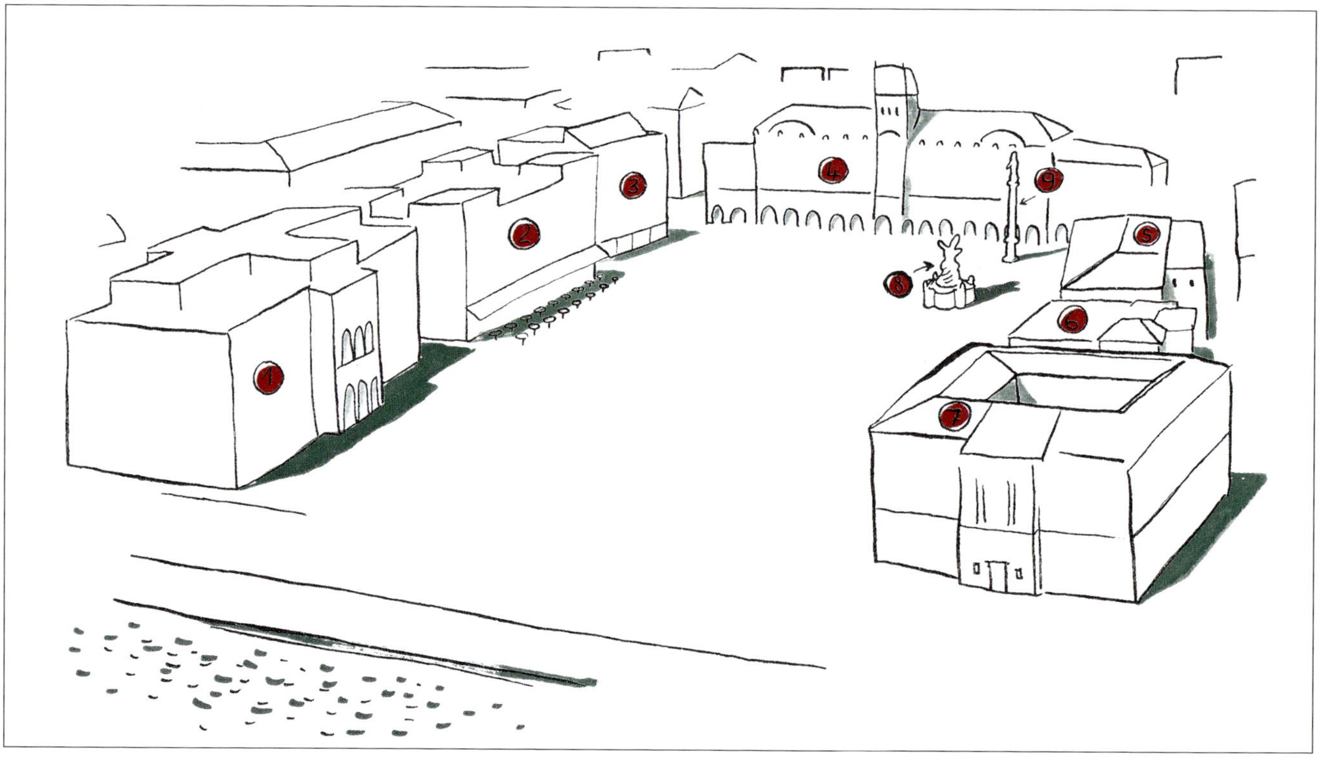

N° 1 è il Palazzo del Governo
N° 2 è il Caffè degli Specchi
N° 3 è Palazzo Modello

N° 4 è il Municipio (das Rathaus)
N° 5 è Palazzo Pitteri
N° 6 è l'Hotel Duchi d'Aosta

N° 7 è il Palazzo del Lloyd
N° 8 è la fontana (Brunnen)
N° 9 è la statua di Carlo VI

20. Vorrei un'informazione

*Lavorate in coppia: a turno, chiedete la strada per arrivare al posto che cercate. Per rispondere **A** consulta la cartina di Trieste a p. 55. **B** la cartina qui sotto.*

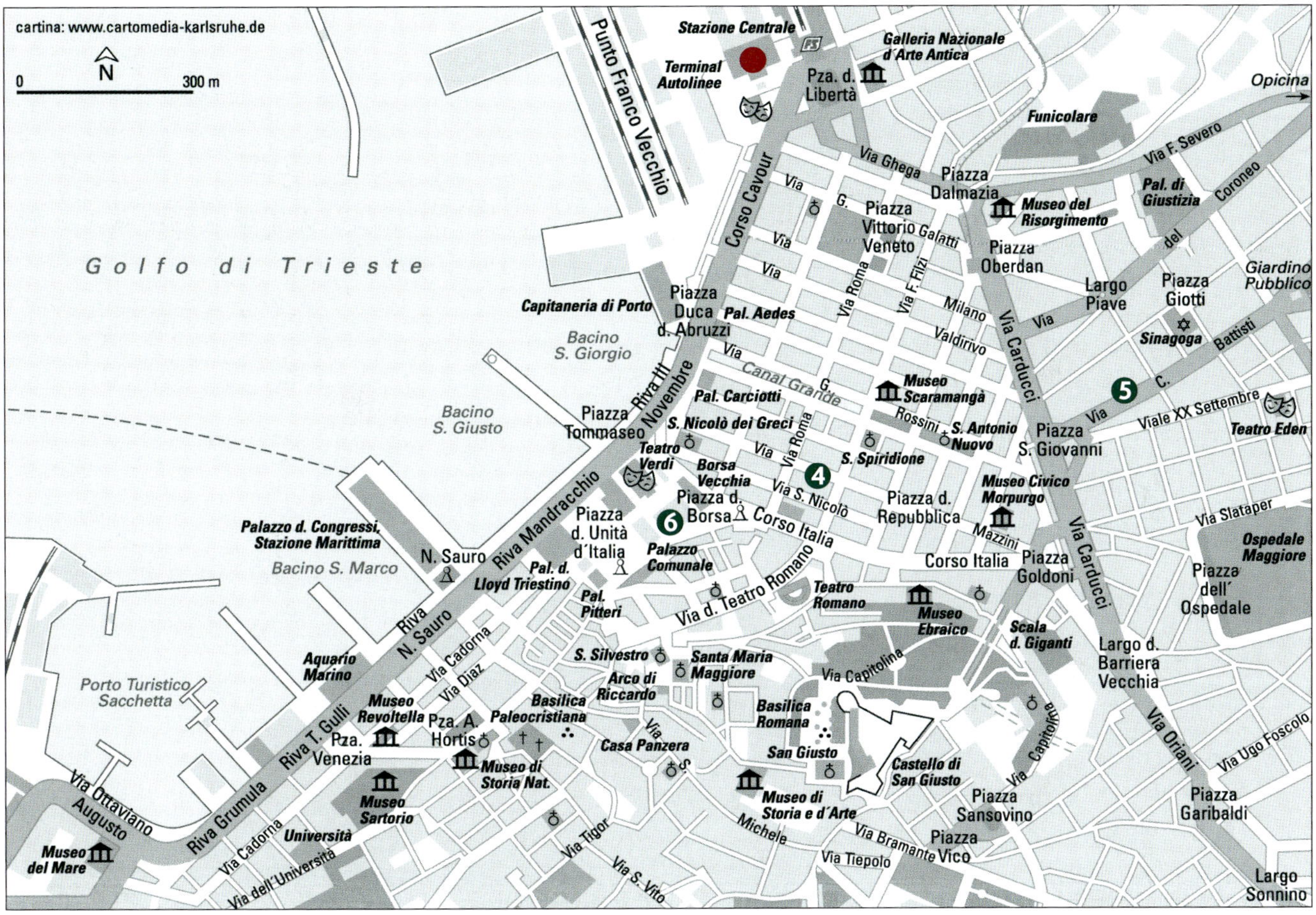

La Libreria Antiquaria Saba è in Via San Nicolò 30 (n° 4), il Caffè San Marco è in Via Battisti (n° 5), l'autobus per l'Università, il 17, si prende in Piazza della Borsa (n° 6).

A1 (Unità 1–5)

Hören	Ich kann einfache Fragen zu meiner Person und zu meinem Tagesablauf verstehen.	☐	☐	☐
	Ich kann Angaben zu Studium oder Beruf und Studien- oder Arbeitsort verstehen.	☐	☐	☐
	Ich kann einfache Aufforderungen verstehen, wie z.B. zur Bestellung in einem Café.	☐	☐	☐
	Ich kann einfache Gespräche z.B. über Tagesablauf und Freizeitaktivitäten verstehen, wenn die Personen deutlich sprechen.	☐	☐	☐
	Ich kann einfache Wegerklärungen verstehen.	☐	☐	☐
	Ich kann Zahlen, Preisangaben und Uhrzeiten verstehen.	☐	☐	☐
Lesen	Ich kann ein Formular (z.B. im Internet) so weit verstehen, dass ich die wichtigsten Angaben zu meiner Person machen kann.	☐	☐	☐
	Ich kann Wörter und Ausdrücke auf Schildern verstehen.	☐	☐	☐
	Ich kann wichtige Informationen in Anzeigen verstehen.	☐	☐	☐
	Ich kann kurze, einfache zusammenhängende Texte von Bekannten/Freunden über ihre Vorlieben, ihren Tagesablauf verstehen.	☐	☐	☐
	Ich kann kurze, einfache schriftliche Wegerklärungen verstehen.	☐	☐	☐
	Ich kann einfache Aussagen über vergangene Ereignisse verstehen.	☐	☐	☐
Sprechen	Ich kann grüßen und mich verabschieden.	☐	☐	☐
	Ich kann einfache Fragen zur Person stellen und beantworten.	☐	☐	☐
	Ich kann Fragen zu Studium, Hobbies, Freizeitaktivitäten, Vorlieben und Abneigungen stellen und beantworten.	☐	☐	☐
	Ich kann mit einfachen Mitteln meinen Studien- bzw. Wohnort beschreiben.	☐	☐	☐
	Ich kann den Weg zu einem bestimmten Ziel erklären.	☐	☐	☐
	Ich kann erzählen, was ich gemacht habe.	☐	☐	☐
Schreiben	Ich kann auf einem Formular Angaben zu meiner Person machen.	☐	☐	☐
	Ich kann eine einfache Postkarte schreiben.	☐	☐	☐
	Ich kann einen Notizzettel schreiben.	☐	☐	☐
	Ich kann einen einfachen kurzen Text über mich schreiben.	☐	☐	☐
	Ich kann einen einfachen kurzen Text über meinen Tagesablauf schreiben.	☐	☐	☐
	Ich kann in einem kurzen Text einen Rundgang durch meine Stadt beschreiben.	☐	☐	☐
	Ich kann einfache Sätze über vergangene Ereignisse schreiben.	☐	☐	☐
Strategien	Ich kann jemanden ansprechen.	☐	☐	☐
	Ich kann nach der Bedeutung eines Wortes fragen.	☐	☐	☐
	Ich kann fragen, wie man etwas auf Italienisch sagt.	☐	☐	☐
	Ich kann nach der Schreibweise eines Wortes fragen.	☐	☐	☐
	Ich kann nachfragen, wenn ich etwas nicht verstanden habe.	☐	☐	☐
	Ich kann jemanden darum bitten, etwas zu wiederholen.	☐	☐	☐

Kann ich das?

Ja, kein Problem! Ja, aber noch nicht so gut. Das bereitet mir noch Mühe.

A2 (Unità 6–10)

Hören	Ich kann Alltagsgespräche verstehen (z. B. über Einkaufen, Geschenke, Familie, Bräuche...).	☐	☐	☐
	Ich kann einfache Gespräche über Kindheitserinnerungen verstehen.	☐	☐	☐
	Ich kann einfache Telefongespräche verstehen.	☐	☐	☐
	Ich kann Angaben zu Lage, Größe, Ausstattung und Mietpreis einer Wohnung verstehen.	☐	☐	☐
	Ich kann Fragen über meinen Gesundheitszustand verstehen.	☐	☐	☐
	Ich kann einfache Ratschläge und Anweisungen verstehen.	☐	☐	☐
Lesen	Ich kann einfachen Zeitungsartikeln die wesentlichen Informationen entnehmen.	☐	☐	☐
	Ich kann kurze Erzählungen verstehen, in denen es um Themen geht, die mir vertraut sind (z. B. Urlaub, Familie, Sport).	☐	☐	☐
	Ich kann kurze Auszüge aus literarischen Texten in Standardsprache verstehen.	☐	☐	☐
	Ich kann einfache Wettermeldungen in Zeitungen bzw. Zeitschriften verstehen.	☐	☐	☐
	Ich kann Wohnungsanzeigen verstehen.	☐	☐	☐
Sprechen	Ich kann einfache Einkäufe machen, sagen, was ich suche und nach dem Preis fragen.	☐	☐	☐
	Ich kann mit anderen besprechen, was man tun oder wohin man gehen will, und kann vereinbaren, wann und wo man sich trifft.	☐	☐	☐
	Ich kann meine Familie beschreiben.	☐	☐	☐
	Ich kann die Charakterzüge von mir selbst und von anderen Personen beschreiben.	☐	☐	☐
	Ich kann über vergangene Aktivitäten und persönliche Erfahrungen berichten (z. B. meine Kindheit, Familienfeste, einen Ausflug mit Freunden).	☐	☐	☐
	Ich kann über das Wetter sprechen.	☐	☐	☐
	Ich kann meine Wohnung beschreiben, Informationen über eine Wohnung (Lage, Größe, Ausstattung Mietpreis) einholen und einen Termin für eine Wohnungsbesichtigung vereinbaren.	☐	☐	☐
	Ich kann beim Arzt oder in der Apotheke meine Beschwerden schildern sowie um Rat bitten.	☐	☐	☐
	Ich kann einfache Ratschläge und Anweisungen geben.	☐	☐	☐
Schreiben	Ich kann einen Brief schreiben und darin einfache Formeln für Anrede, Gruss, Danke und Bitte verwenden.	☐	☐	☐
	Ich kann einen einfachen Text über meine Familie sowie über Kindheitserinnerungen schreiben.	☐	☐	☐
	Ich kann eine Einladung (z. B. für eine Party) verfassen.	☐	☐	☐
	Ich kann mich schriftlich für ein Versäumnis entschuldigen.	☐	☐	☐
	Ich kann eine Wohnungsannonce verfassen.	☐	☐	☐
	Ich kann einen einfachen Text über meine sportliche Aktivitäten schreiben.	☐	☐	☐
Strategien	Ich kann sagen, dass ich verstehe.	☐	☐	☐
	Ich kann die Bedeutung einzelner unbekannter Wörter aus dem Kontext erschließen und so den Sinn der Äußerungen ableiten, wenn mir die Thematik vertraut ist.	☐	☐	☐
	Ich kann jemanden bitten, zu erklären oder genauer auszuführen, was er gerade gesagt hat.	☐	☐	☐
	Ich kann die Funktion/den Gebrauch von konkreten Dingen beschreiben, wenn mir das passende Wort nicht einfällt.	☐	☐	☐

B 1 (Unità 11–14)

Ascoltare	Sono in grado di seguire i punti principali di conversazioni, anche lunghe, in lingua standard su temi a me familiari.	☐	☐	☐
	Comprendo gli elementi principali di un'intervista in lingua standard su temi di mio interesse personale (p. es. libri, cinema).	☐	☐	☐
	Comprendo l'essenziale di trasmissioni radiofoniche in lingua standard su temi di attualità.	☐	☐	☐
	In una discussione informale, sono in grado di seguire le argomentazioni degli altri.	☐	☐	☐
Leggere	Comprendo la descrizione di avvenimenti, stati d'animo, desideri e progetti personali in testi privati (lettere, e-mail) e pubblici (giornali, riviste, internet).	☐	☐	☐
	Sono in grado di scorrere testi di una certa lunghezza per trovare informazioni specifiche.	☐	☐	☐
	Sono in grado di confrontare le opinioni espresse su un tema in due testi diversi.	☐	☐	☐
	Comprendo la trama e una breve recensione di un libro o di un film.	☐	☐	☐
	Sono in grado di comprendere un testo narrativo contemporaneo in lingua standard.	☐	☐	☐
Parlare	Partecipo, anche senza essermi preparato, a conversazioni su temi di mio interesse personale.	☐	☐	☐
	So formulare promesse, intenzioni e progetti per il futuro.	☐	☐	☐
	So esporre e motivare brevemente la mia opinione su temi anche non quotidiani (p. es. lingua e mezzi di comunicazione).	☐	☐	☐
	So chiedere l'opinione di altri ed esprimere accordo o disaccordo.	☐	☐	☐
	So formulare ipotesi e supposizioni.	☐	☐	☐
	So raccontare brevemente la trama di un libro o di un film e descrivere le mie impressioni.	☐	☐	☐
	So esprimere le mie preferenze in diversi settori (p. es. libri, cinema, musica).	☐	☐	☐
	So descrivere in modo articolato le mie abitudini ed esperienze (p. es. lettura, musica, uso di mezzi di comunicazione).	☐	☐	☐
	So descrivere l'aspetto fisico di una persona.	☐	☐	☐
	Sono in grado di riassumere brevemente una discussione, se mi sono preparato.	☐	☐	☐
Scrivere	Sono in grado di prendere appunti per riassumere una discussione informale.	☐	☐	☐
	So scrivere brevi testi per esporre esperienze personali, desideri e progetti per il futuro.	☐	☐	☐
	So scrivere brevi testi per esprimere la mia opinione.	☐	☐	☐
	Sono in grado di scrivere brevi testi usando semplici connettivi (p. es. ma, perché, siccome, prima, poi, più tardi, quindi, tuttavia, ecc.)	☐	☐	☐
	So raccontare una breve storia.	☐	☐	☐
	So scrivere un breve testo (e-mail a un giornale) sul mio libro preferito.	☐	☐	☐
	So riassumere brevemente la trama di un libro o di un film.	☐	☐	☐
Strategie	Sono in grado di dedurre dal contesto il significato di parole sconosciute anche se l'argomento mi è relativamente nuovo.	☐	☐	☐
	Quando non ricordo o non conosco una parola sono in grado di usare un vocabolo simile, anche se non preciso.	☐	☐	☐

B 2.1 (Unità 15–18)

Ascoltare	Comprendo conversazioni su temi quotidiani in modo piuttosto dettagliato.	□	□	□
	Comprendo gli elementi essenziali di esposizioni su temi anche complessi (sistema universitario, caratteristiche di un Paese).	□	□	□
	Sono in grado di comprendere registrazioni in lingua standard identificando non solo informazioni, ma anche il punto di vista di chi parla, anche se non nei dettagli.	□	□	□
Leggere	So individuare il punto di vista e le conclusioni dell'autore in testi argomentativi chiaramente strutturati.	□	□	□
	So individuare le informazioni significative in testi d'uso corrente (p. es. annunci economici).	□	□	□
	Comprendo l'esposizione articolata di esperienze interculturali in testi giornalistici.	□	□	□
	So trovare in punti diversi di un testo le informazioni necessarie a svolgere un determinato compito.	□	□	□
	Sono in grado di comprendere un breve racconto in modo tale da poterne fare una semplice interpretazione.	□	□	□
Parlare	So esprimere speranze, dubbi, timori, necessità.	□	□	□
	So motivare una scelta (p. es. studio, lavoro).	□	□	□
	So descrivere e valutare le mie esperienze di studio.	□	□	□
	So formulare dei progetti, elencare le cose da fare (p. es. per un soggiorno di studio in Italia) e riferire in maniera chiaramente strutturata .	□	□	□
	So prendere posizione rispetto ad opinioni espresse da altri.	□	□	□
	In un'intervista (p. es. colloquio di lavoro) sono in grado di fornire le informazioni richieste.	□	□	□
	So riassumere e riferire brevemente opinioni espresse da diverse persone.	□	□	□
	So prendere posizione su possibili progetti di vita (p. es. trasferirsi all'estero).	□	□	□
	So raccontare e valutare esperienze personali descrivendo le mie impressioni.	□	□	□
	So riferire ciò che ho ascoltato in un'intervista.	□	□	□
Scrivere	So scrivere un'e-mail ad un amico per chiedere informazioni e consigli utili per un soggiorno di studio in Italia.	□	□	□
	So scrivere il mio curriculum vitae.	□	□	□
	So scrivere una domanda di assunzione per uno stage.	□	□	□
	So prendere posizione su un tema dato (p. es. scelte professionali)	□	□	□
	So raccontare un'esperienza particolare (p. es. un viaggio)	□	□	□
	So riassumere brevemente il contenuto di un'intervista.	□	□	□
	So fornire informazioni e consigli relativi al mio Paese (p. es in una lettera ad un amico)	□	□	□
Strategie	Sono in grado di usare diverse strategie di comprensione per la lingua orale e scritta.	□	□	□
	Sono in grado di strutturare i miei discorsi usando diversi connettivi (p. es. dunque, innanzi tutto...).	□	□	□
	Sono in grado di usare le formule appropriate di apertura e chiusura in lettere formali e informali.	□	□	□

Lektionswortschatz

Punkte unter Buchstaben geben die Betonung an.

Unità 1

1	per me	für mich
	è (ẹssere)	ist (sein)
	scrivete (scrịvere)	schreiben Sie / schreibt (schreiben)
	almeno	mindestens
	la parola	Wort
	chiedete all'insegnante	fragen Sie / fragt den Lehrer / die Lehrerin
	chiẹdere	fragen
	l'insegnante (*m.* + *f.*)	Lehrer/in
	che non conoscete	die Sie nicht kennen / ihr nicht kennt
	che	*hier:* die
	conọscere	kennen
	l'esempio	Beispiel
	Come si dice?	Wie sagt man?
	Come ...?	Wie ...?
	dire	sagen
	in italiano	auf Italienisch
	Come si scrive?	Wie schreibt man?
	l'alfabeto	Alphabet
	ascoltate (ascoltare)	hören Sie / hört (hören)
	e	und
	poi	dann
	ripetete (ripẹtere)	wiederholen Sie / wiederholt (wiederholen)
	dettate (dettare)	diktieren Sie / diktiert (diktieren)
	vostre	*hier:* Ihre / eure
	il significato	Bedeutung
	nuovo	neu
	proposte dai compagni	vorgeschlagen von den Kommilitonen
	proporre	vorschlagen
	il/la compagno/-a	Kommilitone/in
	Cosa ...?	Was ...?
	Cosa signịfica ...?	Was bedeutet ...?
	significare	bedeuten
2	la festa	Fest, Feier
	di	von
	lo/la studente/-essa	Student/in
	il/la ragazzo/-a	*hier:* junger Mann / junge Frau
	avvicinarsi (a)	sich nähern
	alcune volte	einige Male
	completate (completare)	vervollständigen Sie / vervollständigt (vervollständigen)
	il nome	Name
	la città	Stadt
	la facoltà	Fakultät
	insieme (a)	zusammen (mit)
	mẹttere in ọrdine	in die richtige Reihenfolge bringen
	l'ọrdine (*m.*)	Ordnung, *hier:* Reihenfolge
	la frase	Satz
	ciao	Hallo / Tschüss
	chiamarsi	heißen
	l'amico/-a	Freund/in
	anche	auch
	studiare	studieren
	la Matemạtica	Mathematik
	come lei	wie sie
	Che cosa ...?	Was ...?
	l'Economia	Wirtschaft
	Sei di ...?	Bist du aus ...?
	non proprio	nicht direkt
	Di dove?	Woher?
	la provincia	Provinz *(italienischer Regierungs- und Verwaltungsbezirk)*
	in provincia di	im Land-/Stadtkreis von
	ma	aber
	abitare	wohnen
	qua	hier
	avere	haben
	l'appartamento	Appartement, Wohnung
	con un altro ragazzo	mit einem anderen jungen Mann
	la Medicina	Medizin
	controllare	kontrollieren
3	la forma di saluto	Grußform

4	Ritorno al testo	Zurück zum Text
	il testo	Text
	lẹggere	lesen
	ancora una volta	noch einmal
	sottolineare	unterstreichen
	secondo voi	Ihrer / eurer Meinung nach
	adesso	jetzt
	la tabella	Tabelle
	quale	welcher (-e, -es)
5	Occhio alla lingua!	Achtung auf die Sprache! (Alle Augen auf die Sprache!)
	Quando?	Wann?
	usare	verwenden, benutzen
6	la presentazione	Vorstellung
7	questo/-a	dieser/diese
	la lingua	Sprache
8	cercare	suchen
	il corso di laurea	Studiengang
	se non lo trovate	wenn Sie / ihr ihn nicht findet
	trovare	finden
	le Scienze e tecnologie agrarie	Agrarwissenschaften
	le Scienze polịtiche	Politologie
	l'Architettura	Architektur
	l'Economia aziendale	Betriebswirtschaftslehre
	l'Economia e commercio	Wirtschaft und Handel, Wirtschaftslehre
	la Chịmica e tecnologie farmacẹutiche	Pharma- und Chemietechnik
	la Farmacia	Pharmazie
	la Giurisprudenza	Jura
	l'Ingegneria civile	Bauingenieurwesen
	la Sociologia	Soziologie
	l'Ingegneria gestionale	Wirtschaftsingenieurwesen
	l'Ingegneria meccạnica	Maschinenbau
	le Lẹttere	Philologie
	la Filosofia	Philosophie
	la Storia dell'arte	Kunstgeschichte
	le Lingue e letterature straniere	Sprach- und Literaturwissenschaften
	la Medicina e Chirurgia	Medizin und Chirurgie
	la Fịsica	Physik
	la Biologia	Biologie
	le Scienze della comunicazione	Kommunikationswissenschaften
	l'Informạtica	Informatik
	le Scienze della formazione	Bildungswissenschaften
	le Tecnologie Web e multimediali	Internet- und Multimedia-Technologie
9	presentạtevi (presentarsi)	stellen Sie sich vor / stellt euch vor (sich vorstellen)
	il/la vicino/-a	Nachbar/in
	il punto	Punkt
10	la domanda	Frage
	scẹgliere	(aus)wählen
	per fare conoscenza	um sich kennenzulernen
	confrontare	vergleichen
11	fare	machen
	un compagno diverso	ein anderer Kursteilnehmer
12	lavorare	arbeiten
	in coppia	zu zweit, paarweise
	davanti a	vor
13	l'esercizio	Übung
	l'aeroporto	Flughafen
	l'aula	Unterrichtsraum
	la scuola	Schule
	il libro	Buch
	il/la professore/-essa	Lehrer/in; Professor/in
	il momento	Moment, Augenblick
	il lavoro	Arbeit
14	l'intervista	Interview
	più volte	mehrmals
	raccontare	erzählen
	dopo ogni ascolto	nach jedem Hören
	consultạtevi (consultarsi)	beraten Sie sich / beratet euch (sich beraten)
	le informazioni capite	die verstandenen Informationen
	segnare	*hier:* ankreuzen
	la risposta esatta	richtige Antwort
	la segretaria	Sekretärin
	l'età media	Durchschnittsalter
	l'anno	Jahr
	con quelle	*hier:* mit denjenigen
	ụltimo	letzter (-e, -es)
15	pensare (a)	denken (an)
	vi	Ihnen / euch
	aiutare	helfen
	capire	verstehen
	il significato generale	allgemeine Bedeutung, Aussage
	è necessario	es ist notwendig, nötig
	tutto	alles
	parlạtene (parlare)	sprechen Sie / sprecht darüber (sprechen)
	in pịccoli gruppi	in kleinen Gruppen

	il gruppo	Gruppe
16	la nazionalità	Nationalität
	sentire	hören
	spagnolo	spanisch; Spanier
	portoghese	portugiesisch; Portugiese/in
	russo	russisch; Russe
	polacco	polnisch; Pole
	tedesco	deutsch; Deutscher
	turco	türkisch; Türke
	inglese	englisch, Engländer/in
	italiano	italienisch, Italiener
	francese	französisch; Franzose/in
	olandese	holländnisch; Holländer/in
	americano	amerikanisch; Amerikaner
	austriaco	österreichisch; Österreicher
	accanto a	neben
	il Paese	Land
	nella classe	in der Klasse
	che ho in questo momento	*hier:* die ich gerade unterrichte
	bello	schön
	il livello intermedio alto	hohes Mittelstufenniveau
	vivere	leben
	qui	hier
	da 5 mesi	seit 5 Monaten
	il mese	Monat
	le lettere antiche	Altphilologie
	la lista	Liste
17	descrivere	beschreiben
	suo/sua	sein (-e, -es) / ihr (-e, -es)
18	il numero	Zahl
	da … a …	von … bis …
	abbinare	verbinden
19	Quanti anni hai?	Wie alt bist du?
20	esistere	existieren
	partire	weggehen, wegfahren
	uguale	gleich
21	brasiliano	brasilianisch
	il centro	Zentrum
	vicino a	in der Nähe von
	l'università	Universität
22	Perché?	Warum?
	lo/la straniero/-a	Ausländer/in
	ecco	hier, da (ist/sind)
	il motivo	Grund, Motiv
	la percentuale	Prozentsatz
	che vi sembra	*hier:* der Ihnen / euch scheint
	più probabile	am wahrscheinlichsten

	il tempo libero	Freizeit
	lo studio	Studium
	i motivi personali	persönliche Gründe
	verificare	überprüfen
	l'indagine	Umfrage, Untersuchung
	il risultato	Ergebnis, Resultat
	il ministero	Ministerium
	gli Affari Esteri	auswärtige Angelegenheiten
	sullo (su)	über
	il mondo	Welt
	il questionario	Fragebogen
	distribuito	verteilt
	in tutto il mondo	auf der ganzen Welt
	chiede di indicare	bittet um Angabe
	l'importanza	Wichtigkeit
	finale	endgültig, Schluss-
	vedere	sehen
	al primo posto	an erster Stelle
	per	für, aus, wegen
	il turismo	Tourismus
	l'interesse	Interesse
	verso	gegenüber
	la cultura	Kultur
	la società	Gesellschaft
	seguire	folgen
	perché	weil
	la famiglia	Familie
	l'origine (*f.*)	Ursprung
	diventare	werden
	il/la traduttore/-trice	Übersetzer/in
	l'interprete (*m.* + *f.*)	Dolmetscher/in
	o	oder
	la ditta	Firma
	frequentare	*hier:* besuchen
	partecipare (a)	teilnehmen (an)
	il programma	Programm
	continuare	fortsetzen, weitermachen
	gli studi	Studium, Lernen
	in certi casi	in bestimmten Fällen
	obbligatorio	obligatorisch, verbindlich
	il curriculum scolastico	Lehrplan
	la motivazione	Begründung
	la statistica	Statistik
	analizzare	analysieren
	il caso	Fall
23	la lettura	Lesen; Lesetext
	autentico	authentisch
24	normalmente	normalerweise

	può essere	(er, sie, es) kann sein
	la regola	Regel
25	a questo punto	nun
	il foglio	Blatt
	quelle che	*hier:* diejenigen, die
	il minuto	Minute
	scambiare	tauschen, austauschen
	mettere	*hier:* einsetzen
26	imparare	lernen
	volere	wollen
	maggiore	*hier:* mehr, weiter
	compilare	ausfüllen
	il modulo di richiesta	Anfrageformular
	l'estero	Ausland
	viaggiare	reisen
	oggi	heute
	ricevere	erhalten
	via mail	*hier:* per Post
	interessato/-a	interessiert
	seguente	folgende (-r, -s)
	i dati personali	persönliche Daten
	il cognome	Familienname
	la via	Straße
	il codice postale	Postleitzahl
	lo Stato	Staat
	il maschio	Mann
	la femmina	Frau

Unità 2

1	la bevanda	Getränk
	lo spuntino	Imbiss
	la colonna	*hier:* Spalte
	giusto	richtig
	il panino	Brötchen
	l'acqua minerale	Mineralwasser
	il tramezzino	*ital. Sandwich*
	la birra	Bier
	l'aperitivo	Aperitiv
	il tè	Tee
	la pizzetta	kleine Pizza
	il vino	Wein
	il caffè	Kaffee
	la brioche	Brioche (Gebäck)
	l'aranciata	Orangenlimonade
	il liquore	hochprozentiger Schnaps
	il cornetto	Hörnchen
	se non capite	wenn Sie nicht verstehen / wenn ihr nicht versteht
	Come, scusi?	Wie bitte?
	oppure	oder
	Può ripetere?	Können Sie wiederholen?
	per favore	bitte
2	provare (a)	versuchen (zu)
	immaginare	(sich etw.) vorstellen
	la situazione	Situation
	in generale	im Allgemeinen
	l'impressione (*f.*)	Eindruck
	quanto/-i	wie viel(e)
	Chi?	Wer?
	Dove?	Wo?
	concentratevi (concentrarsi)	konzentrieren Sie sich / konzentriert euch (sich konzentrieren)
	su alcuni particolari	auf einige Besonderheiten
	corretto	richtig, korrekt
	il ristorante	Restaurant
	prendere	nehmen
	È possibile?	Ist es möglich?
	caldo	warm
	naturale	natürlich, *hier:* still (Wasser)
	gassato	mit Kohlensäure
	C'è ...? (esserci)	Gibt es ...? (geben, vorhanden sein)
	il tavolo	Tisch
	libero	frei
3	bene	gut
	non c'è male	nicht schlecht, es geht
	dai!	komm schon!
	senti...	hör mal ...
	mancare	fehlen
	stare	sein
	benissimo	sehr gut
	abbastanza	ziemlich
	così, così	so lala
	male	schlecht
	Come va?	Wie geht's?
	simile	ähnlich
	il ruolo	Rolle
4	allora	also
	lo scontrino	Kassenzettel
	dividere	teilen
	da mangiare	zu essen
	credo di no	ich glaube nicht
	però	aber, jedoch
	ci sono (esserci)	es gibt (geben, vorhanden sein)
	non lo so	ich weiß es nicht

	posso chiẹdere	ich kann fragen
	grazie	danke
	se c'è	wenn es gibt
	il pomodoro	Tomate
	se possịbile	wenn möglich
	bere	trinken
	il bicchiere	Glas, Becher
5	cambiare	sich ändern
6	l'ordinazione (*f.*)	Bestellung
	la persona	Person
7	caro	*hier:* teuer
	la luce	Licht
	pịccolo	klein
	medio	mittel-
	grande	groß
	dolce	süß
	amaro	bitter
9	ricordarsi	sich erinnern
10	l'ora	Stunde; Uhrzeit
	andiamo (andare)	wir gehen (gehen)
	vieni (venire)	du kommst (kommen)
	chiụdere	schließen
	Qual è ...?	Was ist ...?
	l'espressione (*f.*)	Ausdruck
	Che ora è?	Wie spät ist es?
11	l'orologio	Uhr
	il mezzogiorno	Mittag
	la mezzanotte	Mitternacht
	il contesto ufficiale	offizielle Situation
13	formare	bilden
	il listino	Preisliste
	30 secondi di tempo	30 Sekunden Zeit
	la cosa	Sache
	che vi ricordate	*hier:* an die Sie sich erinnern / ihr euch erinnert
	vịncere	gewinnen, siegen
	la lista più lunga	längste Liste
	lungo	lang
	al tạvolo	am Tisch
	il caffè decaffeinato	koffeinfreier Kaffee
	il caffè americano	deutscher Filterkaffee
	la cioccolata	*hier:* heiße Schokolade
	l'infuso	Kräutertee
	il succo di frutta	Fruchtsaft
	la spremuta	frisch gepresster Fruchtsaft
	alcọlico	alkoholisch
	analcọlico	alkoholfrei
	lo spumante	Sekt
	la coppa	*hier:* Schale
14	la differenza	Unterschied
	molto	viel
	l'ịsola	Insel
	sempre	immer
	il/la turista	Tourist/in
	buono	gut
	la mụsica	Musik
15	Alla salute!	Prost!
	la salute	Gesundheit
	scọrrere	*hier:* überfliegen
	rapidamente	schnell
	il tema	Thema
	principale	Haupt-
	vi ha aiutato	es hat Ihnen/euch geholfen
	senza	ohne
	rilẹggere	wieder lesen
	il luogo	Ort
	aperto	offen
	la strada	Straße
	la piazza	Platz
	ogni	jede (-r, -s)
	la giornata	Tag
	l'estate (*f.*)	Sommer
	spesso	oft
	fuori	draußen, außen
	il tavolino	kleiner Tisch, Tischchen
	il cameriere	Ober
	servire	*hier:* bedienen
	propriamente	eigentlich
	il caffè	Café
	più elegante di ...	eleganter als ...
	sẹmplice	einfach
	più costoso che ...	teurer als ...
	il banco (di un bar)	Theke (einer Bar)
	aprire	öffnen
	la prima colazione	Frühstück
	alle sei del mattino	um sechs Uhr morgens
	il mattino	Morgen
	fare colazione	frühstücken
	a metà mattina	gegen Mitte des Vormittags
	a volte	manchmal
	durante	während
	l'intervallo	*hier:* Pause
	il pranzo	Mittagessen
	prima di	vor
	la cena	Abendessen
	la tradizione	Tradition

	soprattutto	vor allem
	il gelato	(Speise)Eis
	la versione	Version, Ausgabe
	irlandese	irisch
	il locale	Lokal
	frequentato	besucht
	i giọvani	Jugendliche
	generalmente	im Allgemeinen
	fino alle …	bis …
	sedersi	sich setzen
	ordinare	bestellen
	le patatine	Pommes frites
	il primo piatto	erster Gang
	ascoltare la mụsica	Musik hören
	la birreria	Bierstube
	specializzato	spezialisiert
	il consumo	*hier:* Verbrauch
	rinomato	renommiert, namhaft
	la marca	Marke
	di tutto il mondo	aus aller Welt
	di elevata qualità	von hoher Qualität
	può essere servita	kann serviert werden
	in bottiglia	in der Flasche
	alla spina	vom Fass
	il produttore	Produzent
	richiesto	gefragt
	l'enoteca	Weinstube, Weinhandlung
	la vẹndita	Verkauf
	migliore	beste (-r, -s)
	comprare	kaufen
16	fra parẹntesi	in Klammern
18	il corridoio	Gang
	incontrare	treffen
	decịdere	entscheiden
19	la particolarità	Besonderheit
	preferire	bevorzugen
	finire	beenden
20	Che tipo di …?	Was für (Arten von) …?
	di sọlito	gewöhnlich, normalerweise
21	l'informazione (*f.*)	Information
	svọlgersi	stattfinden
	l'indirizzo	Adresse
22	il tuo nụmero di telẹfono	deine Telefonnummer
24	l'identità	Identität
	importante	wichtig
	il biglietto da vịsita	Visitenkarte
	scoprire	entdecken, herausfinden
25	A che ora?	Wann? Um wieviel Uhr?
	la biblioteca	Bibliothek
26	l'orario	*hier:* Öffnungszeiten
	il cartello	Schild
	il giovedì	Donnerstag
	la segreteria	Sekretariat
	l'ufficio di Orientamento e Tutorato	Studentenberatung
	il mercoledì	Mittwoch
	il lunedì	Montag
	chiuso	geschlossen
	riscrịvere	wieder schreiben
27	Senta!	Hören Sie!
	vorrei iscrịvermi	ich möchte mich einschreiben
	esprịmere	ausdrücken
	la richiesta cortese	höfliche (An)Frage
	Da che cosa …?	Wovon …? Von was …?
	richiamare l'attenzione	Aufmerksamkeit auf sich lenken
	cominciare	beginnen, anfangen
28	la professione	Beruf
	l'avvocato	Anwalt/Anwältin
	l'operaio/-a	Arbeiter/in
	il mẹdico	Arzt / Ärztin
	il/la giornalista	Journalist/in
	l'impiegato/-a	Angestellte/r
	l'architetto	Architekt/in
	fotografato	fotografiert
	se il vicino la pensa come voi	ob der Nachbar genauso denkt wie Sie / ihr
	Che lavoro fa?	Was ist er / sie von Beruf?
29	l'annuncio	Anzeige
	il villaggio	*hier:* Ferienclub
	l'animatore/-trice	Animateur/in
	il/la coreọgrafo/-a	Choreograf/in
	il/la ballerino/-a	Tänzer/in
	il/la cantante	Sänger/in
	il/la barista	Barkeeper/in
	la prima esperienza	erste Erfahrung
	Gentili signori	Sehr geehrte Damen und Herren
	in attesa di	in Erwartung
	Vi mando	ich schicke Ihnen
	cordiali saluti	mit freundlichen Grüßen

Unità 3

1	l'immạgine (*f.*)	Bild
	giocare	spielen
	il calcio	Fußball
	la discoteca	Discothek

	la montagna	Gebirge
	uscire	ausgehen
	fare un giro in bici	eine Radtour machen
	la bici (*abbr. di* bicicletta)	Fahrrad
	navigare in Internet	im Internet surfen
	il concerto	Konzert
	suonare uno strumento	ein Instrument spielen
2	la conversazione	Gespräch
	fra	zwischen
	l'attività	Tätigkeit, Aktivität
	praticare	ausüben, machen
	la soluzione	Lösung
	la libreria	Buchhandlung
	la gelateria	Eisdiele
3	di nuovo	erneut, noch einmal
	serio	ernst
	Ti piace?	Wie gefällt es dir?
	il lavoretto	Job
	come un altro	wie jede (-r, -s) andere
	parlare (di)	sprechen (über)
	le scienze esatte	empirische Wissenschaften
	molto	sehr
	qualcosa	etwas
	all'aperto	im Freien
	riflẹttere	überlegen
	si ụsano	*hier:* (sie) werden verwendet
4	Tutti i gusti sono gusti	Geschmäcker sind verschieden, über Geschmack lässt sich streiten
	il gusto	Geschmack
	indovinare	erraten
	aggiụngere	hinzufügen
	la crocetta	Kreuzchen
	infine	am Ende
	la preferenza	Vorzug, Vorliebe
	valere	gelten, wert sein
	di più	mehr; am meisten
	moltịssimo	sehr (viel)
	per niente	überhaupt nicht
	il cịnema	Kino
	il letto	Bett
	il film dell'orrore	Horrorfilm
	il carnevale	Karneval, Fasching
	la mụsica clạssica	klassische Musik
	il teatro	Theater
	mangiare fuori	auswärts essen, Essen gehen
5	il corso di lingua	Sprachkurs
	da solo	allein
	con tutta la classe	mit der ganzen Klasse
	la canzone	Lied
	il gioco	Spiel
	la grammạtica	Grammatik
6	può (potere)	er, sie kann (können)
	intervistare	interviewen
	riunirsi	sich versammeln
	il pomeriggio	Nachmittag
	la settimana	Woche
	la mattina	Vormittag
	la sera	Abend
	la notte	Nacht
7	Magari!	Schön wär's!
	sottostante	unten stehend
	Eh, beh, che vuoi …	Eh, was willst du …
	ormai	nun(mehr)
	un po' tutti	eigentlich fast alle
	mi sa	ich glaube
	sapere	wissen
	più o meno	mehr oder weniger
	magari	vielleicht
	ụtile	nützlich
	il futuro	Zukunft
	chissà	wer weiß
	in questo campo	in diesem Bereich
	mah	naja *(Ausdruck des Zweifels)*
	veramente	eigentlich
	io non so ancora bene	ich weiß noch nicht genau
	l'idea	Idee
	dovere	müssen
	da che cosa sono seguiti …	was folgt auf …
8	il messaggio	Nachricht
	condivịdere	teilen
	l'orario	*hier:* Stundenplan
	diverso	verschieden, unterschiedlich
	quindi	daher, also
	lasciarsi	*hier:* sich hinterlassen
	fare la spesa	einkaufen
	proprio	*hier:* wirklich
	restare	bleiben
	Grazie mille!	Vielen Dank! (*wörtlich:* Tausend Dank)
	il liceo	Gymnasium
	la lezione	*hier:* Unterricht(sstunde)
	T'interessa? (interessare)	Interessiert es dich? (interessieren)

	il teatro studentesco	Studententheater
	il biglietto	*hier:* Eintrittskarte
	il megagelato	riesige Eisportion
	stasera	heute Abend
	offrire	*hier:* spendieren, ausgeben
	festeggiare	feiern
	l'esame (*m.*)	Prüfung, Examen
9	rispọndere	antworten
10	osservare	betrachten
	tratto da	*hier:* entnommen aus
	essere del ramo	vom Fach sein
	evidenziato	hervorgehoben
	sotto	unten
	tornare	zurückkommen, zurückgehen
	sopra	oberhalb
	costruire	*hier:* bilden
11	curato da	herausgegeben von
	il/la linguista	Sprachwissenschaftler/in
12	considerare	beachten, berücksichtigen
	la grạfica	Grafik
	la riga	Zeile
	la lẹttera	Brief
	l'artịcolo di giornale	Zeitungsartikel
	formale	formell
	informale	informell
	ora	jetzt
	l'argomento principale	Hauptargument
	è un po' che …	es ist schon ein Weilchen her …
	non ci sentiamo	*hier:* wir hören nicht voneinander
	la vita	Leben
	lì	dort
	trovarsi (mi trovo)	*hier:* sich fühlen (ich fühle mich)
	il bilocale	Zweizimmerwohnung
	lontano (da)	weit weg (von)
	tanto fạcile	sehr einfach
	no?	oder?
	organizzarsi	sich organisieren
	il ritmo	Rhythmus
	alzarsi	aufstehen
	pronto	bereit, fertig
	la fermata dell'ạutobus	Bushaltestelle
	un po'	ein wenig, ein bisschen
	affittare	mieten
	la cạmera sịngola	Einzelzimmer
	costare un sacco	viel kosten, teuer sein
	quasi	fast
	tutti i giorni	jeden Tag, alle Tage
	il giorno	Tag
	iniziare	beginnen, anfangen
	la pạusa	Pause
	il distributore automạtico	*hier:* Getränkeautomat
	pranzare	Mittag essen
	il giardino	Garten, Park
	la primavera	Frühling
	mẹttersi	*hier:* sich setzen
	se	wenn
	troppo	zu viel, zu sehr
	stanco	müde
	fare una passeggiata	spazieren gehen
	il parco	Park
	fare cọmpere	einkaufen, Einkäufe machen
	la palestra	Turnhalle
	purtroppo	leider
	mai	nie
	il viaggio	Reise
	poco	wenig
	il venerdì	Freitag
	la domẹnica	Sonntag
	figụrati!	stell dir vor!
	così	so
	aspettare	warten (auf)
	la vacanza	Ferien
	ammẹttere	zugeben
	la nostalgia	Heimweh
	passare	*hier:* verbringen
	il vantaggio	Vorteil
	già	schon
	ritrovarsi	*hier:* sich treffen
	la compagnia	*hier:* Gruppe, Clique
	il sạbato	Samstag
	il martedì	Dienstag
	la serata	Abend
	invece	dagegen
	divertirsi	sich vergnügen
	l'occasione (*f.*)	Gelegenheit
	fare amicizia	sich anfreunden
	Salutoni!	Viele Grüße!
	a presto	bis bald
	la gente	Leute
	ti prego	ich bitte dich
13	corrispọndere	entsprechen
	l'ọrdine cronolọgico	chronologische Reihenfolge
	alla fine	am Ende
14	comparire	erscheinen

	fare attenzione	aufpassen
	la posizione	Position, Stellung
15	quello che	derjenige, der
	assomigliare a qu.	jmdm. ähneln, ähnlich sein
	suonare	*hier:* klingeln
	la sveglia	Wecker
	svegliarsi	aufwachen
	sụbito	sofort
	girarsi	sich drehen
	dall'altra parte	auf die andere Seite
	dormire	schlafen
	per prima cosa	zu allererst
	farsi qc.	sich etw. machen
	la doccia	Dusche
	lavarsi	sich waschen; sich putzen
	il dente	Zahn
	muọversi	sich bewegen
	la calma	Ruhe
	prepararsi	*hier:* sich fertig machen
	fermarsi	*hier:* sich aufhalten, bleiben
	trovarsi	*hier:* sich treffen
	riposarsi	sich erholen
	guardare	(an)schauen, ansehen
	la TV (*abbr.* televisione)	Fernsehen
	addormentarsi	einschlafen
	rigirarsi	*hier:* sich wälzen
	contare	zählen
	la pẹcora	Schaf
	rilassarsi	sich entspannen
	rimẹttersi in moto	*hier:* wieder in Bewegung kommen
	la ginnạstica	Gymnastik
	il pisolino	Nickerchen
16	Con che frequenza?	Wie oft?
	la frequenza	Frequenz; Häufigkeit
	inserire	einfügen
	ogni tanto	ab und zu
	raramente	selten
	possịbile	möglich
17	Mai e poi mai!	Nie und nimmer!
	notare	bemerken
	formulare	formulieren, bilden
	tardi	spät
	presto	früh
18	l'abitụdine	Gewohnheit
	l'appunto	Notiz
	neanch'io	ich auch nicht
19	memorizzare	im Gedächtnis speichern
	l'unità	Einheit
	presentare	vorweisen
	numeroso	zahlreich
	riferirsi (a)	sich beziehen (auf)
	la vita quotidiana	alltägliches Leben
	li	*hier:* sie
	organizzare	organisieren
	in base a	auf Grund von
	raggruppare	gruppieren
	intorno a	um ... herum
20	l'istruzione	Anweisung
21	a turno	abwechselnd
	il giocatore	Spieler
	corrispondente	entsprechende (-s, -r)
	l'abbinamento	Verbindung
	totalizzare	erziehlen
22	la Veterinaria	Veterinärmedizin
	il nụmero chiuso	Numerus clausus
	il pendolare	Pendler
	augurare	wünschen
23	il fine settimana	Wochenende
24	la descrizione	Beschreibung
	trovarsi	sich befinden
	giọvane	jung
	a cinque euro l'uno	je fünf Euro
	la cucina mediterrạnea	Mittelmeerküche
	l'influenza	Einfluss
	siciliano	sizilianisch
	a legna	*hier:* aus dem Holzofen
	il tempio	Tempel
	a pochi passi (da)	wenige Schritte entfernt (von)
	il fritto	Gebackenes, Frittiertes
	su richiesta	auf Anfrage
	l'attesa	*hier:* Wartezeit
	mịnimo	minimal, gering
	la specialità	Spezialität
	il pachino	Kirschtomate
	la melanzana	Aubergine
	il dolce	*hier:* Süßspeise
	ripieno	gefüllt
	la varietà	Vielfalt
	il tipo	*hier:* Sorte, Art
	la pasta	*hier:* Nudeln
	il prezzo medio	durchschnittlicher Preis
	curioso	*hier:* kurios
	spaziare da ... a	*hier:* reichen von ... bis
	tirolese	tirolerisch
	umbro/-a	umbrisch

	laziale	aus dem Lazio
	molisano	aus dem Molise
	e così via	und so weiter
	il cịnema multisala	Multiplex-Kino
	la sala	Saal
	all’interno	innen
	l’atmosfera familiare	familiäre Atmosphäre
	invitare	einladen
	a prezzo fisso	zu einem festen Preis
	la mostra	Ausstellung
	privato	privat
	l’agenzia	Agentur
	l’attore/attrice	Schauspieler/in
	speciale	speziell, besondere (-s, -r)
25	si conclude	man beendet

Unità 4

1	a spasso per ...	Spaziergang durch ...
	la cartina	Landkarte
	l’inizio	Beginn, Anfang
2	Da quanto tempo?	Seit wann / Wie lange?
	l’aspetto	Eigenschaft
	particolare	besondere (-s, -r)
	succẹdere	geschehen, passieren
	il primo dell’anno	Neujahr
	nominare	nennen
	la confessione religiosa	Konfession
3	affascinante	faszinierend
	rumoroso	laut
	malincọnico	melancholisch
	freddo	kalt
	vivace	lebhaft
4	cercare di	versuchen zu
	consultare	*hier:* zu Rate ziehen
	il vocabolario	Wörterbuch
	accogliente	einladend
	antico	antik
	attivo	aktiv
	brutto	hässlich
	industriale	industriell
	laborioso	geschäftig, arbeitsam
	moderno	modern
	multiculturale	multikulturell
	orrịbile	schrecklich
	pittoresco	malerisch
	popoloso	dicht bevölkert
	pọvero	arm
	pulito	sauber
	ricco	reich
	splẹndido	prächtig
	sporco	schmutzig
	trafficato	verkehrsreich
	tranquillo	ruhig
	ne	davon
	il contrario	Gegenteil
6	abituarsi (a)	sich gewöhnen (an)
	convịvere	zusammenleben
	la fatica	Mühe
	lasciare	*hier:* verlassen
	il senso	Sinn
	fịsico	physisch
	in realtà	in Wirklichkeit
	il triestino	Triester
	l’impatto	Begegnung
	violento	gewaltig
	la libertà	Freiheit
	affacciarsi	*hier:* blicken auf
7	la convivenza	Zusammenleben
	il colore	Farbe
	accompagnare	begleiten
8	la religione	Religion
	la tolleranza	Toleranz
	grazie a	dank
	il giọvane	junger Mensch
	il vecchio	der Alte (alte Person)
	amare	lieben
	il sole	Sonne
9	la catena	Kette
10	vecchio	alt
	la parte	Teil
	tra	zwischen
	la stazione ferroviaria	Bahnhof
	il colle	Hügel
	considerato	betrachtet
	la zona	Gegend
	circostante	umliegend
	si	man
	infatti	tatsächlich
	il negozio	Geschäft, Laden
	lussuoso	luxuriös
	svariato	verschieden
	il palazzo	Palast
	la sede	Sitz
	l’ọrgano istituzionale	Staatsorgan, Amt
	parcheggiare	parken
	l’automọbile	Auto

	cọmodo	bequem
	il parcheggio coperto	Parkhaus
	proseguire	fortsetzen
	a piedi	zu Fuß
	il piede	Fuß
	verso	nach (Richtung)
	Est	Osten
	lungo	entlang
	arrivare	ankommen
	direttamente	direkt
	il cuore	Herz
	la zona pedonale	Fußgängerzone
	dirịgersi	in die Richtung gehen
	a sinistra	links
	il municipio	Rathaus
	suggestivo	beeindruckend
	il vịcolo	Gasse
	a destra	rechts
	attraversare	überqueren
	la galleria	*hier:* Tunnel
	passare	*hier:* führen
	cinquantina	circa fünfzig
	il metro	Meter
	giụngere	ankommen, gelangen
	in vista di	in Sichtweite
	poggiato	gelegen
	la mappa	Mind map
	l'edificio	Gebäude
	le strutture	*hier:* Bauwerke
	il ponte	Brücke
11	ideale	ideal
	il quaderno	Heft
	ognuno	jeder
13	visitare	besichtigen
	salire	hinaufsteigen
	scẹndere	hinabsteigen
	avviarsi	sich auf den Weg machen
	dedicato a	gewidmet
	lo / la scrittore /-trice	Schriftsteller/in
	il quartiere	Stadtviertel
	breve	kurz
14	l'itinerario turịstico	touristischer Rundgang
	desiderare	wünschen
	il percorso	Strecke, Weg
15	il mezzo di trasporto	Verkehrsmittel
	la mạcchina	Auto
	il tram	Tram, Straßenbahn
	la corriera	(Überland)Bus
	la metropolitana	U-/S-Bahn
	la motocicletta	Motorad
	il treno	Zug
	l'aẹreo	Flugzeug
	la nave	Schiff
16	il modo	Art, Weise
	romạntico	romantisch
	raggiụngere	erreichen
	dritto	geradeaus
	indietro	zurück
	l'incrocio	Kreuzung
	il semạforo	Ampel
	l'attraversamento pedonale	Fußgängerüberweg, Zebrastreifen
	il capolịnea	Endstation
	la traversa	Querstraße
	all'ạngolo	an der Ecke
	piacẹvole	angenehm
	ụnico	einzigartig
	in servizio	in Betrieb
	qualcosa di sịmile	etwas ähnliches
17	ricostruire	wiederherstellen
	originale	ursprünglich
	ci	dort(hin)
	il/la passante	Passant/in
	passare	*hier:* vorbeifahren
	il mezzo pụbblico	öffentliches Verkehrsmittel
	rivọlgere l'attenzione a	die Aufmerksamkeit auf etwas/jmdn. richten
	il posto	Ort, Platz
18	servire	nützen
	sostituire	ersetzen
	l'agosto	August
19	progettare	planen
	l'aiuto	Hilfe
	l'indicazione (*f.*)	Angabe
	la piantina	Stadtplan
	il disegno	Zeichnung
	al suo posto	an seinem Platz
	il lato opposto	gegenüberliegende Seite
	di fronte (a)	gegenüber
	la fontana	Brunnen
	la statua	Statue
	dietro	hinter
20	la strada	Weg
	cịvico	städtisch
	il museo	Museum
	la chiesa	Kirche

21	apprezzare	schätzen
	appena	sobald
	il raggio di sole	Sonnenstrahl
	l'aprile	April
	il maggio	Mai
22	adorare	lieben
	per forza	notgedrungen
	se no	sonst
	non … proprio	gar nicht; nicht wirklich
23	il sogno nel cassetto	Wunschtraum
	la classifica	Rangliste
	motivare	begründen
	la scelta	(Aus-)Wahl
	eleggere	(aus)wählen
	come	*hier:* als
	la residenza fissa	fester Wohnsitz
	il sondaggio	Umfrage
	il quarto	Viertel
	la popolazione	Bevölkerung
	precisamente	genau
	indicare	angeben
	la provincia toscana	*hier:* toskanische Hauptstadt
	la tendenza	Tendenz, Richtung
	l'immaginario	Phantasie, Vorstellung
	a parte	abgesehen von, außer
	esercitare	ausüben
	il fascino	Faszination
	la capitale	Hauptstadt
	la storia	Geschichte
	opulento	üppig
	a misura d'uomo	menschengerecht
	frenetico	hektisch, rasend
	eccessivamente	übertrieben
	stressante	stressig
	posizionarsi	sich positionieren
	il Nord	Norden
	la parte del leone	Löwenanteil
	il Centro	Zentrum (Italiens)
	figurare	auftauchen
	preferito	bevorzugt
	seguito da	gefolgt von
	ben messo	gut positioniert
	la sorpresa	Überraschung
	in negativo	negativ, im Negativen
	risultare	ergeben, sich herausstellen
	penultimo	vorletzte (-r, -s)
24	veloce	schnell
	la maggioranza	Mehrzahl, Überzahl
26	l'opinione (*f.*)	Meinung
	il/la connazionale	Landsmann/-männin
	attirare	anziehen

Unità 5

1	Ma che ci fai ancora qui?	Was machst du denn noch hier?
	compiere 18 anni	18 Jahre alt werden
	non ancora	noch nicht
	venerando	ehrwürdig
	l'età	Alter
	in gamba	auf Draht
	rivolgersi	sich richten
	offrire	bieten
2	il servizio volontario	Freiwilligendienst
	permettere	erlauben
	essere ospitato da	aufgenommen werden von
	l'associazione (*f.*)	Vereinigung, Organisation
	il volontariato	Volontariat, Freiwilligendienst
	perciò	deshalb
	vitto e alloggio	Kost und Logis
	gratuito	gratis
	le spese mensili	monatliche Ausgaben
	il viaggio di andata e ritorno	Hin- und Rückreise
	lo	*hier:* die
	pagare	bezahlen
	l'assicurazione (*f.*)	Versicherung
	internazionale	international
	ci pensiamo noi	*hier:* darum kümmern wir uns
	da noi	bei uns
	il foglietto informativo	Informationsblatt
	il sito	Homepage
	la proposta	Vorschlag, Angebot
	interessante	interessant
3	testimoniare	bezeugen
	la testimonianza	Erfahrungsbericht
	il nuoto	Schwimmen
	la lettura	Lesen
	il contatto	Kontakt
	il febbraio	Februar
	la partenza	Abreise
	il settembre	September
	la ricerca	*hier:* Suche
	durare	dauern
	agli inizi di	Anfang …
	vi	dort
	rimanere	bleiben

	sino alla fine di	bis Ende ...
	in cui	in dem
	occuparsi di	sich kümmern um
	scientịfico	wissenschaftlich
	il bambino	Kind
	l'occupazione (*f.*)	Aufgabe, Beschäftigung
	ricreare	aktualisieren, neu gestalten
	l'associazione (*f.*) di accoglienza	Aufnahmeorganisation
	lo scambio	Austausch
	formato da	bestehend aus
	bielorusso	weißrussisch
	il congresso	Kongress
	l'educazione (*f.*)	*hier:* Pädagogik
	che dire ...	was soll ich sagen ...
	duro	hart
	davvero	wirklich
	arricchente	bereichernd
	dal punto di vista umano	was das Menschliche betrifft
	proprio	genau
	l'incontro	Treffen
	assieme a	neben, gemeinsam mit
	il seminario d'accoglienza	Aufnahmeseminar
	metà percorso	Halbzeit
	fare crescere	wachsen lassen
	rẹndere	*hier:* machen
	più sicura di me stessa	selbstsicherer
5	discụtere	diskutieren
	l'osservazione (*f.*)	Beobachtung
7	l'anno scorso	letztes Jahr
	l'autostop	Trampen
	il campeggio	Camping(platz)
	pulire	säubern
	la spiaggia	Strand
	sveglio	wach
	la maratona	Marathon
10	ieri	gestern
	tre settimane/mesi fa	vor drei Wochen/Monaten
	l'altro ieri	vorgestern
	stamattina	heute Vormittag
11	inventare	erfinden
	il tịtolo	Titel
12	le vacanze impegnate	engagierte Ferien
	il/la volontario /-a	Freiwillige/r, Volontär/in
	elencare	auflisten
	il campo di lavoro	Arbeitscamp
	il villaggio ecolọgico	Ökodorf
	coltivare la terra	die Erde bearbeiten (pflegen, bestellen)
	ristrutturare	renovieren
	costruire	(auf)bauen
	la serra	Treibhaus
	il sentiero ecolọgico	Ökopfad
	il/la cliente	Kunde/in
	la stazione biolọgica	Naturschutzstation
	curare	pflegen
	l'animale (*m.*)	Tier
	ferito	verletzt
	ricreativo	entspannend
	la gita	Ausflug, Tour
	la gara di orientamento	Orientierungslauf
	laureato/-a	diplomiert
	collaborare	zusammenarbeiten, mitarbeiten
	l'attività manuale	Handarbeit
	l'escursione (*f.*)	Ausflug
	la vịsita	Besichtigung
	fare i cọmpiti	Hausaufgaben machen
	preparare	vorbereiten
	l'artista di strada	Straßenkünstler
13	l'anno sabbạtico	Sabbatjahr
	la maturità	Abitur
14	nạscere	geboren werden
15	la valigia	Koffer
	presso	bei
	carino	lieb
17	chiụdere a chiave	verriegeln, abschließen
	la chiave	Schlüssel
	la porta	Tür
	le	*hier:* sie
	innaffiare	gießen
	la pianta	Pflanze
	l'assenza	Abwesenheit
	il biglietto	Flugticket
19	esattamente	genau
	successivo	nächste (-r, -s)
21	il Natale	Weihnachten
	regalare	schenken
22	emanciparsi	*hier:* sich abnabeln
24	il livello	Niveau
	la rete	Netz
	vantare	sich ... rühmen (dürfen)
	individuale	individuell
	la formazione	(Aus)Bildung
	in vista di	*hier:* hinsichtlich

	superiore	Ober-
	l'ingresso	Eingang
	l'assistenza	Unterstützung
	l'iscrizione (*f.*)	Einschreibung
	il corso intensivo	Intensivkurs
	il principiante	Anfänger
	il semestre	Semester
	la durata	Dauer
	il prossimo	Nächste (-r, -s)
	iscriversi	sich einschreiben
	spedire	schicken
	mandare	senden
	la conferma	Bestätigung
	va bene	in Ordnung
	Arrivederci!	Auf Wiedersehen!
25	all'inizio	am Anfang
	la telefonata	Telefongespräch
	se	ob
	la possibilità	Möglichkeit
	ringraziare	danken
26	funzionare	funktionieren
27	telefonare (a)	anrufen

Unità 6

1	l'abbigliamento	Bekleidung
	la scarpa	Schuh
	la gonna	Rock
	la cintura	Gürtel
	i pantaloni	Hose
	la sciarpa	Schal
	la borsa	Tasche
	la felpa	Sweatshirt
	il piumino	Daunenjacke
	i guanti	Handschuhe
	lo stivale	Stiefel
	il maglione	Pullover
	la maglietta	T-Shirt
2	l'acquisto	(Ein)Kauf
	commentare	Meinung äußern, kommentieren
	largo	weit
	a buon mercato	günstig
	corto	kurz
	stretto	eng
3	il commento	Kommentar
4	il paio di …	ein Paar …
	la vetrina	Schaufenster
	nero	schwarz
	la cabina	Umkleidekabine
	Aspetta!	Warte!
	la taglia	Konfektionsgröße
	più grande	größer
	accomodarsi	*hier:* sich begeben
	la cassa	Kasse
5	adatto	geeignet
	il/la commesso/-a	Verkäufer/in
	comunicare	mitteilen
	che	dass
	informarsi	sich informieren
6	blu	dunkelblau
	rosa	rosa
	viola	violett
	la tavolozza	Palette
	giallo	gelb
	verde	grün
	azzurro	hellblau
	bianco	weiß
	rosso	rot
	marrone	braun
	arancione	orange
	grigio	grau
7	l'inchiesta	Umfrage
8	la camicia	Hemd; Bluse
	Quanto viene?	Was macht das?
9	i pattini in linea	Inline-Skates
	il giornale	Tageszeitung
	per caso	zufällig
	l'uomo	Mann
11	gli articoli sportivi	Sportartikel
	l'albergo	Hotel
12	il complimento	Kompliment
	indossare	tragen
	Che …!	Was für …!
13	la registrazione	Aufnahme
	la battuta	*hier:* Satz
	mettersi	(sich) anziehen
	il matrimonio	Hochzeit
	sembrare	scheinen
	provare	*hier:* anprobieren
	Come mi stanno…?	Wie stehen mir…?
	per carità	um Himmels Willen
	non fa per me	das ist nichts für mich
	personalmente	persönlich
	i pantaloni a vita bassa	Hüfthosen
	definire	bestimmen, definieren
14	tanto	sehr
	promettere	versprechen

	all'amatriciana	*Soße nach Art von Amatrice (Ort im Lazio)*
	difficile	schwierig
	l'edizione (*f.*)	Ausgabe
15	a quadri	kariert
	in tinta unita	einfarbig, uni
	a pois	gepunktet
	a righe	gestreift
	il cotone	Baumwolle
	la lana	Wolle
	la microfibra	Mikrofaser
	la seta	Seide
	l'armadio	Kleiderschrank
	il capo di abbigliamento	Kleidungsstück
	il vestito	Kleidung, Kleid, Anzug
17	venire in mente	einfallen
	il prodotto	Produkt
	rappresentare	repräsentieren, stehen für
	la forza	*hier:* Macht
	alla moda	in Mode
	a pari merito	an gleicher Stelle mit, gleichauf mit
	la buona tavola	gutes Essen
	così come	genauso wie
	la bellezza	Schönheit
	la natura	Natur
	trattarsi	um etw. gehen, sich handeln um
	mettere la mano	Hand an etwas legen, *hier:* etwas zücken
	il portafoglio	Geldbeutel
	andare per la maggiore	sich großer Beliebtheit erfreuen
	alimentare (*agg.*)	Lebensmittel-
	in testa (a)	an der Spitze, ganz oben
	volentieri	gerne
	badare	Rücksicht nehmen
	il conto in banca	Bankkonto
	passare	übergehen
	vero	wirklich, wahr
	l'oggetto del desiderio	Objekt der Begierde
	scattare	*hier:* (hoch)schnellen
	immediatamente	sofort
	firmato	Marken-
	il simbolo	Symbol
	incontrastato	unangefochten
	l'innovazione tecnologica	technische Innovation
	la sintesi	Synthese, Zusammenfügung
	insomma	*hier:* also, somit
	gli elementi chiave	Schlüsselelemente
	il successo	Erfolg
	la percezione	Wahrnehmung
	positivo	positiv
	fresco di stampa	druckfrisch
	realizzato da	durchgeführt von
	recentemente	kürzlich
	il convegno	Tagung
	stando a	laut
	il panel	Panel (*repräs. Personengruppe*)
	la produzione interna	Inlandsproduktion
	l'attrattiva	Anziehungskraft, Reiz
	immediato	unmittelbar
	il settore	Sektor
	la meccanica	Mechanik
	la macchina utensile	Werkzeugmaschine
	la componentistica	Zubehörteileproduktion
	la voce	*hier:* Stichwort
	la tecnologia	Technologie
	apparire	auftauchen, erscheinen
	citare	*hier:* nennen, anführen
	collocarsi	sich platzieren
	la pelletteria	Lederindustrie
	le calzature	Fußbekleidung
	l'arredamento	Inneneinrichtung
	curiosamente	seltsamerweise
	la graduatoria	Rangliste
	mentre	wohingegen
	lo/la stilista	Modedesigner/in
	pubblicare	veröffentlichen
18	il lessico	Wortschatz
19	italofilo	italophil
	abitualmente	gewöhnlich
20	gli occhiali da sole	Sonnenbrille
	il cappello	Hut
	l'orecchino	Ohrring
	gli acquarelli	Aquarellfarben
	il gioiello	Schmuckstück
	il fermaglio	Spange, Brosche
	il portachiavi	Schlüsselanhänger
22	il regalo	Geschenk
	il compleanno	Geburtstag

Unità 7

1	il ricordo	Erinnerung
	l'occhio	Auge
	l'infanzia	Kindheit

	riaprire	wieder öffnen
2	il luglio	Juli
	stare via	weg bleiben
	il Ferragosto	Mariä Himmelfahrt (15. August)
	i bagagli	Gepäck
	caricare	(be)laden
	il portapacchi	Gepäckträger
	praticamente	praktisch
	sparire	verschwinden
	la valigetta	Köfferchen
	la sedia a sdraio	Liegestuhl
	la stuoia	Matte
	il canotto	Schlauchboot
	il salvagente	Rettungsring
	il secchiello	*hier:* (Sand)Eimerchen
	la paletta	*hier:* (Sand)schäufelchen
	in cima	oben drauf
	pure	außerdem, sogar
	l'ombrellone (*m.*)	Sonnenschirm
	buio	dunkel
	eccitato	aufgeregt
	per via di	wegen
	il sedile posteriore	Rücksitz
	l'autostrada	Autobahn
	la campagna	Land(schaft)
	scọrrere	vorbeigleiten
	sorpassare	überholen
	solo andando al mare	nur auf dem Weg zum Meer
	la cascina	Bauernhaus
	lasciarsi alle spalle	hinter sich zurücklassen
	superare	überholen
	l'autogrill	Autobahnraststätte
	fermarsi	anhalten, Rast machen
	la radio	Radio
	trasmẹttere	senden, übertragen
	il pezzo	Stück, *hier:* Lied
	chiaro	klar
	comunque	jedenfalls
	il casello d'uscita	Ausfahrtsmautstelle
	un tot di (*fam.*)	unbestimmte Anzahl von
	la coda	*hier:* Schlange
	imboccare	einmünden, einbiegen
	la curva	Kurve
	in mezzo (a)	mitten in
	la sfilza	Reihe
	il pino	Pinie
	le nostre parti	unsere Gegend
	cioè	nämlich
	piatto	platt, flach
	anziché	(an)statt
	appuntito	spitz
	il tornante	Kehre
	il finestrino	(Auto)Fenster
	entrare	hereinkommen
	dritto	geradewegs, direkt
	esclamare	(aus)rufen
	passare	*hier:* vergehen
	lentamente	langsam
	tirare a fregare	täuschen
	nel senso che	im Sinne, dass
	a un certo punto	irgendwann
	sentire	*hier:* riechen
	il profumo	*hier:* Duft, Geruch
	a partire da	von … an
	l'istante (*m.*)	Augenblick
	il suono	Klang
	l'odore (*m.*)	Geruch
4	la gara	Wettkampf
	l'errore (*m.*)	Fehler
5	il racconto	Erzählung, Geschichte
	l'azione (*f.*)	Handlung
	abituale	gewohnheitsmäßig
	regolarmente	regelmäßig
	lo stato d'ạnimo	Gefühlszustand, Seelenzustand
	la funzione	Funktion
	prevalere	vorherrschen
6	di fianco	seitlich neben
	la giostra	Karussell
	mentre	während
	allontanarsi	sich entfernen
	riuscire (a)	gelingen, fertigbringen
	nascọndere	verstecken
	contemporạneo	gleichzeitig
8	la vista	Aussicht
9	il campionịssimo	sehr erfolgreicher Sportler, Superchampion
	forte	stark
	bravo	gut
	popolare	beliebt
	il ciclismo	Radsport
	gli anni Quaranta e Cinquanta	40er und 50er Jahre
	continuamente	laufend, ständig
	la vittoria	Sieg
	il tifoso	Fan
	il rivale	Rivale

	il ciclista	Radsportler
	la sfida	Herausforderung
	appassionare	begeistern
	lo sportivo	Sportler
10	essere diventato	geworden sein
	il personaggio famoso	bekannte Persönlichkeit
	l'autobiografia	Autobiographie
	il capitolo	Kapitel
	il modello	Muster
	ricreare	*hier:* (wieder) erschaffen, erzeugen
	l'atmosfera	Atmosphäre
11	il ritratto	Porträt
	attentamente	aufmerksam
	la fotografia	Foto(grafie)
	l'ipotesi	Hypothese, Vermutung
	i genitori	Eltern
12	allora	damals
	il padre	Vater
	i nonni materni	Großeltern mütterlicherseits
13	la madre	Mutter
	autorevole	autoritär
	estroverso	extrovertiert
	introverso	introvertiert
	apprensivo	ständig besorgt
	indulgente	nachsichtig
	caloroso	herzlich
	ansioso	überängstlich
	allegro	fröhlich
	severo	streng
	pauroso	ängstlich
	disinvolto	ungezwungen
	capriccioso	bockig
	coraggioso	mutig
	riflessivo	nachdenklich
	timido	schüchtern
	protettivo	beschützend
	giudizioso	vernünftig
	fantasioso	fantasievoll
	litigioso	streitsüchtig
14	il carattere	Charakter
15	la parentela	Verwandtschaft
	il marito	Ehemann
	la moglie	Ehefrau
	il/la suocero/-a	Schwiegervater/-mutter
	il genero	Schwiegersohn
	la nuora	Schwiegertochter
	il/la cognato/-a	Schwager/Schwägerin
	il/la cugino/-a	Cousin/Cousine
	il/la figlio/-a	Sohn/Tochter
	il fratello	Bruder
	la sorella	Schwester
	lo/la zio/-a	Onkel/Tante
	il/la nonno/-a	Großvater/-mutter
16	i parenti	Verwandte
	paterno	väterlicherseits
	il diploma	Diplom
	il/la maestro/-a	Grundschullehrer/in
	il militare	Soldat
	lo sloveno	Slovenisch
17	fornire	liefern
18	il seguito	Fortsetzung
	senz'altro	gewiss
	soltanto	nur
	forse	vielleicht
	l'accademia militare	Militärakademie
	qualche	einige, ein paar
	quando	als; (jedes Mal) wenn
	il primogenito/-a	Erstgeborene/r
	in sé	in sich (selbst)
	il ruolo specifico	bestimmte Rolle
	la bambola	Puppe
	la cucina	Küche
	il modo di essere	Wesensart
	il fatto concluso	abgeschlossenes Geschehnis
	il cambiamento	Veränderung
	preciso	genau
19	in comune	gemeinsam
	innamorarsi	sich verlieben
20	trasferirsi	umziehen
	i suoi	seine/ihre Eltern
	smettere (di)	aufgeben (zu), aufhören (zu)
	il burattinaio	Marionettenspieler
	convinto	überzeugt
	radicalmente	radikal
22	mescolare	mischen
	estrarre	(heraus)ziehen
	porre	stellen
	il doppione	Dublette
	toccare alla stessa persona	*hier:* von derselben Person gezogen werden
	altrimenti	andernfalls
	scartare	ablegen, aussondern
23	evidenziare	hervorheben, betonen
	la conseguenza	Folge
	la causa	Grund

	avere voglia (di)	Lust haben (zu)
24	strano	seltsam
	rispetto a	im Vergleich zu
	di cui	*hier:* wonach
	la nostalgia	*hier:* Sehnsucht

Unità 8

1	la festività	*hier:* Feiertag
	la data	Datum
	il portavoce	Sprecher
	riferire	vortragen, berichten
2	l'alimento	Nahrung(smittel)
	tịpico	typisch
4	il pesce	Fisch
	la frutta	Obst
	la verdura	Gemüse
5	il mercato	Markt
	prẹndere spunto	Anregung finden
6	il frigorịfero	Kühlschrank
	l'inventario	Bestandsaufnahme
	la lista della spesa	Einkaufsliste
	sopravvịvere	überleben
	fare spese	shoppen
7	fuori porta	außerhalb der Stadt
	vabbè	nun gut, naja
8	mạgico	magisch, zauberhaft
	noto	bekannt, berühmt
	l'autunno	Herbst
	riguardare	betreffen
	custodire	bewahren
	l'abete	Tanne
	il paesaggio nevoso	verschneite Landschaft
	l'ạngelo	Engel
	il presepe	Krippe
	la sensazione	*hier:* Gefühl, Eindruck
	protẹggere	beschützen
	l'indifferenza	Gleichgültigkeit
	regnare	herrschen
	in sẹguito	später
	venire a sapere	erfahren
	cristiano	christlich
	ebreo	Jude; jüdisch
	la pioggia	Regen
	il pacchetto	Päckchen
	bagnato	nass
	dentro	drinnen
	la copertina	Umschlag
	la carta	Papier
	giallọgnola	gelblich
	la figura	*hier:* Bild
	né … né	weder … noch
	deluso	enttäuscht
	piạngere	weinen
10	il sapore	Geschmack
	l'uovo sodo (*pl.* le uova sode)	hart gekochtes Ei
	la stracciatella	Fleischbrühe mit Ei
	versare	gießen, schütten
	sbattuto	gerührt
	lo straccetto	Fetzen
	appunto	eben, genau
11	il fiore	Blume
14	il calendario	Kalender
	la supposizione	Vermutung
	il brano	Textausschnitt
	distante	fern
	in modo da	damit, so dass
	riconọscere	wiedererkennen
	la ricorrenza	Anlass
	spiazzare	deplazieren, in Verlegenheit bringen
	il cụlmine	Gipfel, Höhepunkt
	la stagione	Jahreszeit
	confọndere	verwirren
	Cosa c'entra …?	Was hat … damit zu tun?
	il ferro	Eisen
	il surriscaldamento	Überhitzung
	il metallo	Metall
	inesatto	ungenau
	quanto	so wie
	dotto	gelehrt, gebildet
	l'anạlisi	Analyse
	le ferie scaglionate	gestaffelte Ferien
	le vacanze mordi e fuggi	Kurztrip
	ragionẹvole	vernünftig
	eccessivo	übertrieben, überzogen
	mọrdere	(zu)beißen
	fuggire	fliehen, flüchten
	affollato	überfüllt
	costretto	gezwungen
	l'ufficio	Büro
	il rito collettivo	gemeinschaftlicher Brauch
	la ressa	Gedränge
	la sofferenza	Leiden
	la lamentela	Beschwerde
	sospettare	vermuten

	in fondo	im Grunde genommen
	sviluppare	entwickeln
	l'ozio	Muße, Müßiggang
	denso	voll, dicht
	la bevuta	Trinken
	il rimorso	Reue
	perfino	sogar
	la sedia a dọndolo	Schaukelstuhl
	restare fermo	still stehen
	lạnguido	schmachtend
	ingannẹvole	trügerisch
	la mente	Verstand, Geist
	comunitario	gemeinschaftlich
	ossessivo	obsessiv
	sapere	*hier:* können
	uscirne a pezzi	am Boden zerstört wieder zurückkommen
	esagerato	übertrieben, überzogen
	pieno	voll
16	indipendentemente	unabhängig
17	Ti va di ...?	Hast du Lust ... ?
	accettare	annehmen, akzeptieren
	rifiutare	ablehnen
	l'appuntamento	Termin, Verabredung
	mi dispiace	es tut mir leid
	che ne dici di	was sagst du zu / hälst du von ...
18	spiegare	erklären
19	catastrọfico	katastrophal
	puntuale	pünktlich
	finalmente	endlich
	rọmpersi	kaputt gehen
	gli attrezzi	Werkzeug
	riparare	reparieren
	la ruota	Reifen
	per fortuna	zum Glück
	di riserva	Reserve-
	ripartire	wieder abfahren, wieder losfahren
	nel frattempo	in der Zwischenzeit, währenddessen
	la nụvola	Wolke
	scoppiare	ausbrechen, losbrechen
	il temporale	Gewitter
	pazzesco	verrückt, unglaublich
	frạdicio	durchnässt
	il bacio	Kuss
	l'intenzione (*f.*)	Intention
	in corso	laufend
20	scusarsi	sich entschuldigen
21	portare	bringen
	la roba	Sachen, Dinge, Zeug
	il formaggio	Käse
22	concordare	(grammatikalisch) übereinstimmen
	gli affettati	Wurst(waren)
	il piatto di plạstica	Plastikteller
	le posate	Besteck
	il tovagliolo (di carta)	(Papier)Serviette
23	tagliare	schneiden
	la squadra	Mannschaft, Team
	la propria lingua madre	die eigene Muttersprache
24	il riferimento	Hinweis
	il tempo atmosfẹrico	Wetter
	diluviare	in Strömen regnen
	piọvere	regnen
	il cielo	Himmel
	nuvoloso	wolkig
	coperto	bedeckt
	il vento	Wind
	dẹbole	schwach
	moderato	mäßig
	il rovescio	Schauer
	la neve	Schnee
	la nebbia	Nebel
	calmo	ruhig
	mosso	bewegt
	agitato	sehr bewegt
25	la previsione del tempo	Wettervorhersage
	disegnare	zeichnen
	la temperatura	Temperatur
	il maestrale	Mistralwind
	ovunque	überall
	lieve	leicht
26	il capriccio	Laune
	fare caldo	heiß sein
	nevicare	schneien
	fare bel / brutto tempo	schönes / schlechtes Wetter sein
	fare freddo	kalt sein
27	dimenticare	vergessen

Unità 9

1	lo spazio	Raum
	il rifugio	Zuflucht(sort)
	la paura	Angst, Furcht
2	l'interno	*hier:* Innenraum
	la piantina	Plan

	sịngolo	einzeln
	l'ambiente (*m.*)	*hier:* Raum
	la cạmera da letto	Schlafzimmer
	il bagno	Badezimmer
	il guardaroba	Garderobe
	il balcone	Balkon
	la cantina	Keller
	il soggiorno	Wohnzimmer
	il salone	Wohnzimmer, Salon
	il ripostiglio	Abstellraum
3	l'annuncio immobiliare	Immobilienanzeige
	affịttasi	zu vermieten
	completamente	vollständig, ganz
	ammobiliato	möbliert
	accessoriato	mit Zubehör ausgestattet
	la lavatrice	Waschmaschine
	la scopa elẹttrica	elektrischer Besen
	le stoviglie	Geschirr
	l'affitto	Miete
	comprẹndere	*hier:* umfassen
	le spese di condominio	Nebenkosten
	il condominio	Wohnhaus
	il riscaldamento	Heizung
	ọffresi	anzubieten
	doppio	doppelt
	luminoso	hell
	dietro l'ạngolo	um die Ecke
	composto di	bestehend aus
	enorme	enorm, sehr groß
	la cucina abitạbile	Wohnküche
	la doppia	Doppelzimmer
	max serietà	höchste Seriosität
	la mansarda	Mansarde
	arredato	eingerichtet
	lo stạbile	Gebäude
	l'ạngolo cottura	Kochecke
	matrimoniale	Ehe-
	l'utenza	Nebenkosten
	ampio	*hier:* geräumig
	misto	gemischt
	servito	*hier:* angeschlossen
	la linea	Linie *(bei öffentlichen Verkehrsmitteln)*
	il posto bici	Fahrradstand
	coperto	*hier:* überdacht
	la lavastoviglie	Spülmaschine
	il condizionatore	Klimaanlage
	termoautọnomo	eigene Heizung
	il conguaglio	Nebenkostenausgleich
	ristrutturato	modernisiert
	i servizi	Bad
	la terrazza	Terrasse
4	i mọbili	Möbel
	la manutenzione	Instandhaltung
	l'impianto	Anlage
	riscaldare	heizen
7	il bagnino	Bademeister
	il/la bagnante	Badende/r
	la poltrona	Sessel
	il topo	Maus
9	la borsa di studio	Stipendium
	appẹndere	aufhängen
	la bacheca	schwarzes Brett
	specificare	spezifizieren
11	credo di sì	ich glaube schon
	sinceramente	ehrlich gesagt
	eventualmente	eventuell
	la stanza	Raum, Zimmer
	dare su	gehen auf
	Peccato!	Schade!
	veramente	wirklich
	Ma certo, come no!	Aber sicher, warum nicht!
	addirittura	sogar
12	stabilire	festlegen
13	il dado	Würfel
	tirare	werfen
14	cambiare casa	umziehen
15	il minimalismo	Minimalismus
	la rivista	Zeitschrift
	ricavare (da)	gewinnen, herausholen (aus)
	il frazionamento	Aufteilung
	stare per	im Begriff sein …
	vuoto	leer
	situato	gelegen
	il piano terra	Erdgeschoss
	la pianta	Grundriss
	piuttosto	ziemlich
	la vetrata	Panoramafenster
	suggerire	raten, empfehlen
	arredare	einrichten
	la maniera	Art
	tradizionale	traditionell
	riassụmere	zusammenfassen
	oltre (a)	außer
	ambizioso	ehrgeizig
	pigro	faul

	l'amante (*m.* + *f.*)	Liebhaber/in
	dedicarsi	sich widmen
	sdraiato	hingelegt
	cucinare	kochen
	confuso	verwirrt
	sfogliare	blättern
	l'ironia	Ironie
	oltreoceano	Übersee-
16	il progetto	Projekt
	il/la redattore/-trice	Redakteur/in
	il consiglio	Rat(schlag)
	l'elenco	Liste, Verzeichnis
	illustrare	darstellen
17	capace	fähig
	camminare	gehen, laufen
	nuotare	schwimmen
18	l'abilità	Fähigkeit
	migliorare	verbessern
20	consigliare	raten, empfehlen
	il rapporto	Beziehung, Verhältnis
	il/la coinquilino/-a	Mitbewohner/in
21	subordinato	untergeordnet
	entrambi/-e	beide
	precẹdere	vorangehen
	accẹndere	anschalten
22	lo svantaggio	Nachteil
	basarsi (su)	sich stützen (auf)
23	l'abitazione (*f.*)	Wohnung
	il grattacielo	Wolkenkratzer
	la villetta a schiera	Reihenhaus
	il casale	Landhaus
	l'edificio d'ẹpoca	Altbau
24	trattare	behandeln
	la distanza	Distanz, Entfernung
	l'esigenza	Bedürfnis, Anspruch
	decisivo	entscheidend
	acquistare	kaufen
	spettare (a)	obliegen
	la donna	Frau
	la misura	Maß
	soddisfatto	zufrieden
	felice	glücklich
	oltre	über
	il segno	Zeichen
	tẹndere a	neigen zu
	faticare	hart arbeiten
	pesare	wiegen
	pressante	dringend
	presumibilmente	wahrscheinlich
	provenire	(her)kommen
	il silenzio	Stille, Ruhe
	trascọrrere	verbringen
	lo studio	Büro
	in cima	an der Spitze
	innanzi tutto	vor allem
	sognato	erträumt
	somigliare	ähnlich sein
	coincịdere	übereinstimmen
	l'investimento	Investition
	emotivo	emotional
	sbilanciato	unausgeglichen
	mẹttere d'accordo	einigen
	indipendente	unabhängig
	l'inversione (*f.*)	Umkehrung
	metropolitano	städtisch
	lo stile	Stil
	il lusso	Luxus
	apparecchiato	gedeckt
	confermare	bestätigen
	la preclusione	Verhinderung
	il trasferimento	Umzug
	gli affetti	*hier:* die Lieben
26	diffuso	verbreitet
	il criterio	Kriterium

Unità 10

1	il pasto	Essen, Mahlzeit
	in parte	teilweise
	il posto di lavoro	Arbeitsplatz
	il cibo	Speise
	surgelato	tiefgekühlt
	il cibo surgelato	Tiefkühlkost
	la caloria	Kalorie
	contenuto	enthalten
	la tạvola	(Ess-)Tisch
	educato	wohlerzogen
2	il trafiletto	Kurzartikel, Zeitungsnotiz
	il quotidiano	Tageszeitung
	lo studio	*hier:* Studie
	emẹrgere	hervorgehen, sich ergeben
	faticoso	anstrengend, mühsam
	le condizioni di vita	Lebensbedingungen
	in fretta	in Eile
	dichiarare	erklären, angeben
	consumare	*hier:* verzehren
	il giorno feriale	Wochentag, Werktag

	principe	Haupt-
	il tentativo	Versuch
	la modernità	Modernität
	malgrado	trotz
	massiccio	massiv, stark
	la promozione pubblicitaria	Werbung
	resistere	widerstehen, standhalten
	la scorciatoia	Abkürzung
	rinunciare (a)	verzichten (auf)
	la portata	Gang (i.S.v. Speisenfolge)
	limitarsi	sich beschränken, sich einschränken
	il piatto	Gericht, Gang
	quanto a …	was … betrifft
	il cracker	Kräcker
	leggero	leicht
	fresco	frisch
	magro	mager
	stagionato	reif, gereift
	l'olio di semi	Keimöl
	l'oliva	Olive
	peggio	schlimmer, schlechter
	extravergine	unbehandelt
	disintossicare	entgiften
	il dolcificante	Süßstoff
	calorico	kalorienhaltig
	lo zucchero	Zucker
	snello	schlank
	scattante	flink
	l'atletico testimonial	athletischer Werbeträger
	la pubblicità	Werbung
	il bon ton	der gute Ton
	contaminare	*hier:* beeinträchtigen
	stragrande	sehr groß
	il campione	*hier:* Stichprobe
	la convivialità	fröhliches Beisammensein
	la minoranza	Minderheit
	ritenere	halten für
	sconveniente	unangemessen
	la buona educazione	gute Erziehung
	venire fuori	herauskommen, sich herausstellen
4	al dente	bissfest
	cattivo	schlecht
	condito	gewürzt, angemacht
	cotto	gekocht
	crudo	roh
	dietetico	diätisch
	disgustoso	unappetitlich, abstoßend
	gustoso	köstlich
	insipido	fade, schal
	invitante	einladend
	nutriente	nahrhaft
	pesante	schwer
	piccante	scharf, pikant
	salato	salzig
	sano	gesund
	saporito	schmackhaft
	scondito	ungewürzt
	scotto	verkocht
	raccogliere	sammeln
	la pietanza	Gericht, Speise
	riunire	versammeln, vereinen
5	l'uguaglianza	Gleichheit
6	l'ingrediente	Zutat
	paragonare	vergleichen
	il tonno	Thunfisch
	il prosciutto	Schinken
	la bresaola	Bresaola *(luftgetrocknetes, gesalzenes Rindfleisch)*
7	la quantità	Menge, Quantität
	ingrassare	*hier:* dick machen
	pubblicizzare	bewerben, werben
	accuratamente	sorgfältig, genau
	introdurre	einleiten, einführen
	il paragone	Vergleich
8	l'alimentarista	Ernährungsexperte
	dimagrire	abnehmen
	il sostitutivo	*hier:* Ersatzlebensmittel
	ipocalorico	kalorienarm
	gustare	kosten, probieren
	rivelare	enthüllen, verraten
	l'esperto/-a	Experte/in
10	mi viene l'acquolina in bocca	mir läuft das Wasser im Mund zusammen
	conciliare	*hier:* unter einen Hut bringen
11	avere bisogno di	brauchen
	la panetteria	Bäckerei
	l'erboristeria	*eine Art italien. Reformhaus*
	la farmacia	Apotheke
	i problemi di digestione	Verdauungsprobleme
	l'irritazione (*f.*)	Entzündung
	la pelle	Haut
	l'emicrania	Migräne
12	il corpo	Körper

	umano	menschlich
13	l'intolleranza alimentare	Lebensmittelunverträglichkeit
	il gruppo sanguigno	Blutgruppe
	la pomata	Salbe, Creme
	la calendula	Ringelblume
	spalmare	einschmieren, einreiben
	assorbire	einziehen
	Mi raccomando!	Denken Sie daran!
	l'alimentazione (*f.*)	Ernährung
	equilibrato	ausgeglichen
14	il dottore	Doktor
	il/la paziente	Pazient/in
	il/la farmacista	Apotheker/in
	l'erborista	Heilpflanzenspezialist/in
	il disturbo	Verstimmung, Beschwerde
	ciascuno	jeder
	raffreddato	erkältet
	la tosse	Husten
	l'eritema solare	Sonnenerythem, Hautrötung
	il mal di testa	Kopfweh
	digerire	verdauen
15	la pastiglia	Tablette, Pille
	lo sciroppo	Sirup
	stancarsi	*hier:* sich anstrengen
16	tollerare	*hier:* vertragen
	correre	laufen, *hier:* eilen
	scovare	aufspüren, aufstöbern
	il nemico	Feind
	eliminare	*hier:* ausschließen
	la dieta	Diät, Kost
	di testa tua	auf eigene Faust
	soffrire (di)	leiden (an)
	la stanchezza	Müdigkeit
	dipendere (da)	abhängen (von)
	correre	*hier:* überstürzen
	sottoporsi	sich unterziehen
17	inoltre	außerdem
18	l'allenamento	Training, Übung
	l'attività sportiva	sportliche Betätigung
	ricominciare	wieder anfangen
	allenarsi	trainieren, sich fit halten
	un paio di	ein paar
	mettere	*hier:* hinbekommen
	fatto sta che	Tatsache ist, dass
	il sorriso	Lächeln
	espansivo	überschwänglich
	starsene	sein
	da urlo	zum Schreien
	il proprietario	Eigentümer
	mostrare	zeigen
	l'ombelico	Bauchnabel
	attillato	eng anliegend
	mettere in risalto	betonen, hervorheben
	il sedere	Gesäß, Hintern
	la schiena	Rücken
	poggiare	legen, stellen
	cadere	fallen
	la tesserina	Mitgliedskarte
	il socio	Mitglied
	ticchettare	ticken
	la scrivania	Schreibtisch
	l'unghia	Fingernagel
	smaltare	lackieren
	torturare	quälen
	attempato	bejahrt
	pedalare	in die Pedale treten
	forsennato	wahnsinnig
	sperare	hoffen
	ottenere	erhalten
	il marmo	Marmor
	la camera della tortura	Folterkammer
	il macchinario	Gerätschaft, Maschine
	il bicipite	Bizeps
	il tricipite	Trizeps
	il pettorale	Brustmuskulatur
	la spalla	Schulter
	gli addominali alti e bassi	die obere und untere Bauchmuskulatur
	il peso	Gewicht
	il bilanciere	Hantelstange
	il movimento	Bewegung
	giù	hinunter
	sudare	schwitzen
	il matto	Wahnsinniger
	l'asciugamano	Handtuch
	sentire	*hier:* fühlen
	il sangue	Blut
	pulsare	pulsieren, pochen
	la tempia	Schläfe
	il fuoco	Feuer
	circolare	zirkulieren
	esaltare	begeistern, erheben
	equivalente	gleichwertig
	entusiasmante	begeisternd, mitreißend
	eccezionale	außergewöhnlich

	bạttere	klopfen, schlagen
	ritmicamente	rhythmisch
19	corrẹggere	korrigieren
20	rispettare	respektieren
	recuperare	wieder erlangen
	combạttere	(be)kämpfen
	l'insonnia	Schlaflosigkeit
	a memoria	auswendig
	la poesia	Gedicht
	pattinare	Schlittschuh laufen
	la prạtica	*hier:* Übung
21	il/la salutista	Gesundheitsapostel
	il/la godereccio/-a	der/die Lebenslustige

Unità 11

1	raffigurare	darstellen
4	l'insoddisfazione (*f.*)	Unzufriedenheit
	presente	präsent, gegenwärtig
	la coscienza	Bewusstsein
	ipotẹtico	hypothetisch
	istruito	gebildet
	crescente	wachsend
	la consapevolezza	Bewusstsein
	la specificità	Spezifität, Besonderheit
	attribuire	zuschreiben
	la mitologia	Mythologie
	la debolezza	Schwäche
	il welfare	Sozialsystem
	nọrdico	Nord-
7	l'affermazione (*f.*)	Behauptung
	il dovere	Pflicht
	la comodità	Bequemlichkeit
	la volontà	Wille
	staccarsi	sich losreißen
	stirare	bügeln
	comportare	mit sich bringen
	la pẹrdita	Verlust
	l'indipendenza	Unabhängigkeit
8	il pro e contro	Für und Wider
9	andạrsene	*hier:* ausziehen
10	il pizzaiolo	Pizzabäcker
	crẹscere	(auf)wachsen
	l'abitante (*m.* + *f.*)	Einwohner/in
	fortunato	glücklich
	la generazione	Generation
	il mestiere	Beruf, Handwerk
	intanto	inzwischen, unterdessen
	il privilegio	Privileg
	effettivamente	tatsächlich
	il presupposto	Voraussetzung
	il coraggio	Mut
	cọgliere	*hier:* ergreifen
	l'opportunità	Gelegenheit
	l'assistente (*m.* + *f.*)	Assistent/in
	la guida turịstica	Fremdenführer/in
	riservato	zurückhaltend
	spontaneo	spontan
	intenso	intensiv
	autọnomo	eigenständig, autonom
	disorientato	orientierungslos
	diminuire	weniger werden, abnehmen
	lo/la stagista	Volontär/in, Praktikant/in
	la passione	Leidenschaft
	la ragazza alla pari	Au-pair-Mädchen
	lo stage	Volontariat, Praktikum
12	anạlogo	analog, entsprechend
14	finora	bisher, bis jetzt
17	annunciare	ankündigen
	sistemare	in Ordnung bringen
	lo zaino	Rucksack
	al mạssimo	höchstens
	anạrchico	anarchistisch
	l'elezione (*f.*)	Wahl
	realizzare	realisieren, verwirklichen
	trasformarsi	sich verwandeln
	il morto vivente	Zombie
	la scenata	Szene
	abbracciare	umarmen
	implorare	anflehen
	saltare fuori	herauskommen
	cambiare aria	Klima wechseln
	l'aria	Luft
	la morsa della calura	die drückende Hitze
	spazioso	geräumig
	ostinarsi	sich versteifen
	le pattine	*eine Art Filzpantoffeln*
	i fidanzati	Verlobte
	finché	solange
	il permesso di maternità	Erziehungsurlaub
	respirare	atmen
	la rincorsa	Anlauf
	la riva	Ufer
	sposare	heiraten
	il pazzo	Verrückter
	il gẹnere	Art
	il piano	Plan

	liberarsi	sich befreien
	depurarsi	sich reinigen
	stronzo	*hier:* Arschloch
	la fede	Ehering
	sospirare	seufzen
	narrare	erzählen
	l'anello	Ring
	necessario	notwendig
	arrabbiato	verärgert, sauer
	il pensiero	Gedanke
18	intẹndere	verstehen
20	l'influenza	Grippe
	grasso	fett
21	la vịrgola	Komma
24	disordinato	unordentlich
	convịncere	überzeugen
	metọdico	methodisch
	ordinato	ordentlich

Unità 12

	il piacere	Vergnügen, Gefallen
2	l'autore /-trice	Autor/in
	il/la visitatore/-trice	Besucher/in
	la fiera	Messe
	l'iniziativa	Iniziative
3	inviare	schicken
	la solitụdine	Einsamkeit
	annoiarsi	sich langweilen
	il cittadino	Bürger, Einwohner
	l'emozione (*f.*)	Emotion, Gefühl
	la scrittura	Schreiben
	la cura	Sorgfalt
	la droga	Droge
	provare	*hier:* fühlen
	il / la drogato/-a	Drogenabhängige/r
	la marea	Flut
	significativo	bedeutend, bedeutungsvoll
	la matita	Bleistift
	il passo	*hier:* Passus, Textstelle
	chiamare in causa qc.	jmdn. ansprechen
	l'adolescenza	Jugend
	stupendo	wunderbar
	scorrẹvole	flüssig
	di getto	auf Anhieb
	il fiato	Atem(zug)
5	in compenso	dafür, als Ausgleich
	l'avventura	Abenteuer
	appena	soeben
6	il/la libraio/-a	Buchhändler/in
	il gẹnere	*hier:* Gattung
	il saggio	Essay
	il manuale	Handbuch, Lehrbuch
	la narrativa	erzählende Literatur
	il libro di storia	Geschichtsbuch
	il libro rosa	Liebesroman
	il libro giallo	Kriminalroman
	la fantascienza	Sciencefiction
	il romanzo stọrico	Historienroman
	il romanzo	Roman
7	impresso	eingeprägt
	la trama	Handlung
	l'ambientazione (*f.*)	*hier:* Ambiente
	il passaparola	Mundpropaganda
	la recensione	Rezension
	intero	ganz, vollständig
8	risọlvere	lösen
	il giro	(Rund)Reise
	la conferenza	Vortrag
	la vigilia	Vorabend
	il conto	Rechnung
	accọrgersi	bemerken
	l'osteria	Gaststätte
	sostenere	(unter)stützen
	tenue	schwach, zart
	la speranza	Hoffnung
	l'ạbito	Kleidung
	scivolare	rutschen, gleiten
	rassicurare	beruhigen, versichern
	la consumazione	*hier:* Verzehr
	l'isolato	Häuserblock
	il sollievo	Erleichterung
	la mostra	*hier:* Ansicht
	il pavimento	Fußboden
	l'euforia	Euphorie
	saldare	begleichen, bezahlen
	sdebitarsi	revanchieren
	attorno	(rund)herum
	la mẹscita	Ausschank
	al corrente	auf dem Laufenden
	l'accaduto	Vorfall
	il diplomạtico	Diplomat
	il completamento	Vervollständigung
	lo studio dentịstico	Zahnarztpraxis
	dimostrare	zeigen, *hier:* ansehen
	correntemente	fließend
	mezzo	halb

	la dozzina	Dutzend
	l'omaggio	Verehrung
	la bisnonna	Urgroßmutter
	brindare	anstoßen
	accẹndere	*hier:* anzünden
	il sịgaro	Zigarre
	prediletto	Lieblings-
	il fumo	Rauchen; Rauch
	dissertare	abhandeln
	la disinvoltura	Unbefangenheit
	orientale	östlich
	occidentale	westlich
	insịstere	beharren, bestehen
	consegnare	anvertrauen; übergeben
	percọrrere	entlanglaufen
	la corte	Hof
	rotondo	rund
	situato	gelegen
	rovistare	stöbern
	pọrgere	geben, reichen
	grosso	groß
	la busta	Umschlag
	il/la protagonista	Protagonist/in, Hauptdarsteller/in
9	trascrịvere	eintragen
10	la somiglianza	Ähnlichkeit
11	contento	zufrieden
	il mazzo	Bündel
13	lo sportello	Tür
	sillabare	buchstabieren
	abbassare	senken
	il trạffico	Verkehr
	il finale	Schluss
14	tirare fuori	*hier:* herausziehen
16	la bozza	Druckfahne
	il tipọgrafo	Schriftsetzer
	intonso	*hier:* ungelesen
	lo scaffale	Regal
	fare un salto	einen Sprung in/zu ... machen
	comunale	Gemeinde-
	lọgico	logisch
	riempire	füllen
	lo stọmaco	Magen
	basso	niedrig
17	l'ọpera	Werk
	un sacco di (*fam.*)	viele
	appartenere	gehören
	impiegare	*hier:* brauchen
	la guerra	Krieg
	accọgliere	empfangen, aufnehmen
	inaspettato	unerwartet
	la comprensione	Verständnis
	il riassunto	Zusammenfassung

Unità 13

1	chiaro	*hier:* hell
	scuro	dunkel
	anziano	alt, älter
	il capello	Haar
	liscio	glatt
	riccio	lockig
	alto	groß
	basso	klein
	la barba	Bart
	i baffi	Schnurrbart
	slanciato	schlank
	calvo	glatzköpfig
	biondo	blond
	moro	dunkelhaarig
2	il fotogramma	Standbild
	la guerra mondiale	Weltkrieg
	il divertimento	Vergnügen
	il proiezionista	Filmvorführer
	adottare	adoptieren
	la cabina di proiezione	Vorführkabine
	il segreto	Geheimnis
	il passaggio	Übergang, Wechsel
	l'età adulta	Erwachsenenalter
	il/la regista	Regisseur/in
	il funerale	Beerdigung
	fuori uso	außer Betrieb
	la casalinga	Hausfrau
	la comitiva	Reisegruppe
	il compaesano	Landsmann
	la sosta	Halt, Rast
	attardarsi	sich zu lange aufhalten
	il torpedone	Reisebus
	lo smarrimento	Verwirrung
	l'ospitalità	Gastfreundschaft
	la massaggiatrice	Masseurin
	il fioraio	Blumenhändler
	bisbẹtico	zickig
	eterogeneo	heterogen
	il/la contạbile	Buchhalter/in
	la polleria	Geflügelhandlung
	arrangiarsi	zurechtkommen

	precario	*hier:* befristet
	l'impegno	Verpflichtung
	giornaliero	täglich
	infelice	unglücklich
	spento	ausgeschaltet
	scrutare	beobachten
	la finestra	Fenster
	sconosciuto	unbekannt
	entrare in scena	auftauchen
	i documenti	Papiere
	spezzare	(zer)brechen
	monọtono	monoton, eintönig
	l'esistenza	Dasein, Existenz
3	la cerimonia	Zeremonie, Feier
	morire	sterben
	la confusione	Verwirrung, Durcheinander
	rọmpere	brechen, zerbrechen
4	il tulipano	Tulpe
	il paradiso	Paradies
5	fantạstico	fantastisch
6	avvincente	fesselnd, spannend
	attuale	aktuell
	singolare	einzigartig, einmalig
	geniale	genial
	convincente	überzeugend
	coinvolgente	mitreißend
	complicato	kompliziert
	appassionante	begeisternd
	trascinante	mitreißend
7	noioso	langweilig
	datato	überholt
	improbạbile	unwahrscheinlich
8	a vicenda	gegenseitig
9	soggettivo	subjektiv
10	la farfalla	Schmetterling
11	rubare	stehlen
	i soldi	Geld
12	risalire	*hier:* zurückliegen, zurückgehen auf
	borghese	bürgerlich
	memorạbile	denkwürdig
	la specie	Art
	il palco	Bühne
	l'osso (*pl.* le ossa)	Knochen
	saltare	springen
	il volume	*hier:* Lautstärke
	l'orecchio (*pl.* le orecchie)	Ohr
	il motore	Motor
	distịnguere	unterscheiden
	la batteria	*hier:* Drums, Schlagzeug
	la chitarra	Gitarre
	nonostante	trotz
	emozionante	aufregend
	magnịfico	herrlich
	la collezione	Sammlung
	la bacchetta	Stick
	il batterista	Drummer, Schlagzeuger
	procurare	beschaffen
	insonorizzato	schalldicht
	la paga settimanale	wöchentliches Taschengeld
	il vinile	Vinyl
	il piatto	*hier:* Plattenteller
	sdraiarsi	sich hinlegen
	il tappeto	Teppich
	il sottofondo	Hintergrund
	capitare	passieren
	la busta	Tasche, Tüte
	a ridosso	unmittelbar nach/hinter
	la polịtica	Politik
	dilagare	sich ausbreiten
	la convinzione	Überzeugung
	il fascista	Faschist
	sfondare	*hier:* durchgehen ohne zu zahlen
	spostare	verschieben, verrücken
	invidiare	beneiden
	la colletta	Geldsammeln
	racimolare	zusammenkratzen
	l'ingresso	*hier:* Eintritt
	vergognare	sich schämen
	indiscutịbile	unbestreitbar
	esịgere	fordern, verlangen
	Diariovitt	*Marke eines Schülerkalenders*
	il rumore	Geräusch
	esterno	äußere (-r, -s)
	diffọndersi	sich verbreiten, sich ausbreiten
	collezionare	sammeln
13	possedere	besitzen
15	vẹndere	verkaufen
18	prevedere	vor(her)sehen
19	sopportare	ertragen

Unità 14

1	il messaggino	*hier:* SMS
	il ritardo	Verspätung

2	appassionato	leidenschaftlich
	lo scrittore	*hier:* Schreiber
	l'abbreviazione (*f.*)	Abkürzung
3	in gẹnere	im Allgemeinen, allgemein
	svọlgere	*hier:* verrichten
	il cọmpito	Aufgabe
	selezionare	auswählen
	impoverire	verarmen (lassen)
	il linguaggio	Sprache
	rafforzare	bekräftigen, verstärken
	la ricerca	Untersuchung
	il semiọlogo	Semiologe
	il filọsofo	Philosoph
	lo strumento	*hier:* Mittel
	l'ignoranza	Ignoranz, Unkenntnis
	il mezzo	*hier:* (Kommunikations-)Mittel
	imporre	*hier:* auferlegen, vorschreiben
	la brevità	Kürze
	l'approfondimento	Vertiefung
	l'istruzione (*f.*)	Bildung
	devastare	verheeren, vernichten
	la colpa	Schuld
	la comunicazione	Kommunikation, Verständigung
	giovanile	jugendlich, Jugend-
	semmai	*hier:* allenfalls
	adolescente	jugendlich
	la sigla	Abkürzung
	ossia	oder (auch), das heißt
	lo/la stupidotto/-a	Dummkopf
	dụplice	doppelt, zweifach
	la malattia	Krankheit
	il tẹrmine	(Fach-)Ausdruck
	tẹcnico	technisch
	la caduta	Fall, (Ab-)Sturz
	sciatto	schlampig
	il presidente	*hier:* Vorsitzender
	lo/la psicọlogo/-a	Psychologe/in
	lo/la specialista	Spezialist/in
	la semiologia	Semiologie (Zeichenlehre)
	il vocabolario di base	Grundwortschatz
	esclụdere	ausschließen
	il dizionario	Wörterbuch
	contenere	enthalten
	il lemma	Stichwort
	il bimbo	(kleines) Kind
	utilizzare	verwenden, benutzen
	il contenuto	Inhalt
	pretẹndere	fordern, verlangen
	il rispetto	Respekt
4	l'impoverimento	Verarmung
	l'arricchimento	Bereicherung
5	l'esposizione (*f.*)	*hier:* Darstellung
6	profondo	tief
	arricchire	bereichern, anreichern
7	il chiarimento	Erklärung
	invecchiare	altern
	il ringiovanimento	Verjüngung
	l'ingrassamento	Verfettung
8	il vocabolario	*hier:* einsprachiges Wörterbuch
	familiare	*hier:* umgangssprachlich
	volgare	vulgär
	figurato	bildlich, übertragen
9	il millennio	Jahrtausend
	sostenere	*hier:* behaupten
	costituire	darstellen
	il perịcolo	Gefahr
	la novità	Neuheit
	l'influsso	Einfluß
10	il neologismo	Neologismus (*sprachl. Neubildung*)
	combinare	verbinden
	l'internazionalismo	Internationalismus (*international gebräuchliches Wort*)
	probabilmente	wahrscheinlich
12	chattare	chatten
13	l'atlante (*m.*)	Atlas
	tuttavia	dennoch
	ẹssere collegato	eingeloggt sein
	scollegarsi	ausloggen
	il buio	Dunkelheit
	illuminare	beleuchten
	il lampione	Laterne
	prima del previsto	früher als erwartet
	preoccupante	Besorgnis erregend
	la rubrica	Telefonbuch (im Handy)
	lo squillo	Klingeln
	esordire	anfangen
	rasserenato	beruhigt
	Oddìo!	Oh Gott!
	avere il fiatone	außer Atem sein
	teso	angespannt
	allarmato	beunruhigt, alarmiert
	ridacchiare	kichern
	nervoso	nervös
	deglutire	schlucken
	avvertire	wahrnehmen

	la voce	Stimme
	cade la linea	die Leitung bricht zusammen
	raggiungibile	erreichbar
	la paranoia	*hier:* Panik
	ricontattare	wieder in Verbindung setzen
	monitorare	überwachen
	coricarsi	sich hinlegen
	spegnere	ausschalten
	sistemare	*hier:* legen
	l'alba	Morgengrauen
	meditare	*hier:* überlegen, nachdenken
	connettersi	sich verbinden
	la casella	Postfach
	scaricare	*hier:* herunterladen
	il tuffo	*hier:* Klopfen
	Accidenti!	Donnerwetter!
	il mittente	Absender
	tremare	zittern
	il controllo	Kontrolle, Beherrschung
	affinché	damit
	saldo	fest
	dirigere	leiten, lenken
	il puntatore	Cursor
	cliccare	klicken
	lo schermo	Monitor
	scaricarsi	*hier:* entladen
	tentare	versuchen
	offrire un passaggio	Mitfahrgelegenheit anbieten
	sorridere	lächeln
	disconnettersi	sich ausloggen
14	sbagliato	falsch
	interrompersi	*hier:* zusammenbrechen
	preoccuparsi	sich Sorgen machen
	tranquillizzarsi	sich beruhigen
	attraverso	durch
19	prestare	leihen
	la penna	Kugelschreiber
20	il connettivo	Bindewort
	l'evento	Ereignis, Vorfall
	la contemporaneità	Gleichzeitigkeit
	unire	*hier:* verbinden
	la contrapposizione	Gegenüberstellung
	in precedenza	vorher
	precedente	vorherige (-r, -s)

Unità 15

1	la pratica	Handhabung
	affermare	behaupten
	assistere (a)	teilnehmen (an)
	la giornata dell'orientamento	Berufsberatungstag
	l'istituto tecnico	(technische) Fachoberschule
	girare bendato	blind umherlaufen
	futuro	zukünftig
	il/la geometra	Vermessungstechniker/in
	la bussola	Kompass
	l'aspirante (*m.* + *f.*)	Anwärter/in
	il/la ragioniere/a	Buchhalter/in
	l'uscita	Ausgang
	il servizio	Service
	l'alunno/-a	Schüler/in
	vario	verschieden, unterschiedlich
	lo sbocco	*hier:* Möglichkeit
	il banco	Schulbank
	acquamarina	aquamarin
	il/la ventenne	Zwanzigjährige/r
	il/la programmatore/-trice	Programmierer/in
	l'azienda	Unternehmen, Betrieb
	rimanere di stucco	verblüfft sein
	assumere	einstellen
	sbalorditivo	verblüffend
	pedante	kleinlich
	assicurare	versichern
	il colloquio di lavoro	Vorstellungsgespräch
	il cervello con le marce	schlaues Köpfchen
	la zitella	Jungfer
	le treccine africane	Rastazöpfe
	d'ordinanza	vorschriftsmäßig
	la cerniera	Reißverschluss
	incompatibile	unvereinbar, inkompatibel
	sbagliarsi	sich irren
	prezioso	wertvoll
	fidarsi	vertrauen
	considerare	betrachten
	Non fate quella faccia!	Zieht nicht so ein Gesicht!
	lo/la spettatore/-trice	Zuschauer/in
	la stoffa	Stoff
	non importa	es ist egal
	di valore	wertvoll
	sorprendersi	sich wundern
	la marcia	Marsch
	conforme	übereinstimmend, konform
	sorprendente	überraschend
5	parere	scheinen
	può darsi	es kann sein

	smemorato	vergesslich
	l'utilità	Nützlichkeit, Nutzen
	il/la conoscente	Bekannte/r
	la notizia	Nachricht
	comune	gemeinsam
6	realizzabile	realisierbar
	irrealizzabile	unrealisierbar
	tenere presente	berücksichtigen, bedenken
7	televisivo	Fernseh-
	l'elisir (*m.*)	Elixier
8	il professore ordinario	ordentlicher Professor
	il professore associato	W-2-Professor
	il/la ricercatore/-trice	Forscher/in, wissenschaftliche/r Assistent/in
9	il pianeta	Planet
	orientarsi	sich zurechtfinden
	la tesi di laurea	Magisterarbeit, Diplomarbeit
	conseguire un titolo di studio	einen Studientitel erlangen
	la matricola	Matrikel(nummer)
	dare un esame	eine Prüfung ablegen
	il corpo docente	Dozentencorpus
	il/la rettore/-trice	Rektor/in
	il voto	Note, Zensur
	il piano di studio	Studienplan
	il credito formativo universitario (CFU)	Leistungspunkt (ECTS)
	l'ateneo	Universität
	l'appello	Examenstermin
	il libretto	Studienbuch
	l'offerta didattica	Studienangebot
	la frequenza	Anwesenheit
	il dottorato di ricerca	Promotion
	la laurea specialistica (o magistrale)	Master
11	dunque	also, nun
	sia … sia	sowohl … als auch
	in secondo luogo	zweitens
	prima di tutto	zuerst
	sia … che	sowohl … als auch
	in vigore	in Kraft sein
	il Terzo Mondo	Dritte Welt
	evitare	vermeiden
	urgente	dringend
	la scarsità	Mangel
	pari	gleich
12	rientrare	zurückkehren
13	temere	fürchten
	orale	mündlich
	portare a spasso	Gassi führen
	la notte fonda	tiefe Nacht
	ripassare	wiederholen
14	stravolto	übermüdet
	la commissione	(Prüfungs-)Ausschuss
	constatare	feststellen
	il poeta	Dichter
	ripulirsi	sich herausputzen
	la giacca	*hier:* Sakko
	la cravatta	Kravatte
	sfoggiare	zur Schau stellen
	la minigonna	Minirock
	la gamba	Bein
	peloso	haarig
	dare un'occhiata a qc.	einen Blick auf etw. werfen
	il cantiere edile	Baustelle
	l'Estetica trascendentale	transzendentale Ästhetik
	il concetto	Begriff
	di pietra	versteinert
	la verità	Wahrheit
	trattenere il fiato	den Atem anhalten
	la Critica della ragion pura	Kritik der reinen Vernunft
	appoggiare	(ab)legen
	esaminare	betrachten
	il volume	Band
	la ristampa	Nachdruck
16	aumentare	erhöhen
	le tasse	Studiengebühren
17	scordare	vergessen
	sfogarsi	sich abreagieren

Unità 16

1	la grafica computerizzata	Computergrafik
	il/la progettista di siti internet	Web-Designer/in
	l'impresa	Unternehmen, Betrieb
	l'azienda discografica	Plattenlabel
	l'allenatore/-trice	Trainer/in
	il capo ufficio	Bürochef
	l'ingegnere (*m.*)	Ingenieur/in
	la telecomunicazione	Telekommunikation
	teatrale	Theater-
	il/la direttore/-trice	Direktor/in
	l'Onu	UNO

3	sognare	träumen
	determinare	bestimmen
4	il/la collaboratore/-trice	Mitarbeiter/in
	il periodo	Zeitraum
	l'apprendistato	Lehre
	la selezione	Auswahl
	aziendale	Firmen-, Betriebs-
	il/la candidato/-a	Kandidat/in, Bewerber/in
	formare	*hier:* ausbilden
	il requisito	Voraussetzung
	umanistico-letterario	geisteswissenschaftlich
	l'attitudine	*hier:* Eignung
	interpersonale	zwischenmenschlich
	la capacità	Fähigkeit
	la flessibilità	Flexibilität
	la determinazione	Bestimmtheit
	l'assunzione (*f.*)	Einstellung; Übernahme
	il tirocinio	Praktikum
	la retribuzione	Lohn, Gehalt
	la consulenza	Beratung
	assicurativo	Versicherungs-
	l'azienda di spedizioni	Speditionsfirma
	la conoscenza	Kenntnis
	domiciliato	ansässig
	i dintorni	Umgebung
	il codice	*hier:* Chiffre
6	l'amministratore/-trice delegato/-a	Geschäftsführer/in
	contattare	kontaktieren
8	la candidatura	Bewerbung
	la nozione	Kenntnis
	teorico	theoretisch
	acquisire	erwerben
	l'ambito	Bereich
	preferibilmente	vorzugsweise
	il/la bibliotecario/-a	Bibliothekar/in
	il pubblico	Öffentlichkeit
	le pubbliche relazioni	Öffentlichkeitsarbeit (PR)
	confidare (in)	vertrauen (auf)
	la disponibilità	Verfügbarkeit
	l'allegato	Anlage
	il curriculum vitae	Lebenslauf
9	allegare	beifügen
	annotare	notieren
	la votazione	Benotung, Note
	l'assessorato alla cultura	Kulturreferat
	il comune	Gemeinde
	la nascita	Geburt
	lavorativo	Arbeits-
	la competenza	Kompetenz, Sachverstand
	informatico	Informatik-
12	l'agenzia interinale	Zeitarbeitsagentur
	il gesto	Geste
	lento	langsam
	affettato	gekünstelt, affektiert
	lo spiraglio	Spalt
	socchiuso	angelehnt
	spigoloso	kantig
	secco	trocken
	l'evoluzione tecnologica	technische Evolution
	l'esercito	Heer
	romano	römisch
	voltarsi	sich (um)drehen, sich wenden
	prendere qu. per il culo	jmdn. verarschen
	approfondire	vertiefen
	disponibile	verfügbar
	lo stipendio	Lohn, Gehalt
	la cifra	Geldsumme
	il viaggio studio	Studienreise
	per quanto riguarda ...	was ... betrifft
	dare ragione a qu.	jmdm. Recht geben
	il discorso	Gespräch
	riguardo a	in Bezug auf
	è peccato che ...	es ist schade, dass ...
	gradito	willkommen, gern gesehen
	del resto	übrigens
	il fisico	Körperbau
	ridere	lachen
	imbarazzato	verlegen
	l'impiego	Beschäftigung
	terminare	beenden
	in bocca al lupo!	Hals- und Beinbruch!
	tendere	*hier:* reichen
	stringere	drücken
	schizzare	*hier:* schießen
	indirizzare	*hier:* richten an
14	il/la selezionatore/-trice	Personalberater/in
15	il dubbio	Zweifel
	la certezza	Sicherheit, Gewissheit
18	malato	krank
	procedere	vorangehen
	nemmeno	nicht einmal
	essere alla mano	umgänglich sein
	riguardarsi	*hier:* sich schonen
19	riportare	wiedergeben, zitieren

	decisamente	mit Entschiedenheit
	sostenersi	auf eigenen Beinen stehen
	l'entrata	Einkommen
	esporre	darlegen, erläutern

Unità 17

1	il benẹssere	Wohlbefinden
	il riposo	Erholung
	la sicurezza	Sicherheit
	la tranquillità	Ruhe
	il rischio	Risiko
	la continuità	Kontinuität
	la regolatezza	Regelmäßigkeit, Maß
	la sregolatezza	Ausschweifung
	la velocità	Schnelligkeit
	la riflessione	Überlegung
	la trasgressione	Überschreitung
	l'organizzazione (*f.*)	Organisation
	il profilo	Profil, Kurzbeschreibung
	la routine quotidiana	alltägliche Routine
	usuale	gewöhnlich, üblich
	staccare	sich trennen, sich lösen
	la rottura	Bruch
	l'evasione (*f.*)	Ausbruch, Flucht
3	la derivazione	Ableitung
	derivare	entstammen, abstammen
	appartenere	gehören
	la regolarità	Regelmäßigkeit
4	se stesso	sich selbst
	come se	als ob
	la scoperta	Entdeckung
	il documentario	Dokumentarfilm
	le dritte	Tipps
	il sinọnimo	Synonym
	la metạfora	Metapher
	l'aspettativa	Erwartung
	rovinare	verderben, ruinieren
	rischiare	riskieren
	ripiombare	zurückfallen
	la gabbia	Käfig
	sfruttare	ausnutzen
	locale	örtlich
	eppure	trotzdem
	diffidare	misstrauen
	conservare	bewahren
	lo spịrito	Geist
	crịtico	kritisch
	darsi troppe arie	sich zu sehr aufspielen
	il viaggiatore	Reisender
	ottocentesco	aus dem 19. Jahrhundert
	il costume	Sitte, Brauch
	l'usanza	Sitte, Brauch, Gewohnheit
	l'imprevisto	Unvorhergesehenes
	a tutti i costi	um jeden Preis
	giudicare	(ver)urteilen, beurteilen
	il trofeo	Trophäe
	ịntimo	intim
	la risorsa	Potential
	la ricchezza	Reichtum
7	intẹndere	*hier:* wollen, beabsichtigen
9	programmare	planen
12	l'India	Indien
	curioso	neugierig
	all'indiana	auf indische Art
	la scoria	Dreck, Schmutz
	guidare	führen
	premuroso	eifrig, bemüht
	la vivanda	Speise
	concẹdersi	sich gönnen
	l'aria	*hier:* (An)Schein
	professorale	professorenmäßig
	dravịdico	drawidisch *(von einer Völkergruppe in Vorderindien)*
	confidarsi	sich anvertrauen
	l'indomani	der folgende Tag
	l'atrio	Vorhalle
	la portineria	Rezeption
	lo spazzolino	Zahnbürste
	il/la telefonista	Telefonist/in
	lo scatto	*hier:* Knacken
	il commutatore	Umschalter
	femminile	weiblich, Frauen-
	basso	tief
	fermo	*hier:* entschlossen
	occupare	*hier:* belegen
	concẹdere	gewähren
	replicare	erwidern
	l'urgenza	Eile, Dringlichkeit
	rivestirsi	sich wieder anziehen
	sostare	(an)halten
	l'ạttimo	Augenblick
	la penombra	Halbdunkel
	il foulard	Halstuch
	riprẹndere	wieder (mit)nehmen
	la pensione	Pension
	il digestivo	Digestif; Magenbitter

	svestirsi	sich ausziehen
14	la Turchia	Türkei
	la barca	Boot
	rendersi conto di qc.	sich etw. bewusst machen
	rilassante	erholsam, entspannend
	il sito archeologico	archäologische Stätte
	la baia	Bucht
17	il monumento	Monument, Denkmal
	il fondo	Fonds
	l'ambiente (*m.*)	Umwelt
	l'apertura	Öffnung
	straordinario	außerordentlich
	l'offerta	Spende
	il bene	Kulturgut
	tematico	thematisch
	artistico	künstlerisch
	ospitare	beherbergen
	la delizia	Genuss, Vergnügen
	la villeggiatura	Sommerurlaub
	la residenza estiva	Sommerresidenz
	illustre	berühmt
	il ritrovo	Treffpunkt
	l'intellettuale (*m.* + *f.*)	Intellektueller
	la Memoria del Mondo	Weltkulturerbe
	l'unicità	Einzigartigkeit
	lo spartito	Klavierauszug
	la partitura	Partitur
	il manoscritto	Manuskript
	il laboratorio	Werkstatt
	la scenografia	Bühnenbild
	il costume	Kostüm
	celebre	berühmt
	il teatro lirico	Opernhaus
	museale	Museums-
	la contrada	Bezirk
	il palio	kostbares Tuch *(Preis beim gleichnamigen sieneser Pferderennen)*
	conquistare	erringen, erwerben
	commissionare	in Auftrag geben
	il Senato	Senat
	la Repubblica	Republik
	il Cinquecento	16. Jahrhundert
	la cripta	Krypta
	il peccato originale	Erbsünde
	il culto	Kult, Religion
	il secolo	Jahrhundert
	a. C. (= avanti Cristo)	vor Christus
	il ciclo	Zyklus
	pittorico	Mal-, malerisch
	parietale	Wand-
	rupestre	felsig, Felsen-
	meridionale	Süd-
	l'androne (*m.*)	Eingangshalle
	rappresentativo	repräsentativ
	il terremoto	Erdbeben
	i primi (del 700)	*hier:* die ersten Jahre (des 18. Jahrhunderts)
19	la manifestazione	Veranstaltung

Unità 18

2	la trappola	Falle
	meraviglioso	wunderbar
	il passaporto	Pass
	la fata	Fee
	ignorante	ignorant
	la piega	Falte
	il retrogusto	Nachgeschmack
	l'ospite (*m.* + *f.*)	Gast
	il distacco	Abstand
	il proposito	Plan, Vorhaben
	stupefatto	erstaunt, verblüfft
	traversare	durchqueren
	la miniera	*hier:* Fundgrube
	la gioia	Freude
	la pasticceria	Konditorei
	il costruttore	Bauunternehmer
	scomporre	zerlegen
	la ragione	Vernunft
	l'impasto	Mischung, Gemisch
	il filo	Faden
	il passo	Schritt
	imbattersi (in)	stoßen (auf)
	lo stimolo	Anreiz
	la fantasia	Fantasie
	il sentore	*hier:* Eindruck
	il muro	Mauer
	la parete	Wand
	la traccia	Spur
	l'inclinazione (*f.*)	Neigung, Veranlagung
	spremere	auspressen
	la vicenda	Ereignis
	triste	traurig
	talvolta	machmal
	il talebano	Taliban
	la coperta	Decke
	il meccanismo	Mechanismus

	bloccato	blockiert
	l'abbondanza	Überfluß
	la mescolanza	Mischung
	ricavare	gewinnen, herausholen
5	ambientarsi	sich eingewöhnen
7	pronunciare	*hier:* sagen
9	la caratteristica	Eigenheit
	la disciplina	Disziplin
	l'intelligenza	Intelligenz
	l'opportunismo	Opportunismus
	l'intuizione (*f.*)	Intuition
	l'individualismo	Individualismus
	l'indulgenza	Nachsicht
	la generosità	Großzügigkeit
	la creatività	Kreativität
	la pigrizia	Faulheit
	la superficialità	Oberflächlichkeit
	il genio	Genie
	l'umorismo	Humor
	costante	konstant
	l'attaccamento	Anhänglichkeit
	la rassegnazione	Resignation
	l'ottimismo	Optimismus
	la solidarietà	Solidarität
	il pessimismo	Pessimismus
	l'orgoglio civico	*hier:* Bürgersinn
	l'affidabilità	Zuverlässigkeit
10	il/la caporedattore /-trice	Chefredakteur/in
	l'incarico	Auftrag
13	avvenire	geschehen
14	superficialmente	oberflächlich
16	l'arrivo	Ankunft
17	scappare	davonlaufen
	a piedi nudi	barfuß
	l'arco	Bogen
	la trave	Balken
	la maga	Wahrsagerin
	la scossa	Erdstoß
	il falò	Feuer
	la continuazione	Fortsetzung
	la profezia	Prophezeiung
	la scemenza	Dummheit
	la magia	Magie, Zauber
	il cortile	Hof
	la cartella	*hier:* Schultasche
	il completino	Outfit
	il rifugio antiaereo	Luftschutzbunker
	bussare	klopfen
	la sciocchezza	Dummheit
	ragionare	nachdenken, überlegen
	la probabilità	Wahrscheinlichkeit
	il buffone	Narr
	la superstizione	Aberglaube
	la creatura	*hier:* Kind
	spaventare	erschrecken
	la tristezza	Traurigkeit
	il fallimento	Scheitern
	la rivincita	Revanche
	avvolgere	*hier:* umgeben
	scricchiolare	knirschen
	ondeggiare	schwanken
	le polacchine	Schnürstiefel
	sconvolto	erschüttert
	l'insuccesso	Misserfolg
	invernale	Winter-
	soprannaturale	übernatürlich
	traumatizzato	traumatisiert, erschüttert
18	dialettale	Dialekt-, dialektal
	il regionalismo	*hier:* regionaler Ausdruck
19	condurre	*hier:* durchführen
	l'astrologo/-a	Astrologe/in
	reclamizzare	werben
	a dispetto	zum Trotz
	la tentazione	Versuchung
	il filtro	*hier:* Zaubertrank
	la fattura	*hier:* Hexerei, Zauberei
	la ripartizione	Aufteilung
	il/la fattucchiere/-a	Wahrsager/in
	detenere un primato	einen Rekord halten
20	la credenza	Glaube
22	il camorrista	Mitglied der Camorra (*neapolitanische Mafia*)
23	colpire	*hier:* beeindrucken

Alphabetischer Wortschatz

Die erste Zahl (fett) gibt die Nummer der Lektion an, die zweite Zahl den Lernschritt.
Punkte unter Buchstaben geben die Betonung an.

A

a buon mercato	**6**	2
A che ora?	**2**	25
a cinque euro l'uno	**3**	24
a destra	**4**	10
a dispetto	**18**	19
a legna	**3**	24
a memoria	**10**	20
a metà mattina	**2**	15
a misura d'uomo	**4**	23
a pari mẹrito	**6**	17
a parte	**4**	23
a partire da	**7**	2
a piedi	**4**	10
a piedi nudi	**18**	17
a pochi passi (da)	**3**	24
a pois	**6**	15
a presto	**3**	12
a prezzo fisso	**3**	24
a quadri	**6**	15
a questo punto	**1**	25
a ridosso	**13**	12
a righe	**6**	15
a sinistra	**4**	10
a spasso per ...	**4**	1
a turno	**3**	21
a tutti i costi	**17**	4
a un certo punto	**7**	2
a vicenda	**13**	8
a volte	**2**	15
a. C. (= avanti Cristo)	**17**	17
abbassare	**12**	13
abbastanza	**2**	3
abbigliamento	**6**	1
abbinamento	**3**	21
abbinare	**1**	18
abbondanza	**18**	2
abbracciare	**11**	17
abbreviazione	**14**	2
abete	**8**	8
abilità	**9**	18
abitante	**11**	10
abitare	**1**	2
abitazione	**9**	23
ạbito	**12**	8
abituale	**7**	5
abitualmente	**6**	19
abituarsi (a)	**4**	6
abitụdine	**3**	18
accademia militare	**7**	18
accaduto	**12**	8
accanto a	**1**	16
accẹndere	**9**	21
accẹndere	**12**	8
accessoriato	**9**	3
accettare	**8**	17
accidenti!	**14**	13
accogliente	**4**	4
accọgliere	**12**	17
accomodarsi	**6**	4
accompagnare	**4**	7
accọrgersi	**12**	8
accuratamente	**10**	7
acqua minerale	**2**	1
acquamarina	**15**	1
acquarelli	**6**	20
acquisire	**16**	8
acquistare	**9**	24
acquisto	**6**	2
adatto	**6**	5
addirittura	**9**	11
addominali alti e bassi	**10**	18
addormentarsi	**3**	15
adesso	**1**	4
adolescente	**14**	3
adolescenza	**12**	3
adorare	**4**	22
adottare	**13**	2
aereo	**4**	15
aeroporto	**1**	13
affacciarsi	**4**	6
Affari Ẹsteri	**1**	22
affascinante	**4**	3
affermare	**15**	1
affermazione	**11**	7
affettati	**8**	22
affettato	**16**	12
affetti	**9**	24
affidabilità	**18**	9
affinché	**14**	13
affittare	**3**	12
affịttasi	**9**	3
affitto	**9**	3
affollato	**8**	14
agenzia	**3**	24
agenzia interinale	**16**	12
aggiụngere	**3**	4
agitato	**8**	24
agli inizi di	**5**	3
agosto	**4**	18
aiutare	**1**	15
aiuto	**4**	19
al corrente	**12**	8
al dente	**10**	4
al mạssimo	**11**	17
al primo posto	**1**	22
al suo posto	**4**	19
al tạvolo	**2**	13
alba	**14**	13
albergo	**6**	11
alcọlico	**2**	13
alcune volte	**1**	2
alfabeto	**1**	1
alimentare (*agg.*)	**6**	17
alimentarista	**10**	8
alimentazione	**10**	13
alimento	**8**	2
alla fine	**3**	13
alla moda	**6**	17
Alla salute!	**2**	15
alla spina	**2**	15
all'amatriciana	**6**	14
all'ạngolo	**4**	16
all'aperto	**3**	3
allarmato	**14**	13
alle sei del mattino	**2**	15
allegare	**16**	9
allegato	**16**	8
allegro	**7**	13
allenamento	**10**	18
allenarsi	**10**	18
allenatore/-trice	**16**	1
all'indiana	**17**	12
all'inizio	**5**	25
all'interno	**3**	24
allontanarsi	**7**	6
allora	**2**	4
allora	**7**	12
almeno	**1**	1
alto	**13**	1
altrimenti	**7**	22
altro ieri	**5**	10
alunno	**15**	1
alzarsi	**3**	12
amante	**9**	15
amare	**4**	8
amaro	**2**	7
ambientarsi	**18**	5
ambientazione	**12**	7
ambiente	**9**	2
ambiente	**17**	17
ạmbito	**16**	8
ambizioso	**9**	15
americano	**1**	16
amico/-a	**1**	2
ammẹttere	**3**	12
amministratore/-trice delegato/-a	**16**	6
ammobiliato	**9**	3

ampio	9	3
analcọlico	2	13
anạlisi	8	14
analizzare	1	22
anạlogo	11	12
anạrchico	11	17
anche	1	2
ancora una volta	1	4
andare	2	10
andare per la maggiore	6	17
andạrsene	11	9
androne	17	17
anello	11	17
ạngelo	8	8
ạngolo cottura	9	3
animale	5	12
animatore/-trice	2	29
anni Quaranta e Cinquanta	7	9
anno	1	14
anno sabbạtico	5	13
anno scorso	5	7
annoiarsi	12	3
annotare	16	9
annunciare	11	17
annuncio	2	29
annuncio immobiliare	9	3
ansioso	7	13
antico	4	4
anziano	13	1
anziché	7	2
aperitivo	2	1
aperto	2	15
apertura	17	17
apparecchiato	9	24
apparire	6	17
appartamento	1	2
appartenere	12	17
appassionante	13	6
appassionare	7	9
appassionato	14	2
appello	15	9
appena	4	21
appena	12	5
appẹndere	9	9
appoggiare	15	14
apprendistato	16	4

apprensivo	7	13
apprezzare	4	21
approfondimento	14	3
approfondire	16	12
appuntamento	8	17
appuntito	7	2
appunto	3	18
appunto	8	10
aprile	4	21
aprire	2	15
aranciata	2	1
arancione	6	6
architetto	2	28
Architettura	1	8
arco	18	17
argomento principale	3	12
aria	11	17
aria	17	12
armadio	6	15
arrabbiato	11	17
arrangiarsi	13	2
arredamento	6	17
arredare	9	15
arredato	9	3
arricchente	5	3
arricchimento	14	4
arricchire	14	6
arrivare	4	10
Arrivederci!	5	24
arrivo	18	16
artịcoli sportivi	6	11
artịcolo di giornale	3	12
artista di strada	5	12
artịstico	17	17
asciugamano	10	18
ascoltare	1	1
ascoltare la mụsica	2	15
Aspetta!	6	4
aspettare	3	12
aspettativa	17	4
aspetto	4	2
aspirante	15	1
assenza	5	17
assessorato alla cultura	16	9
assicurare	15	1
assicurativo	16	4
assicurazione	5	2

assieme a	5	3
assistente	11	10
assistenza	5	24
assịstere (a)	15	1
associazione	5	2
associazione di accoglienza	5	3
assomigliare a qu.	3	15
assorbire	10	13
assụmere	15	1
assunzione	16	4
astrọlogo/-a	18	19
ateneo	15	9
atlante (m.)	14	13
atlẹtico testimonial	10	2
atmosfera	7	10
atmosfera familiare	3	24
atrio	17	12
attaccamento	18	9
attardarsi	13	2
attempato	10	18
attentamente	7	11
attesa	3	24
attillato	10	18
ạttimo	17	12
attirare	4	26
attitụdine	16	4
attività	3	2
attività manuale	5	12
attività sportiva	10	18
attivo	4	4
attore/attrice	3	24
attorno	12	8
attrattiva	6	17
attraversamento pedonale	416	
attraversare	4	10
attraverso	14	14
attrezzi	8	19
attribuire	11	4
attuale	13	6
augurare	3	22
aula	1	13
aumentare	15	16
austriaco	1	16
autẹntico	1	23
autobiografia	7	10
autogrill	7	2

automọbile	4	10
autọnomo	11	10
autore	12	2
autorẹvole	7	13
autostop	5	7
autostrada	7	2
autunno	8	8
avere	1	2
avere bisogno di	10	11
avere il fiatone	14	13
avere voglia (di)	7	23
avvenire	18	13
avventura	12	5
avvertire	14	13
avviarsi	4	13
avvicinarsi (a)	1	2
avvincente	13	6
avvocato	2	28
avvọlgere	18	17
azienda	15	1
azienda di spedizioni	16	4
azienda discogrạfica	16	1
aziendale	16	4
azione	7	5
azzurro	6	6

B

bacchetta	13	12
bacheca	9	9
bacio	8	19
badare	6	17
baffi	13	1
bagagli	7	2
bagnante	9	7
bagnato	8	8
bagnino	9	7
bagno	9	2
baia	17	14
balcone	9	2
ballerino/-a	2	29
bambino	5	3
bạmbola	7	18
banco	15	1
banco (di un bar)	2	15
barba	13	1
barca	17	14
barista	2	29
basarsi (su)	9	22

basso 12 16
basso 13 1
basso 17 12
bạttere 10 18
batteria 13 12
batterista 13 12
battuta 6 13
bellezza 6 17
bello 1 16
ben messo 4 23
bene 2 3
bene 17 17
benẹssere 17 1
benịssimo 2 3
bere 2 4
bevanda 2 1
bevuta 8 14
bianco 6 6
biblioteca 2 25
bibliotecario/-a 16 8
bicchiere 2 4
bici 3 1
bicịpite 10 18
bielorusso 5 3
biglietto 3 8
biglietto 5 17
biglietto da vịsita 2 24
bilanciere 10 18
bilocale 3 12
bimbo 14 3
Biologia 1 8
biondo 13 1
birra 2 1
birreria 2 15
bisbẹtico 13 2
bisnonna 12 8
bloccato 18 2
blu 6 6
bon ton 10 2
borghese 13 12
borsa 6 1
borsa di studio 9 9
bozza 12 16
brano 8 14
brasiliano 1 21
bravo 7 9
bresaola 10 6
breve 4 13
brevità 14 3
brindare 12 8
brioche 2 1
brutto 4 4
buffone 18 17
buio 7 2
buio 14 13
buona educazione 10 2
buona tạvola 6 17
buono 2 14
burattinaio 7 20
bussare 18 17
bụssola 15 1
busta 12 8
busta 13 12

C

cabina 6 4
cabina di proiezione 13 2
cade la linea 14 13
cadere 10 18
caduta 14 3
caffè 2 1
caffè 2 15
caffè americano 2 13
caffè decaffeinato 2 13
calcio 3 1
caldo 2 2
calendario 8 14
calẹndula 10 13
calma 3 15
calmo 8 24
caloria 10 1
calọrico 10 2
caloroso 7 13
calvo 13 1
calzature 6 17
cambiamento 7 18
cambiare 2 5
cambiare aria 11 17
cambiare casa 9 14
cạmera da letto 9 2
cạmera della tortura 10 18
cạmera singola 3 12
cameriere 2 15
camicia 6 8
camminare 9 17
camorrista 18 22
campagna 7 2
campeggio 5 7
campione 10 2
campionịssimo 7 9
campo di lavoro 5 12
candidato/-a 16 4
candidatura 16 8
canotto 7 2
cantante 2 29
cantiere edile 15 14
cantina 9 2
canzone 3 5
capace 9 17
capacità 16 4
capello 13 1
capire 1 15
capitale 4 23
capitare 13 12
capịtolo 7 10
capo di abbigliamento 6 15
capo ufficio 16 1
capolinea 4 16
caporedattore/-trice 18 10
cappello 6 20
capriccio 8 26
capriccioso 7 13
carạttere 7 14
caratteristica 18 9
caricare 7 2
carino 5 15
carnevale 3 4
caro 2 7
carta 8 8
cartella 18 17
cartello 2 26
cartina 4 1
casale 9 23
casalinga 13 2
cascina 7 2
casella 14 13
casello d'uscita 7 2
caso 1 22
cassa 6 4
catastrọfico 8 19
catena 4 9
cattivo 10 4
causa 7 23
C'è … ? (ẹsserci) 2 2
cẹlebre 17 17
cena 2 15
centro 1 21
Centro 4 23
cercare 1 8
cercare di 4 4
cerimonia 13 3
cerniera 15 1
certezza 16 15
cervello 15 1
chattare 14 12
che 1 1
che 6 5
che cosa … ? 1 2
che dire … 5 3
Che lavoro fa? 2 28
che ne dici di 8 17
Che ora è? 2 10
Che tipo di …? 2 20
Che … ! 6 12
Chi? 2 2
chiamare in causa qu. 12 3
chiamarsi 1 2
chiarimento 14 7
chiaro 7 2
chiaro 13 1
chiave 5 17
chiẹdere 1 1
chiesa 4 20
Chịmica e tecnologie farmaceutiche 1 8
chissà 3 7
chitarra 13 12
chiụdere 2 10
chiụdere a chiave 5 17
chiuso 2 26
ci 4 17
ci pensiamo noi 5 2
ci sono 2 4
ciao 1 2
ciascuno 10 14
cibo 10 1
cibo surgelato 10 1
ciclismo 7 9
ciclista 7 9
ciclo 17 17
cielo 8 24
cifra 16 12

cinema	**3**	4
cinema multisala	**3**	24
cinquantina	**4**	10
Cinquecento	**17**	17
cintura	**6**	1
cioccolata	**2**	13
cioè	**7**	2
circolare	**10**	18
circostante	**4**	10
citare	**6**	17
città	**1**	2
cittadino	**12**	3
civico	**4**	20
classifica	**4**	23
cliccare	**14**	13
cliente	**5**	12
coda	**7**	2
codice	**16**	4
codice postale	**1**	26
cogliere	**11**	10
cognato/-a	**7**	15
cognome	**1**	26
coincidere	**9**	24
coinquilino/-a	**9**	20
coinvolgente	**13**	6
collaborare	**5**	12
collaboratore/-trice	**16**	4
colle	**4**	10
colletta	**13**	12
collezionare	**13**	12
collezione	**13**	12
collocarsi	**6**	17
colloquio di lavoro	**15**	1
colonna	**2**	1
colore	**4**	7
colpa	**14**	3
colpire	**18**	23
coltivare la terra	**5**	12
combattere	**10**	20
combinare	**14**	10
Come ...?	**1**	1
come	**4**	23
come lei	**1**	2
Come mi stanno ...?	**6**	13
Come, scusi?	**2**	1
come se	**17**	4
Come si dice?	**1**	1
Come si scrive?	**1**	1
Come va?	**2**	3
cominciare	**2**	27
comitiva	**13**	2
commentare	**6**	2
commento	**6**	3
commesso/-a	**6**	5
commissionare	**17**	17
commissione	**15**	14
commutatore	**17**	12
comodità	**11**	7
comodo	**4**	10
compaesano	**13**	2
compagnia	**3**	12
compagno/-a	**1**	1
comparire	**3**	14
competenza	**16**	9
compiere 18 anni	**5**	1
compilare	**1**	26
compito	**14**	3
compleanno	**6**	22
completamente	**9**	3
completamento	**12**	8
completare	**1**	2
completino	**18**	17
complicato	**13**	6
complimento	**6**	12
componentistica	**6**	17
comportare	**11**	7
composto di	**9**	3
comprare	**2**	15
comprendere	**9**	3
compressione	**12**	17
comunale	**12**	16
comune	**15**	5
comune	**16**	9
comunicare	**6**	5
comunicazione	**14**	3
comunitario	**8**	14
comunque	**7**	2
Con che frequenza?	**3**	16
con quelle	**1**	14
con tutta la classe	**3**	5
con un altro ragazzo	**1**	2
concedere	**17**	12
concedersi	**17**	12
concentrarsi	**2**	2
concerto	**3**	1
concetto	**15**	14
conciliare	**10**	10
concordare	**8**	22
condito	**10**	4
condividere	**3**	8
condizionatore	**9**	3
condizioni di vita	**10**	2
condominio	**9**	3
condurre	**18**	19
conferenza	**12**	8
conferma	**5**	24
confermare	**9**	24
confessione religiosa	**4**	2
confidare (in)	**16**	8
confidarsi	**17**	12
confondere	**8**	14
conforme	**15**	1
confrontare	**1**	10
confusione	**13**	3
confuso	**9**	15
congresso	**5**	3
conguaglio	**9**	3
connazionale	**4**	26
connettersi	**14**	13
connettivo	**14**	20
conoscente	**15**	5
conoscenza	**16**	4
conoscere	**1**	1
conquistare	**17**	17
consapevolezza	**11**	4
consegnare	**12**	8
conseguenza	**7**	23
conseguire un titolo di studio	**15**	9
conservare	**17**	4
considerare	**3**	12
considerare	**15**	1
considerato	**4**	10
consigliare	**9**	20
consiglio	**9**	16
constatare	**15**	14
consulenza	**16**	4
consultare	**4**	4
consultarsi	**1**	14
consumare	**10**	2
consumazione	**12**	8
consumo	**2**	15
contabile	**13**	2
contaminare	**10**	2
contare	**3**	15
contattare	**16**	6
contatto	**5**	3
contemporaneità	**14**	20
contemporaneo	**7**	6
contenere	**14**	3
contento	**12**	11
contenuto	**10**	1
contenuto	**14**	3
contesto ufficiale	**2**	11
continuamente	**7**	9
continuare	**1**	22
continuazione	**18**	17
continuità	**17**	1
conto	**12**	8
conto in banca	**6**	17
contrada	**17**	17
contrapposizione	**14**	20
contrario	**4**	4
controllare	**1**	2
controllo	**14**	13
convegno	**6**	17
conversazione	**3**	2
convincente	**13**	6
convincere	**11**	24
convinto	**7**	20
convinzione	**13**	12
convivenza	**4**	7
convivere	**4**	6
convivialità	**10**	2
coperta	**18**	2
copertina	**8**	8
coperto	**8**	24
coperto	**9**	3
coppa	**2**	13
coraggio	**11**	10
coraggioso	**7**	13
cordiali saluti	**2**	29
coreografo/-a	**2**	29
coricarsi	**14**	13
cornetto	**2**	1
corpo	**10**	12
corpo docente	**15**	9
correggere	**10**	19
correntemente	**12**	8
correre	**10**	16
correre	**10**	16
corretto	**2**	2

corridoio	2	18
corriera	4	15
corrispondente	3	21
corrispondere	3	13
corso di laurea	1	8
corso di lingua	3	5
corso intensivo	5	24
corte	12	8
cortile	18	17
corto	6	2
Cosa …?	1	1
cosa	2	13
Cosa c'entra …?	8	14
Cosa significa…?	1	1
coscienza	11	4
così	3	12
così come	6	17
così, così	2	3
costante	18	9
costare un sacco	3	12
costituire	14	9
costretto	8	14
costruire	3	10
costruire	5	12
costruttore	18	2
costume	17	4
costume	17	17
cotone	6	15
cotto	10	4
cracker	10	2
cravatta	15	14
creatività	18	9
creatura	18	17
credenza	18	20
credito formativo universitario (CFU)	15	9
credo di no	2	4
credo di sì	9	11
crescente	11	4
crescere	11	10
cripta	17	17
cristiano	8	8
criterio	9	26
critico	17	4
crocetta	3	4
crudo	10	4
cucina	7	18
cucina abitabile	9	3
cucina mediterranea	3	24
cucinare	9	15
cugino/-a	7	15
culmine	8	14
culto	17	17
cultura	1	22
cuore	4	10
cura	12	3
curare	5	12
curato da	3	11
curiosamente	6	17
curioso	3	24
curioso	17	12
curriculum scolastico	1	22
curriculum vitae	16	8
curva	7	2
custodire	8	8
D		
da … a …	1	18
Da che cosa …?	2	27
da cinque mesi	1	16
da mangiare	2	4
da noi	5	2
da quanto tempo	4	2
da solo	3	5
da urlo	10	18
dado	9	13
dai!	2	3
dal punto di vista umano	5	3
dall'altra parte	3	15
dare ragione a qn.	16	12
dare su	9	11
dare un esame	15	9
dare un'occhiata a qc.	15	14
darsi troppe arie	17	4
data	8	1
datato	13	7
dati personali	1	26
davanti a	1	12
davvero	5	3
debole	8	24
debolezza	11	4
decidere	2	18
decisamente	16	19
decisivo	9	24
dedicarsi	9	15
dedicato a	4	13
definire	6	13
deglutire	14	13
del resto	16	12
delizia	17	17
deluso	8	8
denso	8	14
dente	3	15
dentro	8	8
depurarsi	11	17
derivare	17	3
derivazione	17	3
descrivere	1	17
descrizione	3	24
desiderare	4	14
detenere un primato	18	19
determinare	16	3
determinazione	16	4
dettare	1	1
devastare	14	3
di	1	2
di cui	7	24
Di dove?	1	2
di elevata qualità	2	15
di fianco	7	6
di fronte (a)	4	19
di getto	12	3
di nuovo	3	3
di pietra	15	14
di più	3	4
di riserva	8	19
di solito	2	20
di testa tua	10	16
di tutto il mondo	2	15
di valore	15	1
dialettale	18	18
dichiarare	10	2
dieta	10	16
dietetico	10	4
dietro	4	19
dietro l'angolo	9	3
differenza	2	14
difficile	6	14
diffidare	17	4
diffondersi	13	12
diffuso	9	26
digerire	10	14
digestivo	17	12
dilagare	13	12
diluviare	8	24
dimagrire	10	8
dimenticare	8	27
diminuire	11	10
dimostrare	12	8
dintorni	16	4
dipendere (da)	10	16
diploma	7	16
diplomatico	12	8
dire	1	1
direttamente	4	10
direttore/-trice	16	1
dirigere	14	13
dirigersi	4	10
disciplina	18	9
disconnettersi	14	13
discorso	16	12
discoteca	3	1
discutere	5	5
disegnare	8	25
disegno	4	19
disgustoso	10	4
disintossicare	10	2
disinvolto	7	13
disinvoltura	12	8
disordinato	11	24
disorientato	11	10
disponibile	16	12
disponibilità	16	8
dissertare	12	8
distacco	18	2
distante	8	14
distanza	9	24
distinguere	13	12
distribuito	1	22
distributore automatico	3	12
disturbo	10	14
ditta	1	22
diventare	1	22
diverso	3	8
divertimento	13	2
divertirsi	3	12
dividere	2	4
dizionario	14	3
doccia	3	15
documentario	17	4

documenti 13 2
dolce 2 7
dolce 3 24
dolcificante 10 2
domanda 1 10
domẹnica 3 12
domiciliato 16 4
donna 9 24
dopo ogni ascolto 1 14
doppia 9 3
doppio 9 3
doppione 7 22
d'ordinanza 15 1
dormire 3 15
dotto 8 14
dottorato di ricerca 15 9
dottore 10 14
dove 2 2
dovere 3 7
dovere 11 7
dozzina 12 8
dravịdico 17 12
dritte 17 4
dritto 4 16
dritto 7 2
droga 12 3
drogato 12 3
dubbio 16 15
dunque 15 11
dụplice 14 3
durante 2 15
durare 5 3
durata 5 24
duro 5 3

E

e 1 1
è (ẹssere) 1 1
e così via 3 24
è necessario 1 15
è peccato che … 16 12
È possịbile? 2 2
è un po' che … 3 12
ebreo 8 8
eccessivamente 4 23
eccessivo 8 14
eccezionale 10 18
eccitato 7 2
ecco 1 22
Economia 1 2
Economia aziendale 1 8
Economia e commercio 1 8
edificio 4 10
edificio d'ẹpoca 9 23
edizione 6 14
educato 10 1
educazione 5 3
effettivamente 11 10
Eh, beh, che vuoi … 3 7
elẹggere 4 23
elementi chiave 6 17
elencare 5 12
elenco 9 16
elezione 11 17
eliminare 10 16
elisir (*m.*) 15 7
emanciparsi 5 22
emẹrgere 10 2
emicrania 10 11
emotivo 9 24
emozionante 13 12
emozione 12 3
enorme 9 3
enoteca 2 15
entrambi/-e 9 21
entrare 7 2
entrare in scena 13 2
entrata 16 19
entusiasmante 10 18
eppure 17 4
equilibrato 10 13
equivalente 10 18
erborista 10 14
erboristeria 10 11
eritema solare 10 14
errore 7 4
esagerato 8 14
esaltare 10 18
esame 3 8
esaminare 15 14
esattamente 5 19
esclamare 7 2
esclụdere 14 3
escursione 5 12
esempio 1 1
esercitare 4 23
esẹrcito 16 12
esercizio 1 13
esigenza 9 24
esịgere 13 12
esistenza 13 2
esịstere 1 20
esordire 14 13
espansivo 10 18
esperto/-a 10 8
esporre 16 19
esposizione 14 5
espressione 2 10
esprịmere 2 27
ẹssere alla mano 16 18
ẹssere collegato 14 13
ẹssere del ramo 3 10
ẹssere diventato 7 10
ẹssere ospitato da 5 2
Est 4 10
estate 2 15
esterno 13 12
ẹstero 1 26
estrarre 7 22
estroverso 7 13
età 5 1
età adulta 13 2
età media 1 14
eterogeneo 13 2
euforia 12 8
evasione 17 1
evento 14 20
eventualmente 9 11
evidenziare 7 23
evidenziato 3 10
evitare 15 11
evoluzione tecnolọgica 16 12
extravẹrgine 10 2

F

facoltà 1 2
fallimento 18 17
falò 18 17
famiglia 1 22
familiare 14 8
fantascienza 12 6
fantasia 18 2
fantasioso 7 13
fantạstico 13 5
fare 1 11
fare amicizia 3 12
fare attenzione 3 14
fare bel/brutto tempo 8 26
fare caldo 8 26
fare colazione 2 15
fare cọmpere 3 12
fare crescere 5 3
fare freddo 8 26
fare i cọmpiti 5 12
fare la spesa 3 8
fare spese 8 6
fare un giro in bici 3 1
fare un salto 12 16
fare una passeggiata 3 12
farfalla 13 10
Farmacia 1 8
farmacia 10 11
farmacista 10 14
farsi qc. 3 15
fạscino 4 23
fascista 13 12
fata 18 2
fatica 4 6
faticare 9 24
faticoso 10 2
fatto concluso 7 18
fatto sta che 10 18
fattucchiere/-a 18 19
fattura 18 19
febbraio 5 3
fede 11 17
felice 9 24
felpa 6 1
fẹmmina 1 26
femminile 17 12
ferie scaglionate 8 14
ferito 5 12
fermaglio 6 20
fermarsi 3 15
fermarsi 7 2
fermata dell'autobus 3 12
fermo 17 12
Ferragosto 7 2
ferro 8 14
festa 1 2
festeggiare 3 8

festività	8	1
fiato	12	3
fidanzati	11	17
fidarsi	15	1
fiera	12	2
figlio/-a	7	15
figura	8	8
figurare	4	23
figurati!	3	12
figurato	14	8
film dell'orrore	3	4
filo	18	2
Filosofia	1	8
filosofo	14	3
filtro	18	19
finale	1	22
finale	12	13
finalmente	8	19
finché	11	17
fine settimana	3	23
finestra	13	2
finestrino	7	2
finire	2	19
fino alle ...	2	15
finora	11	14
fioraio	13	2
fiore	8	11
firmato	6	17
Fisica	1	8
fisico	4	6
fisico	16	12
flessibilità	16	4
foglietto informativo	5	2
foglio	1	25
fondo	17	17
fontana	4	19
forma di saluto	1	3
formaggio	8	21
formale	3	12
formare	2	13
formare	16	4
formato da	5	3
formazione	5	24
formulare	3	17
fornire	7	17
forse	7	18
forsennate	10	18
forte	7	9
fortunato	11	10
forza	6	17
fotografato	2	28
fotografia	7	11
fotogramma	13	2
foulard	17	12
fra	3	2
fra parentesi	2	16
fradicio	8	19
francese	1	16
frase	1	2
fratello	7	15
frazionamento	9	15
freddo	4	3
frenetico	4	23
frequentare	1	22
frequentato	2	15
frequenza	3	16
frequenza	15	9
fresco	10	2
fresco di stampa	6	17
frigorifero	8	6
fritto	3	24
frutta	8	4
fuggire	8	14
fumo	12	8
funerale	13	2
funzionare	5	26
funzione	7	5
fuoco	10	18
fuori	2	15
fuori porta	8	7
fuori uso	13	2
futuro	3	7
futuro	15	1
G		
gabbia	17	4
galleria	4	10
gamba	15	14
gara	7	4
gara di orientamento	5	12
gassato	2	2
gelateria	3	2
gelato	2	15
generalmente	2	15
generazione	11	10
genere	11	17
genere	12	6
genero	7	15
generosità	18	9
geniale	13	6
genio	18	9
genitori	7	11
gente	3	12
Gentili signori	2	29
geometra	15	1
gesto	16	12
già	3	12
giacca	15	14
giallo	6	6
giallognola	8	8
giardino	3	12
ginnastica	3	15
giocare	3	1
giocatore	3	21
gioco	3	5
gioia	18	2
gioiello	6	20
giornale	6	9
giornaliero	13	2
giornalista	2	28
giornata	2	15
giornata dell'orientamento	15	1
giorno	3	12
giorno feriale	10	2
giostra	7	6
giovane	3	24
giovane	4	8
giovani	2	15
giovanile	14	3
giovedì	2	26
girare bendato	15	1
girarsi	3	15
giro	12	8
gita	5	12
giù	10	18
giudicare	17	4
giudizioso	7	13
giungere	4	10
Giurisprudenza	1	8
giusto	2	1
godereccio/a	10	21
gonna	6	1
gradito	16	12
graduatoria	6	17
grafica	3	12
grafica computerizzata	16	1
grammatica	3	5
grande	2	7
grasso	11	20
grattacielo	9	23
gratuito	5	2
grazie	2	4
grazie a	4	8
Grazie mille!	3	8
grigio	6	6
grosso	12	8
gruppo	1	15
gruppo sanguigno	10	13
guanti	6	1
guardare	3	15
guardaroba	9	2
guerra	12	17
guerra mondiale	13	2
guida turistica	11	10
guidare	17	12
gustare	10	8
gusto	3	4
gustoso	10	4
I		
idea	3	7
ideale	4	11
identità	2	24
ieri	5	10
ignorante	18	2
ignoranza	14	3
illuminare	14	13
illustrare	9	16
illustre	17	17
imbarazzato	16	12
imbattersi (in)	18	2
imboccare	7	2
immaginare	2	2
immaginario	4	23
immagine	3	1
immediatamente	6	17
immediato	6	17
imparare	1	26
impasto	18	2
impatto	4	6

impegno	13	2
impianto	9	4
impiegare	12	17
impiegato/a	2	28
impiego	16	12
implorare	11	17
imporre	14	3
importante	2	24
importanza	1	22
impoverimento	14	4
impoverire	14	3
impresa	16	1
impressione	2	2
impresso	12	7
imprevisto	17	4
improbạbile	13	7
in attesa di	2	29
in base a	3	19
in bocca al lupo!	16	12
in bottiglia	2	15
in certi casi	1	22
in cima	7	2
in cima	9	24
in compenso	12	5
in comune	7	19
in coppia	1	12
in corso	8	19
in cui	5	3
in fondo	8	14
in fretta	10	2
in gamba	5	1
in generale	2	2
in gẹnere	14	3
in italiano	1	1
in mezzo (a)	7	2
in modo da	8	14
in negativo	4	23
in parte	10	1
in pịccoli gruppi	1	15
in precedenza	14	20
in provincia di	1	2
in questo campo	3	7
in realtà	4	6
in sé	7	18
in secondo luogo	15	11
in sẹguito	8	8
in servizio	4	16
in testa	6	17
in tinta unita	6	15
in tutto il mondo	1	22
in vigore	15	11
in vista di	4	10
in vista di	5	24
inaspettato	12	17
incạrico	18	10
inchiesta	6	7
inclinazione	18	2
incompatịbile	15	1
incontrare	2	18
incontrastato	6	17
incontro	5	3
incrocio	4	16
indạgine	1	22
India	17	12
indicare	4	23
indicazione	4	19
indietro	4	16
indifferenza	8	8
indipendente	9	24
indipendentemente	8	16
indipendenza	11	7
indirizzare	16	12
indirizzo	2	21
indiscutibile	13	12
individuale	5	24
individualismo	18	9
indomani	17	12
indossare	6	12
indovinare	3	4
indulgente	7	13
indulgenza	18	9
industriale	4	4
inesatto	8	14
infanzia	7	1
infatti	4	10
infelice	13	2
infine	3	4
influenza	3	24
influenza	11	20
influsso	14	9
informale	3	12
informarsi	6	5
Informạtica	1	8
informạtico	16	9
informazione	2	21
infuso	2	13
ingannẹvole	8	14
ingegnere	16	1
Ingegneria civile	1	8
Ingegneria gestionale	1	8
Ingegneria meccanica	1	8
inglese	1	16
ingrassamento	14	7
ingrassare	10	7
ingrediente	10	6
ingresso	5	24
ingresso	13	12
iniziare	3	12
iniziativa	12	2
inizio	4	1
innaffiare	5	17
innamorarsi	7	19
innanzi tutto	9	24
innovazione tecnolọgica	6	17
inoltre	10	17
insaccati	8	22
insegnante	1	1
inserire	3	16
insieme (a)	1	2
insịpido	10	4
insịstere	12	8
insoddisfazione	11	4
insomma	6	17
insonnia	10	20
insonorizzato	13	12
insuccesso	18	17
intanto	11	10
intellettuale	17	17
intelligenza	18	9
intẹndere	11	18
intẹndere	17	7
intenso	11	10
intenzione	8	19
interessante	5	2
interessare	3	8
interessato/-a	1	26
interesse	1	22
internazionale	5	2
internazionalismo	14	10
interno	9	2
intero	12	7
interpersonale	16	4
intẹrprete	1	22
interrọmpersi	14	14
intervallo	2	15
intervista	1	14
intervistare	3	6
ịntimo	17	4
intolleranza alimentare	10	13
intonso	12	16
intorno a	3	19
introdurre	10	7
introverso	7	13
intuizione	18	9
invecchiare	14	7
invece	3	12
inventare	5	11
inventario	8	6
invernale	18	17
inversione	9	24
investimento	9	24
inviare	12	3
invidiare	13	12
invitante	10	4
invitare	3	24
io non so ancora bene	3	7
ipocalọrico	10	8
ipọtesi	7	11
ipotẹtico	11	4
irlandese	2	15
ironia	9	15
irrealizzạbile	15	6
irritazione	10	11
iscrịversi	5	24
iscrizione	5	24
ịsola	2	14
isolato	12	8
istante	7	2
istituto tẹcnico	15	1
istruito	11	4
istruzione	3	20
istruzione	14	3
italiano	1	16
italọfilo	6	19
itinerario turịstico	4	14

L

laboratorio	17	17
laborioso	4	4
lamentela	8	14

lampione	14	13
lana	6	15
lạnguido	8	14
largo	6	2
lasciare	4	6
lasciarsi	3	8
lasciarsi alle spalle	7	2
lato opposto	4	19
laurea specialịstica (o magistrale)	15	9
laureato/-a	5	12
lavarsi	3	15
lavastoviglie	9	3
lavatrice	9	3
lavorare	1	12
lavorativo	16	9
lavoretto	3	3
lavoro	1	13
laziale	3	24
le	5	17
lẹggere	1	4
leggero	10	2
lemma	14	3
lentamente	7	2
lento	16	12
lẹssico	6	18
lẹttera	3	12
Lẹttere	1	8
lẹttere antiche	1	16
letto	3	4
lettura	1	23
lettura	5	3
lezione	3	8
li	3	19
lì	3	12
liberarsi	11	17
lịbero	2	2
libertà	4	6
libraio/a	12	6
libreria	3	2
libretto	15	9
libro	1	13
libro di storia	12	6
libro giallo	12	6
libro rosa	12	6
liceo	3	8
lieve	8	25
limitarsi	10	2
linea	9	3
lingua	1	7
linguaggio	14	3
Lingue e letterature straniere	1	8
linguista	3	11
liquore	2	1
liscio	13	1
lista	1	16
lista della spesa	8	6
lista più lunga	2	13
listino	2	13
litigioso	7	13
livello	5	24
livello intermedio alto	1	16
lo	5	2
locale	2	15
locale	17	4
lọgico	12	16
lontano (da)	3	12
luce	2	7
luglio	7	2
luminoso	9	3
lunedì	2	26
lungo	2	13
lungo	4	10
luogo	2	15
lusso	9	24
lussuoso	4	10

M

ma	1	2
Ma certo, come no!	9	11
Ma che ci fai ancora qui?	5	1
mạcchina	4	15
mạcchina utẹnsile	6	17
macchinario	10	18
madre	7	13
maestrale	8	25
maestro/-a	7	16
maga	18	17
magari	3	7
Magari!	3	7
maggio	4	21
maggioranza	4	24
maggiore	1	26
mạgico	8	8
magia	18	17
maglietta	6	1
maglione	6	1
magnịfico	13	12
magro	10	2
mah	3	7
mai	3	12
Mai e poi mai!	3	17
mal di testa	10	14
malato	16	18
malattia	14	3
male	2	3
malgrado	10	2
malincọnico	4	3
mancare	2	3
mandare	5	24
mangiare fuori	3	4
maniera	9	15
manifestazione	17	19
manoscritto	17	17
mansarda	9	3
manuale	12	6
manutenzione	9	4
mappa	4	10
maratona	5	7
marca	2	15
marcia	15	1
marea	12	3
marito	7	15
marmo	10	18
marrone	6	6
martedì	3	12
maschio	1	26
massaggiatrice	13	2
massiccio	10	2
Matemạtica	1	2
matita	12	3
matrịcola	15	9
matrimoniale	9	3
matrimonio	6	13
mattina	3	6
mattino	2	15
matto	10	18
maturità	5	13
max serietà	9	3
mazzo	12	11
meccạnica	6	17
meccanismo	18	2
Medicina	1	2
Medicina e Chirurgia	1	8
mẹdico	2	28
medio	2	7
meditare	14	13
megagelato	3	8
melanzana	3	24
memorạbile	13	12
memorizzare	3	19
mente	8	14
mentre	6	17
mentre	7	6
meraviglioso	18	2
mercato	8	5
mercoledì	2	26
meridionale	17	17
mẹscita	12	8
mescolanza	18	2
mescolare	7	22
mese	1	16
messaggino	14	1
messaggio	3	8
mestiere	11	10
metà percorso	5	3
metạfora	17	4
metallo	8	14
metọdico	11	24
metro	4	10
metropolitana	4	15
metropolitano	9	24
mẹttere	1	25
mẹttere	10	18
mẹttere d'accordo	9	24
mẹttere in ọrdine	1	2
mẹttere in risalto	10	18
mẹttere la mano	6	17
mẹttersi	3	12
mẹttersi	6	13
mezzanotte	2	11
mezzo	12	8
mezzo	14	3
mezzo di trasporto	4	15
mezzo pụbblico	4	17
mezzogiorno	2	11
mi dispiace	8	17
Mi raccomando!	10	13
mi sa	3	7

mi viene l'acquolina in bocca 10 10
microfibra 6 15
migliorare 9 18
migliore 2 15
militare 7 16
millennio 14 9
miniera 18 2
minigonna 15 14
minimalismo 9 15
mịnimo 3 24
ministero 1 22
minoranza 10 2
minuto 1 25
misto 9 3
misura 9 24
mitologia 11 4
mittente 14 13
mọbili 9 4
modello 7 10
moderato 8 24
modernità 10 2
moderno 4 4
modo 4 16
modo di ẹssere 7 18
mọdulo di richiesta 1 26
moglie 7 15
molisano 3 24
moltissimo 3 4
molto 2 14
molto 3 3
momento 1 13
mondo 1 22
monitorare 14 13
monọtono 13 2
montagna 3 1
monumento 17 17
mọrdere 8 14
morire 13 3
moro 13 1
morsa della calura 11 17
morto vivente 11 17
mosso 8 24
mostra 3 24
mostra 12 8
mostrare 10 18
motivare 4 23
motivazione 1 22
motivi personali 1 22
motivo 1 22
motocicletta 4 15
motore 13 12
movimento 10 18
multiculturale 4 4
municipio 4 10
muọversi 3 15
muro 18 2
museale 17 17
museo 4 20
mụsica 2 14
mụsica clạssica 3 4

N

narrare 11 17
narrativa 12 6
nạscere 5 14
nạscita 16 9
nascọndere 7 6
Natale 5 21
natura 6 17
naturale 2 2
nave 4 15
navigare in Internet 3 1
nazionalità 1 16
ne 4 4
né … né 8 8
neanch'io 3 18
nebbia 8 24
necessario 11 17
negozio 4 10
nel frattempo 8 19
nel senso che 7 2
nella classe 1 16
nemico 10 16
nemmeno 16 18
neologismo 14 10
nero 6 4
nervoso 14 13
neve 8 24
nevicare 8 26
no? 3 12
noioso 13 7
nome 1 2
nominare 4 2
non … proprio 4 22
non ancora 5 1
non c'è male 2 3
non ci sentiamo 3 12
non fa per me 6 13
non fate quella faccia! 15 1
non importa 15 1
non lo so 2 4
non proprio 1 2
nonni materni 7 12
nonno/-a 7 15
nonostante 13 12
Nord 4 23
nọrdico 11 4
normalmente 1 24
nostalgia 3 12
nostalgia 7 24
nostre parti 7 2
notare 3 17
notizia 15 5
noto 8 8
notte 3 6
notte fonda 15 13
novità 14 9
nozione 16 8
nụmero 1 18
nụmero chiuso 3 22
numeroso 3 19
nuora 7 15
nuotare 9 17
nuoto 5 3
nuovo 1 1
nutriente 10 4
nụvola 8 19
nuvoloso 8 24

O

o 1 22
obbligatorio 1 22
occasione 3 12
occhiali da sole 6 20
occhio 7 1
Occhio alla lingua! 1 5
occidentale 12 8
occupare 17 12
occuparsi di 5 3
occupazione 5 3
oddìo! 14 13
odore 7 2
offerta 17 17
offerta didạttica 15 9
ọffresi 9 3
offrire 3 8
offrire 5 1
offrire un passaggio 14 13
oggetto del desiderio 6 17
oggi 1 26
ogni 2 15
ogni tanto 3 16
ognuno 4 11
olandese 1 16
olio di semi 10 2
oliva 10 2
oltre 9 24
oltre (a) 9 15
oltreoceano 9 15
omaggio 12 8
ombelico 10 18
ombrellone 7 2
ondeggiare 18 17
Onu 16 1
ọpera 12 17
operaio/a 2 28
opinione 4 26
opportunismo 18 9
opportunità 11 10
oppure 2 1
opulento 4 23
ora 2 10
ora 3 12
orale 15 13
orario 2 26
orario 3 8
ordinare 2 15
ordinato 11 24
ordinazione 2 6
ọrdine 1 2
ọrdine cronolọgico 3 13
orecchino 6 20
orecchio (*pl.* le orecchie) 13 12
organizzare 3 19
organizzarsi 3 12
organizzazione 17 1
ọrgano istituzionale 4 10
orgoglio cịvico 18 9
orientale 12 8

orientarsi	15	9
originale	4	17
origine	1	22
ormai	3	7
orologio	2	11
orrịbile	4	4
ospitalità	13	2
ospitare	17	17
ọspite	18	2
osservare	3	10
osservazione	5	5
ossessivo	8	14
ossia	14	3
osso (*pl.* le ossa)	13	12
osteria	12	8
ostinarsi	11	17
ottenere	10	18
ottimismo	18	9
ottocentesco	17	4
ovunque	8	25
ozio	8	14

P

pacchetto	8	8
pachino	3	24
padre	7	12
paesaggio nevoso	8	8
Paese	1	16
paga settimanale	13	12
pagare	5	2
paio di	6	4
palazzo	4	10
palco	13	12
palestra	3	12
paletta	7	2
palio	17	17
panel	6	17
panetteria	10	11
panino	2	1
pantaloni	6	1
pantaloni a vita bassa	6	13
paradiso	13	4
paragonare	10	6
paragone	10	7
paranoia	14	13
parcheggiare	4	10
parcheggio coperto	4	10
parco	3	12
parentela	7	15
parenti	7	16
parere	15	5
parete	18	2
pari	15	11
parietale	17	17
parlare	1	15
parola	1	1
parte	4	10
parte del leone	4	23
partecipare (a)	1	22
partenza	5	3
particolare	4	2
particolarità	2	19
partire	1	20
partitura	17	17
passaggio	13	2
passante	4	17
passaparola	12	7
passaporto	18	2
passare	3	12
passare	4	10
passare	4	17
passare	6	17
passare	7	2
passione	11	10
passo	12	3
passo	18	2
pasta	3	24
pasticceria	18	2
pastiglia	10	15
pasto	10	1
patatine	2	15
paterno	7	16
pattinare	10	20
pattine	11	17
pạttini in linea	6	9
paura	9	1
pauroso	7	13
pạusa	3	12
pavimento	12	8
paziente	10	14
pazzesco	8	19
pazzo	11	17
peccato originale	17	17
Peccato!	9	11
pẹcora	3	15
pedalare	10	18
pedante	15	1
peggio	10	2
pelle	10	11
pelletteria	6	17
peloso	15	14
pendolare	3	22
penna	14	19
penombra	17	12
pensare (a)	1	15
pensiero	11	17
pensione	17	12
penụltimo	4	23
per	1	22
per carità	6	13
per caso	6	9
per fare conoscenza	1	10
per favore	2	1
per fortuna	8	19
per forza	4	22
per me	1	1
per niente	3	4
per prima cosa	3	15
per quanto riguarda…	16	12
per via di	7	2
percentuale	1	22
percezione	6	17
perché	1	22
Perché?	1	22
perciò	5	2
percọrrere	12	8
percorso	4	14
pẹrdita	11	7
perfino	8	14
perịcolo	14	9
perịodo	16	4
permesso di maternità	11	17
permẹttere	5	2
però	2	4
persona	2	6
personaggio famoso	7	10
personalmente	6	13
pesante	10	4
pesare	9	24
pesce	8	4
peso	10	18
pessimismo	18	9
pettorale	10	18
pezzo	7	2
piacere	12	
piacẹvole	4	16
pianeta	15	9
piạngere	8	8
piano	11	17
piano di studio	15	9
piano terra	9	15
pianta	5	17
pianta	9	15
piantina	4	19
piantina	9	2
piatto	7	2
piatto	10	2
piatto	13	12
piatto di plạstica	8	22
piazza	2	15
piccante	10	4
pịccolo	2	7
piede	4	10
piega	18	2
pieno	8	14
pietanza	10	4
pigrizia	18	9
pigro	9	15
pino	7	2
pioggia	8	8
piọvere	8	24
pisolino	3	15
pittoresco	4	4
pittọrico	17	17
più costoso che…	2	15
più elegante di…	2	15
più grande	6	4
più o meno	3	7
più probạbile	1	22
più sicura di me stessa	5	3
più volte	1	14
piumino	6	1
piuttosto	9	15
pizzaiolo	11	10
pizzetta	2	1
poco	3	12
poesia	10	20
poeta	15	14
poggiare	10	18
poggiato	4	10

poi 1 1
polacchine 18 17
polacco 1 16
polịtica 13 12
polleria 13 2
poltrona 9 7
pomata 10 13
pomeriggio 3 6
pomodoro 2 4
ponte 4 10
popolare 7 9
popolazione 4 23
popoloso 4 4
pọrgere 12 8
porre 7 22
porta 5 17
portachiavi 6 20
portafoglio 6 17
portapacchi 7 2
portare 8 21
portare a spasso 15 13
portata 10 2
portavoce 8 1
portineria 17 12
portoghese 1 16
posate 8 22
positivo 6 17
posizionarsi 4 23
posizione 3 14
possedere 13 13
possịbile 3 16
possibilità 5 25
posso chiẹdere 2 4
posto 4 17
posto bici 9 3
posto di lavoro 10 1
pọvero 4 4
pranzare 3 12
pranzo 2 15
prạtica 10 20
prạtica 15 1
praticamente 7 2
praticare 3 2
precario 13 2
precedente 14 20
precẹdere 9 21
precisamente 4 23
preciso 7 18
preclusione 9 24
prediletto 12 8
preferenza 3 4
preferibilmente 16 8
preferire 2 19
preferito 4 23
premuroso 17 12
prẹndere 2 2
prẹndere qc. per il culo 16 12
prẹndere spunto 8 5
preoccupante 14 13
preoccuparsi 14 14
preparare 5 12
prepararsi 3 15
presentare 3 19
presentạtevi (presentarsi) 1 9
presentazione 1 6
presente 11 4
presepe 8 8
presidente 14 3
pressante 9 24
presso 5 15
prestare 14 19
presto 3 17
presumibilmente 9 24
presupposto 11 10
pretẹndere 14 3
prevalere 7 5
prevedere 13 18
previsione del tempo 8 25
prezioso 15 1
prezzo medio 3 24
prima colazione 2 15
prima del previsto 14 13
prima di 2 15
prima di tutto 15 11
prima esperienza 2 29
primavera 3 12
primi (del 700) 17 17
primo dell'anno 4 2
primo piatto 2 15
primogẹnito/-a 7 18
principale 2 15
prịncipe 10 2
principiante 5 24
privato 3 24
privilegio 11 10
pro e contro 11 8
probabilità 18 17
probabilmente 14 10
problemi di digestione 10 11
procẹdere 16 18
procurare 13 12
prodotto 6 17
produttore 2 15
produzione interna 6 17
professione 2 28
professorale 17 12
professore associato 15 8
professore ordinario 15 8
professore/-essa 1 13
profezia 18 17
profilo 17 1
profondo 14 6
profumo 7 2
progettare 4 19
progettista di siti internet 16 1
progetto 9 16
programma 1 22
programmare 17 9
programmatore/-trice 15 1
proiezionista 13 2
promẹttere 6 14
promozione pubblicitaria 10 2
pronto 3 12
pronunciare 18 7
proporre 1 1
propọsito 18 2
proposta 5 2
propriamente 2 15
proprietario 10 18
proprio 3 8
proprio 5 3
proprio 8 23
prosciutto 10 6
proseguire 4 10
prọssimo 5 24
protagonista 12 8
protẹggere 8 8
protettivo 7 13
provare 6 13
provare 12 3
provare (a) 2 2
provenire 9 24
provincia 1 2
provincia toscana 4 23
psicọlogo/a 14 3
pubblicare 6 17
pụbbliche relazioni 16 8
pubblicità 10 2
pubblicizzare 10 7
pụbblico 16 8
pulire 5 7
pulito 4 4
pulsare 10 18
puntatore 14 13
punto 1 9
puntuale 8 19
può (potere) 3 6
può darsi 15 5
può ẹssere 1 24
può ẹssere servita 2 15
Può ripẹtere? 2 1
pure 7 2
purtroppo 3 12

Q

qua 1 2
quaderno 4 11
Qual è ...? 2 10
qualche 7 8
qualcosa 3 3
qualcosa di sịmile 4 16
quale 1 4
quando 7 18
Quando? 1 5
Quanti anni hai? 1 19
quantità 10 7
quanto 8 14
quanto a ... 10 2
Quanto viene? 6 8
quanto/-i 2 2
quartiere 4 13
quarto 4 23
quasi 3 12
quelle che 1 25
quello che 3 15
questionario 1 22
questo/-a 1 7

qui	1	16
quindi	3	8
quotidiano	10	2

R

raccọgliere	10	4
raccontare	1	14
racconto	7	5
racimolare	13	12
radicalmente	7	20
radio	7	2
raffigurare	11	1
rafforzare	14	3
raffreddato	10	14
ragazza alla pari	11	10
ragazzo/-a	1	2
raggio di sole	4	21
raggiụngere	4	16
raggiungịbile	14	13
raggruppare	3	19
ragionare	18	17
ragione	18	2
ragionẹvole	8	14
ragioniere/a	15	1
rapidamente	2	15
rapporto	9	20
rappresentare	6	17
rappresentativo	17	17
raramente	3	16
rassegnazione	18	9
rasserenato	14	13
rassicurare	12	8
realizzạbile	15	6
realizzare	11	17
realizzato da	6	17
recensione	12	7
recentemente	6	17
reclamizzare	18	19
recuperare	10	20
redattore	9	16
regalare	5	21
regalo	6	22
regionalismo	18	18
regista	13	2
registrazione	6	13
regnare	8	8
rẹgola	1	24
regolarità	17	3
regolarmente	7	5
regolatezza	17	1
religione	4	8
rẹndere	5	3
rẹndersi conto di qc.	17	14
replicare	17	12
repụbblica	17	17
requisito	16	4
residenza estiva	17	17
residenza fissa	4	23
resịstere	10	2
respirare	11	17
ressa	8	14
restare	3	8
restare fermo	8	14
rete	5	24
retribuzione	16	4
retrogusto	18	2
rettore/-trice	15	9
riaprire	7	1
riassụmere	9	15
riassunto	12	17
ricavare	18	2
ricavare (da)	9	15
ricchezza	17	4
riccio	13	1
ricco	4	4
ricerca	5	3
ricerca	14	3
ricercatore/trice	15	8
ricẹvere	1	26
richiamare l'attenzione	2	27
richiesta cortese	2	27
richiesto	2	15
ricominciare	10	18
riconọscere	8	14
ricontattare	14	13
ricordarsi	2	9
ricordo	7	1
ricorrenza	8	14
ricostruire	4	17
ricreare	5	3
ricreare	7	10
ricreativo	5	12
ridacchiare	14	13
rịdere	16	12
riempire	12	16
rientrare	15	12
riferimento	8	24
riferire	8	1
riferirsi	3	19
rifiutare	8	17
riflessione	17	1
riflessivo	7	13
riflẹttere	3	3
rifugio	9	1
rifugio antiaereo	18	17
riga	3	12
rigirarsi	3	15
riguardare	8	8
riguardarsi	16	18
riguardo a	16	12
rilassante	17	14
rilassarsi	3	15
rilẹggere	2	15
rimanere	5	3
rimanere di stucco	15	1
rimẹttersi in moto	3	15
rimorso	8	14
rincorsa	11	17
ringiovanimento	14	7
ringraziare	5	25
rinomato	2	15
rinunciare (a)	10	2
riparare	8	19
ripartire	8	19
ripartizione	18	19
ripassare	15	13
ripẹtere	1	1
ripieno	3	24
ripiombare	17	4
riportare	16	19
riposarsi	3	15
riposo	17	1
ripostiglio	9	2
riprẹndere	17	12
ripulirsi	15	14
risalire	13	12
riscaldamento	9	3
riscaldare	9	4
rischiare	17	4
rischio	17	1
riscrịvere	2	26
riservato	11	10
risọlvere	12	8
risorsa	17	4
rispettare	10	20
rispetto	14	3
rispetto a	7	24
rispọndere	3	9
risposta esatta	1	14
ristampa	15	14
ristorante	2	2
ristrutturare	5	12
ristrutturato	9	3
risultare	4	23
risultato	1	22
ritardo	14	1
ritenere	10	2
ritmicamente	10	18
ritmo	3	12
rito collettivo	8	14
Ritorno al testo	1	4
ritratto	7	11
ritrovarsi	3	12
ritrovo	17	17
riunire	10	4
riunirsi	3	6
riuscire (a)	7	6
riva	11	17
rivale	7	9
rivelare	10	8
rivestirsi	17	12
rivịncita	18	17
rivista	9	15
rivọlgere l'attenzione a	4	17
rivọlgersi	5	1
roba	8	21
romano	16	12
romạntico	4	16
romanzo	12	6
romanzo stọrico	12	6
rọmpere	13	3
rọmpersi	8	19
rosa	6	6
rosso	6	6
rotondo	12	8
rottura	17	1
routine quotidiana	17	1
rovescio	8	25
rovinare	17	4
rovistare	12	8

rubare 13 11
rubrica 14 13
rumore 13 12
rumoroso 4 3
ruolo 2 3
ruolo specịfico 7 18
ruota 8 19
rupestre 17 17
russo 1 16

S

sạbato 3 12
saggio 12 6
sala 3 24
salato 10 4
saldare 12 8
saldo 14 13
salire 4 13
salone 9 2
saltare 13 12
saltare fuori 11 17
salute 2 15
salutista 10 21
Salutoni! 3 12
salvagente 7 2
sangue 10 18
sano 10 4
sapere 3 7
sapere 8 14
sapore 8 10
saporito 10 4
sbagliarsi 15 1
sbagliato 14 14
sbalorditivo 15 1
sbattuto 8 10
sbilanciato 9 24
sbocco 15 1
scaffale 12 16
scambiare 1 25
scambio 5 3
scappare 18 17
scaricare 14 13
scaricarsi 14 13
scarpa 6 1
scarsità 15 11
scartare 7 22
scattante 10 2
scattare 6 17
scatto 17 12
scẹgliere 1 10
scelta 4 23
scemenza 18 17
scenata 11 17
scẹndere 4 13
scenografia 17 17
schermo 14 13
schiena 10 18
schizzare 16 12
sciarpa 6 1
sciatto 14 3
scientịfico 5 3
Scienze della comunicazione 1 8
Scienze della formazione 1 8
Scienze e tecnologie agrarie 1 8
scienze esatte 3 3
Scienze polịtiche 1 8
sciocchezza 18 17
sciroppo 10 15
scivolare 12 8
scollegarsi 14 13
scomporre 18 2
scondito 10 4
sconosciuto 13 2
scontrino 2 4
sconveniente 10 2
sconvolto 18 17
scopa elẹttrica 9 3
scoperta 17 4
scoppiare 8 19
scoprire 2 24
scorciatoia 10 2
scordare 15 17
scoria 17 12
scọrrere 2 15
scọrrere 7 2
scorrẹvole 12 3
scossa 18 17
scotto 10 4
scovare 10 16
scricchiolare 18 17
scrittore/-trice 4 13
scrittore 14 2
scrittura 12 3
scrivania 10 18
scrịvere 1 1
scrutare 13 2
scuola 1 13
scuro 13 1
scusarsi 8 20
sdebitarsi 12 8
sdraiarsi 13 12
sdraiato 9 15
se 3 12
se 5 25
se c'è ... 2 4
se il vicino la pensa come voi 2 28
se no 4 22
se non capite 2 1
se non lo trovate 1 8
se possịbile 2 4
se stesso 17 4
secchiello 7 2
secco 16 12
sẹcolo 17 17
secondo voi 1 4
sede 4 10
sedere 10 18
sedersi 2 15
sedia a dọndolo 8 14
sedia a sdraio 7 2
sedile posteriore 7 2
segnare 1 14
segno 9 24
segretaria 1 14
segreteria 2 26
segreto 13 2
seguente 1 26
seguire 1 22
seguito 7 18
seguito da 4 23
Sei di ...? 1 2
selezionare 14 3
selezionatore/-trice 16 14
selezione 16 4
semạforo 4 16
sembrare 6 13
semestre 5 24
seminario d'accoglienza 5 3
semiologia 14 3
semiọlogo 14 3
semmai 14 3
sẹmplice 2 15
sempre 2 14
Senato 17 17
sensazione 8 8
senso 4 6
Senta! 2 27
senti... 2 3
sentiero ecolọgico 5 12
sentire 1 16
sentire 7 2
sentire 10 18
sentore 18 2
senza 2 15
senz'altro 7 18
sera 3 6
serata 3 12
serio 3 3
serra 5 12
servire 2 15
servire 4 18
servito 9 3
servizi 9 3
servizio 15 1
servizio volontario 5 2
seta 6 15
settembre 5 3
settimana 3 6
settore 6 17
severo 7 13
sfida 7 9
sfilza 7 2
sfogarsi 15 17
sfoggiare 15 14
sfogliare 9 15
sfondare 13 12
sfruttare 17 4
si 4 10
si conclude 3 25
si ụsano 3 3
sia ... che 15 11
sia ... sia 15 11
siciliano 3 24
sicurezza 17 1
sịgaro 12 8
sigla 14 3
significare 1 1

significativo	12	3
significato	1	1
significato generale	1	15
silenzio	9	24
sillabare	12	13
sịmbolo	6	17
sịmile	2	3
sinceramente	9	11
singolare	13	6
sịngolo	9	2
sino alla fine di	5	3
sinọnimo	17	4
sịntesi	6	17
sistemare	11	17
sistemare	14	13
sito	5	2
sito archeolọgico	17	14
situato	9	15
situato	12	8
situazione	2	2
slanciato	13	1
sloveno	7	16
smaltare	10	18
smarrimento	13	2
smemorato	15	5
smẹttere (di)	7	20
snello	10	2
socchiuso	16	12
società	1	22
socio	10	18
Sociologia	1	8
soddisfatto	9	24
sofferenza	8	14
soffrire (di)	10	16
soggettivo	13	9
soggiorno	9	2
sognare	16	3
sognato	9	24
sogno nel cassetto	4	23
soldi	13	11
sole	4	8
solidarietà	18	9
solitụdine	12	3
sollievo	12	8
solo andando al mare	7	2
soltanto	7	18
soluzione	3	2
somiglianza	12	10
somigliare	9	24
sondaggio	4	23
sopportare	13	19
sopra	3	10
soprannaturale	18	17
soprattutto	2	15
sopravvịvere	8	6
sorella	7	15
sorpassare	7	2
sorprendente	15	1
sorprẹndersi	15	1
sorpresa	4	23
sorrịdere	14	13
sorriso	10	18
sospettare	8	14
sospirare	11	17
sosta	13	2
sostare	17	12
sostenere	12	8
sostenere	14	9
sostenersi	16	19
sostituire	4	18
sostitutivo	10	8
sotto	3	10
sottofondo	13	12
sottolineare	1	4
sottoporsi	10	16
sottostante	3	7
spagnolo	1	16
spalla	10	18
spalmare	10	13
sparire	7	2
spartito	17	17
spaventare	18	17
spaziare da … a	3	24
spazio	9	1
spazioso	11	17
spazzolino	17	12
speciale	3	24
specialista	14	3
specialità	3	24
specializzato	2	15
specie	13	12
specificare	9	9
specificità	11	4
spedire	5	24
spẹgnere	14	13
spento	13	2
speranza	12	8
sperare	10	18
spese di condominio	9	3
spese mensili	5	2
spesso	2	15
spettare (a)	9	24
spettatore/-trice	15	1
spezzare	13	2
spiaggia	5	7
spiazzare	8	14
spiegare	8	18
spigoloso	16	12
spiraglio	16	12
spịrito	17	4
splẹndido	4	4
spontaneo	11	10
sporco	4	4
sportello	12	13
sportivo	7	9
sposare	11	17
spostare	13	12
sprẹmere	18	2
spremuta	2	13
spumante	2	13
spuntino	2	1
squadra	8	23
squillo	14	13
sregolatezza	17	1
stạbile	9	3
stabilire	9	12
staccare	17	1
staccarsi	11	7
stage	11	10
stagionato	10	2
stagione	8	14
stagista	11	10
stamattina	5	10
stancarsi	10	15
stanchezza	10	16
stanco	3	12
stando a	6	17
stanza	9	11
stare	2	3
stare per	9	15
stare via	7	2
stạrsene	10	18
stasera	3	8
statistica	1	22
Stato	1	26
stato d'ạnimo	7	5
statua	4	19
stazione biolọgica	5	12
stazione ferroviaria	4	10
stile	9	24
stilista	6	17
stịmolo	18	2
stipendio	16	12
stirare	11	7
stivale	6	1
stoffa	15	1
stọmaco	12	16
storia	4	23
Storia dell'arte	1	8
stoviglie	9	3
straccetto	8	10
stracciatella	8	10
strada	2	15
strada	4	20
stragrande	10	2
straniero/-a	1	22
strano	7	24
straordinario	17	17
stravolto	15	14
stressante	4	23
stretto	6	2
strịngere	16	12
stronzo	11	17
strumento	14	3
strutture	4	10
studente/-essa	1	2
studi	1	22
studiare	1	2
studio	1	22
studio	9	24
studio	10	2
studio dentịstico	12	8
stuoia	7	2
stupefatto	18	2
stupendo	12	3
stupidotto/a	14	3
su alcuni particolari	2	2
su richiesta	3	24
sụbito	3	15
subordinato	9	21
succẹdere	4	2
successivo	5	19

successo	6	17
succo di frutta	2	13
sudare	10	18
suggerire	9	15
suggestivo	4	10
su	1	22
suo/sua	1	17
suọcero/-a	7	15
suoi	7	20
suonare	3	15
suonare uno strumento	3	1
suono	7	2
superare	7	2
superficialità	18	9
superficialmente	18	14
superiore	5	24
superstizione	18	17
supposizione	8	14
surgelato	10	1
surriscaldamento	8	14
svantaggio	9	22
svariato	4	10
sveglia	3	15
svegliarsi	3	15
sveglio	5	7
svestirsi	17	12
sviluppare	8	14
svọlgere	14	3
svọlgersi	2	21

T

tabella	1	4
taglia	6	4
tagliare	8	23
talebano	18	2
talvolta	18	2
tanto	6	14
tanto fạcile	3	12
tappeto	13	12
tardi	3	17
tasse	15	16
tạvola	10	1
tavolino	2	15
tạvolo	2	2
tavolozza	6	6
tè	2	1
teatrale	16	1
teatro	3	4
teatro lịrico	17	17
teatro studentesco	3	8
tẹcnico	14	3
tecnologia	6	17
Tecnologie Web e multimediali	1	8
tedesco	1	16
telecomunicazione	16	1
telefonare (a)	5	27
telefonata	5	25
telefonista	17	12
televisivo	15	7
tema	2	15
temạtico	17	17
temere	15	13
temperatura	8	25
tempia	10	18
tempio	3	24
tempo atmosfẹrico	8	24
tempo lịbero	1	22
temporale	8	19
tendenza	4	23
tẹndere	16	12
tẹndere a	9	24
tenere presente	15	6
tentare	14	13
tentativo	10	2
tentazione	18	19
tenue	12	8
teọrico	16	8
terminare	16	12
tẹrmine	14	3
termoautọnomo	9	3
terrazza	9	3
terremoto	17	17
Terzo Mondo	15	11
tesi di laurea	15	9
teso	14	13
tesserina	10	18
testimonianza	5	3
testimoniare	5	3
testo	1	4
Ti piace?	3	3
ti prego	3	12
Ti va di ...?	8	17
ticchettare	10	18
tifoso	7	9
tịmido	7	13
tịpico	8	2
tipo	3	24
tipọgrafo	12	16
tirare	9	13
tirare a fregare	7	2
tirare fuori	12	14
tirocinio	16	4
tirolese	3	24
tịtolo	5	11
toccare (a)	7	22
tolleranza	4	8
tollerare	10	16
tonno	10	6
topo	9	7
tornante	7	2
tornare	3	10
torpedone	13	2
torturare	10	18
tosse	10	14
totalizzare	3	21
tovagliolo	8	22
tra	4	10
traccia	18	2
tradizionale	9	15
tradizione	2	15
traduttore/-trice	1	22
trafficato	4	4
trạffico	12	13
trafiletto	10	2
tram	4	15
trama	12	7
tramezzino	2	1
tranquillità	17	1
tranquillizzarsi	14	14
tranquillo	4	4
trạppola	18	2
trascinante	13	6
trascọrrere	9	24
trascrịvere	12	9
trasferimento	9	24
trasferirsi	7	20
trasformarsi	11	17
trasgressione	17	1
trasmẹttere	7	2
trattare	9	24
trattarsi	6	17
trattenere il fiato	15	14
tratto da	3	10
traumatizzato	18	17
trave	18	17
traversa	4	16
traversare	18	2
tre settimane/mesi fa	5	10
treccine africane	15	1
tremare	14	13
treno	4	15
tricịpite	10	18
triestino	4	6
triste	18	2
tristezza	18	17
trofeo	17	4
troppo	3	12
trovare	1	8
trovarsi	3	12
trovarsi	3	15
trovarsi	3	24
tuffo	14	13
tulipano	13	4
tuo nụmero di telẹfono	2	22
Turchia	17	14
turco	1	16
turismo	1	22
turista	2	14
tuttavia	14	13
tutti i giorni	3	12
Tutti i gusti sono gusti	3	4
tutto	1	15
TV (*abbr.* televisione)	3	15

U

ufficio	8	14
ufficio di Orientamento e Tutorato	2	26
uguaglianza	10	5
uguale	1	20
ụltimo	1	14
umanịstico-letterario	16	4
umano	10	12
umbro/-a	3	24
umorismo	18	9
un compagno diverso	1	11
un paio di	10	18

un po' 3 12
un po' tutti 3 7
un sacco (*fam.*) 3 2
un tot di (*fam.*) 7 2
unghia 10 18
unicità 17 17
ụnico 4 16
unire 14 20
unità 3 19
università 1 21
uomo 6 9
uovo sodo 8 10
urgente 15 11
urgenza 17 12
usanza 17 4
usare 1 5
uscire 3 1
uscirne a pezzi 8 14
uscita 15 1
usuale 17 1
utenza 9 3
ụtile 3 7
utilità 15 5
utilizzare 14 3

V

va bene 5 24
vabbè 8 7
vacanza 3 12
vacanze impegnate 5 12
vacanze mordi e fuggi 8 14
valere 3 4
valigetta 7 2
valigia 5 15
vantaggio 3 12
vantare 5 24
varietà 3 24
vario 15 1
vecchio 4 8
vecchio 4 10
vedere 1 22
veloce 4 24
velocità 17 1
vẹndere 13 15
vẹndita 2 15
venerando 5 1
venerdì 3 12
venire 2 10
venire a sapere 8 8
venire fuori 10 2
venire in mente 6 17
ventenne 15 1
vento 8 24
veramente 3 7
veramente 9 11
verde 6 6
verdura 8 4
vergognare 13 12
verificare 1 22
verità 15 14
vero 6 17
versare 8 10
versione 2 15
verso 1 22
verso 4 10
vestito 6 15
Veterinaria 3 22
vetrata 9 15
vetrina 6 4
vi 1 15
vi 5 3
vi ha aiutato 2 15
Vi mando 2 29
via 1 26
via mail 1 26
viaggiare 1 26
viaggiatore 17 4
viaggio 3 12
viaggio di andata e ritorno 5 2
viaggio studio 16 12
vicenda 18 2
vicino a 1 21
vicino/-a 1 9
vịcolo 4 10
vigilia 12 8
villaggio 2 29
villaggio ecolọgico 5 12
villeggiatura 17 17
villetta a schiera 9 23
vịncere 2 13
vinile 13 12
vino 2 1
viola 6 6
violento 4 6
vịrgola 11 21
vịsita 5 12
visitare 4 13
visitatore 12 2
vista 7 8
vita 3 12
vita quotidiana 3 19
vitto e alloggio 5 2
vittoria 7 9
vivace 4 3
vivanda 17 12
vịvere 1 16
vocabolario 4 4
vocabolario 14 8
vocabolario di base 14 3
voce 6 17
voce 14 13
volentieri 6 17
volere 1 26
volgare 14 8
volontà 11 7
volontariato 5 2
volontario/-a 5 12
voltarsi 16 12
volume 13 12
volume 15 14
vorrei iscrịvermi 2 27
vostre 1 1
votazione 16 9
voto 15 9
vuoto 9 15

W

welfare 11 4

Z

zaino 11 17
zio/-a 7 15
zitella 15 1
zona 4 10
zona pedonale 4 10
zụcchero 10 2